本书得到：上海高校知识服务平台（海派时尚设计及价值创造知识服务中心）、国家自然科学基金（71373227）、教育部人文社科青年项目（14YJCZH139）资助

生态隐喻：创意产业的价值创造与国际比较

Ecology Metaphor: Value Creation and
International Comparison of Creative Industries

谭 娜 著

经济管理出版社
ECONOMY & MANAGEMENT PUBLISHING HOUSE

图书在版编目（CIP）数据

生态隐喻：创意产业的价值创造与国际比较/谭娜著. —北京：经济管理出版社，2014.4（2019.9 重印）
ISBN 978-7-5096-3091-4

Ⅰ.①生… Ⅱ.①谭… Ⅲ.①文化产业—研究 Ⅳ.①G114

中国版本图书馆 CIP 数据核字（2014）第 080448 号

组稿编辑：陈　力
责任编辑：杨国强　郑　亮
责任印制：黄章平
责任校对：赵天宇

出版发行：经济管理出版社
　　　　　（北京市海淀区北蜂窝 8 号中雅大厦 A 座 11 层　100038）
网　　址：www.E-mp.com.cn
电　　话：（010）51915602
印　　刷：北京虎彩文化传播有限公司
经　　销：新华书店
开　　本：720mm×1000mm/16
印　　张：17.25
字　　数：300 千字
版　　次：2014 年 5 月第 1 版　2019 年 9 月第 2 次印刷
书　　号：ISBN 978-7-5096-3091-4
定　　价：38.00 元

·版权所有　翻印必究·

凡购本社图书，如有印装错误，由本社读者服务部负责调换。
联系地址：北京阜外月坛北小街 2 号
电　话：（010）68022974　　邮编：100836

《海派时尚与创意经济系列》编委会

顾　问　厉无畏
主　任　刘春红
副主任　高长春　刘晓刚
编　委（按姓氏笔画为序）
　　　　王　宏　　王　雷　　王　满　　王千红　　王宇明
　　　　王俊民　　丛海彬　　刘秀梅　　刘春红　　刘晓东
　　　　刘晓刚　　江　瑶　　孙汉明　　杨以雄　　杨永忠
　　　　吴　翔　　吴　韬　　何　琦　　邱　羚　　沈　蕾
　　　　张　贺　　张洁瑶　　陈亚荣　　陈李红　　拓　中
　　　　周　琦　　赵君丽　　姚洪心　　袁新敏　　高　晗
　　　　高长春　　葛东霞　　喻　葵　　谢志超　　谭　娜
　　　　颜　莉
总主编　高长春

《海派时尚与创意经济》系列丛书
总　序

自20世纪30年代初期,中国文坛"京海"之争以来,"海派时尚"作为上海特有的社会、文化、艺术现象,引领上海经济,始终走在亚洲最前列。传承了吴越文化和江南文化内涵的"海派时尚"文化,不仅具备雅致、细腻、隽永的特点,还具备开拓创新、善于吸收外部文化精髓的特质。"海纳百川、兼容并蓄"是对"海派时尚"文化最精辟的总结和描述。

"海派时尚"文化对城市经济、区域产业、文化创意产业的研究,兴起于21世纪初,缘起后工业化时代人们对于经济过快发展带来负面作用的反思和时尚创意产业在世界范围内的蓬勃发展及其对城市经济的持续性推动作用。然而,对于"海派时尚"产业以及相关领域的理论研究,特别是针对上海城市发展特殊性和中国经济体制转型过程中的时尚创意产业发展方向与发展路径研究,更显得匮乏。

上海作为"海派时尚"文化的城市载体,时尚产业的发展越来越受到政府重视。2008年9月,上海市人民政府办公厅向全市转发了上海市经济和信息化委员会(简称经信委)、上海市发展和改革委员会(简称发改委)制定的《上海产业发展重点支持目录》,其中的"生产性服务业"明确了"时尚产业"的条目,并明确使其作为产业发展的导向。时尚产业是典型的都市产业,跨越了高附加值制造业与现代服务业的产业界限,是多重传统产业的组合。围绕未来建设"全球城市"的目标,上海时尚产业总体沿着"世界时尚展览展示中心、亚太时尚体验消费中心、东方时尚创意中心"的道路迈进,形成了具备一定创新能力,具有多元性"海派时尚"文化生产要素、市场要素、制度要素和辅助要素的一系列开创性价值创新体系架构。并在此架构上,探索出符合上海城市发展特点的时尚产业价值创新发展路径。

目前,上海的"海派时尚"产业已经具备一定规模,尽管与伦敦、纽约等城市相比仍有一定距离，但是"海派时尚"文化的影响力和驱动力逐渐显现，海派时尚创意产业园区、海派时尚产业公会组织、海派时尚节事，成为上海时尚产业发展的标志性内容。价值创新的原动力逐渐明确、耦合机制日益成熟、发展路径日渐明晰，需要理论研究的及时跟进。

本系列丛书的出版，不仅能够帮助研究者了解"海派时尚"文化背景下时尚产业发展的基本脉络，也能够让更多的学者、学生和时尚爱好者了解上海时尚产业的相关政策和发展趋势。只有群策群力、共同参与，才能让"海纳百川、兼容并蓄"的上海城市文化精神永远传递。

另外，在丛书的编写和出版过程中，经济管理出版社陈力老师给予了大量帮助，东华大学刘春红副校长给予了众多关心与关怀。袁新敏副教授、谭娜博士、何琦博士、颜莉博士、张洁瑶博士、丛海彬博士、张贺博士生、高晗博士生、周琦博士生、江瑶博士生等参与丛书部分书稿编写及校对。对以上老师和学生们所付出的工作和努力表示由衷的感谢！

高长春
2014 年春于上海

目 录

◎ 第一章　创意产业的兴起与发展 / 001

第一节　创意产业的内涵 / 002
　　一、创意产业概念的提出 / 002
　　二、创意产业及其相近概念辨析 / 004
第二节　创意产业的行业范畴 / 006
　　一、典型创意产业行业分类 / 006
　　二、创意产业行业范畴归纳 / 007
第三节　创意产业的特征 / 008
第四节　创意产业的研究进展 / 011
　　一、创意产业的研究综述 / 011
　　二、研究评述 / 018

◎ 第二章　创意产业的价值创造分析框架 / 021

第一节　价值创造理论基础 / 021
　　一、价值理论基础 / 021
　　二、价值创造释义 / 023
第二节　线形分析框架：价值链 / 024
　　一、价值链 / 024

二、基于线形模式的创意产业价值创造分析框架 / 026

第三节 网状分析框架：价值网络 / 028

一、价值网 / 028

二、基于网状模式的创意产业价值创造分析框架 / 031

第四节 系统分析框架：价值生态 / 032

一、价值生态 / 032

二、基于系统模式的创意产业价值创造机制研究 / 035

第五节 比较与总结：创意产业价值创造适用分析框架 / 036

一、三种分析框架比较 / 036

二、价值创造分析框架演变趋势 / 037

三、创意产业价值创造适用分析框架：价值生态 / 038

◎ 第三章 生态隐喻视角下的创意产业价值创造系统构建 / 041

第一节 生态学研究 VS 创意产业研究 / 041

一、一般生态学研究范畴 / 042

二、基于生态学的创意产业研究范畴对照 / 042

第二节 创意产业价值创造生态系统结构模型 / 044

一、生态系统结构模型 / 044

二、创意产业价值创造生态系统模型构建 / 045

第三节 创意产业价值创造生态系统关键生态位识别 / 046

一、创意产业价值创造生态位概念 / 046

二、创意者（Developer） / 047

三、创意生产者（Producer） / 049

四、消费者（Consumer） / 050

五、创意营销方（Marketer） / 052

六、媒体中介（Intermediary） / 053

◎ 第四章 创意产业价值创造生态系统价值流动与增值 / 055

第一节 创意产业价值创造生态系统内部关系阐述 / 055

一、创意产业价值创造种群互动关系分类 / 055

二、模型构建理论基础 / 056

三、模型构建 / 059

四、创意产业价值创造种群互动关系分析 / 059

第二节 创意产业价值创造生态系统外部环境因素分析 / 068
    一、基本理论及概念界定 / 068
    二、主要环境因素识别 / 069
    三、创意产业价值创造生态位环境适应模型 / 072

第三节 价值捕获、流动与增值 / 074
    一、价值获取及条件 / 074
    二、价值流动与增值 / 075

第四节 案例研究：苹果公司价值创造生态系统分析 / 077
    一、苹果公司价值创造生态系统主要生态位识别 / 077
    二、苹果公司价值创造生态系统内部关系及价值获取 / 079

◎ 第五章 国际典型区域创意产业价值创造生态概览与比较 / 081

第一节 美国版权产业价值创造生态概览 / 081
    一、美国创意产业发展概况 / 081
    二、美国版权产业价值创造生态系统概览 / 083
    三、美国创意产业价值创造生态系统外部环境概览 / 087

第二节 英国创意产业价值创造生态概览 / 090
    一、英国创意产业发展概况 / 090
    二、英国创意产业价值创造生态系统概览 / 092
    三、英国创意产业价值创造生态系统外部环境概览 / 097

第三节 澳大利亚内容产业价值创造生态概览 / 100
    一、澳大利亚创意产业发展概况 / 100
    二、澳大利亚创意产业价值创造生态系统概览 / 102
    三、澳大利亚创意产业价值创造生态系统外部环境概览 / 107

第四节 中国文化创意产业价值创造生态概览 / 111
    一、中国创意产业发展概况 / 111
    二、中国创意产业价值创造生态系统概览 / 113
    三、中国创意产业价值创造生态系统外部环境概览 / 120

第五节 创意产业价值创造生态体系的国际比较 / 123
    一、创意产业发展及管理方式的国际比较 / 123
    二、创意产业价值生态系统内部生态位国际比较 / 124
    三、创意产业价值生态系统外部环境国际比较 / 127

◎ 第六章　生态隐喻视角下的创意产业价值创造能力评价 / 129

第一节　创意产业价值创造能力评价体系综述 / 129
　　一、创意指数及相近概念指数体系内容比较 / 130
　　二、创意指数及相关指数体系指标结构比较 / 134
　　三、创意指数体系评价方法比较 / 139
　　四、小结 / 142

第二节　生态隐喻视角下的创意产业价值创造影响因素概念模型 / 143
　　一、影响因素概念模型 / 143
　　二、基于创意产业价值创造生态系统模型的影响因素解构 / 143
　　三、各影响因素解析 / 145

第三节　基于突变级数法的创意产业价值创造能力评价体系构建 / 154
　　一、突变理论基础 / 154
　　二、基于突变级数法的创意产业价值创造能力评价模型构建 / 157

◎ 第七章　创意产业价值创造能力国际比较案例研究——上海 vs 昆士兰 / 163

第一节　上海与昆士兰州创意产业发展概况 / 163
　　一、上海创意产业发展概况 / 163
　　二、昆士兰州创意产业发展概况 / 164
　　三、初步对比 / 166

第二节　上海与昆士兰州创意产业价值创造生态系统对比 / 166
　　一、主要价值创造生态位对比 / 167
　　二、价值创造生态系统内部关系对比 / 179
　　三、价值创造环境因素对比 / 186

第三节　上海与昆士兰州创意产业价值创造能力评价比较 / 198
　　一、上海创意产业价值创造能力评价 / 198
　　二、昆士兰州创意产业价值创造能力评价 / 206
　　三、评价对比 / 215

第四节　上海与昆士兰创意产业价值创造能力发展建议 / 219
　　一、上海创意产业价值创造能力发展建议 / 219
　　二、昆士兰创意产业价值创造能力发展建议 / 222

附 录 / 227

  附录 1 英国创意产业部门分类表 / 227
  附录 2 英国创意职位分类表 / 228
  附录 3 全国各省市主要文化创意产业园区名单 / 229
  附录 4 上海市统计局《上海市文化创意产业分类目录》(2011 年) / 232
  附录 5 昆士兰—布里斯班创意产业分类表 / 236
  附录 6 2008 年澳大利亚昆士兰州创意企业情况统计 / 238
  附录 7 上海各区县创意产业集聚区名单 / 241
  附录 8 昆士兰州年文化创意设施相关统计 / 242
  附录 9 The investigation about the important degree of creative industries value creation elements in Queensland（昆士兰创意产业价值创造能力影响因素重要程度意见征询表）/ 243

参考文献 / 251

后 记 / 263

第一章
创意产业的兴起与发展

随着全球经济逐步迈入后工业化时代，人们对消费的需求不仅满足于温饱等基本要求，而逐渐转向对产品和服务的个性化及精神文化层面的需要。推崇创新，鼓励发挥创造力，文化不断渗透从而催生了一个全新的产业概念——创意产业。创意产业概念自 1998 年由英国创意产业特别工作小组（CITF）正式提出至今仅 10 余年时间，但它已显示出巨大的价值及财富创造的潜力，正在不断改变着当前的产业结构，推动着世界经济增长方式的改变，并深刻地影响着人类的生活。

创意产业不同于传统产业的财富创造途径，即其主要的价值源泉不再是自然资源而是个体的创意、技巧及才华等无形的创造力，其独特的价值创造途径、资源集约性以及高增值的可能性，促使其受到越来越多普通人群、学者甚至众多国家政府的关注。欲深入探悉创意产业的价值创造机制，首先应全面了解创意产业的兴起与发展过程。本章从创意产业的内涵入手，对创意产业的行业分类、形态特征与研究进展进行了全面阐述，并对未来创意产业的发展趋势进行了展望。

第一节 创意产业的内涵

一、创意产业概念的提出

随着全球后工业化时代的来临,老牌工业化强国英国经济持续低迷,英国政府意识到,调整产业结构、发展能够获取更高附加值的新型产业势在必行。1997年英国新工党执政,时任英国首相布莱尔在《文化与创新:未来十年的规划》序言中开宗明义:"本届政府意识到,文化与创新对于这个国家是至关重要的。"随后英国政府专门成立了英国创意产业特别工作小组(CITF),并第一次正式提出创意产业(Creative Industries)概念,定义其为"一种源自个体创意、技巧及才华,通过知识产权的开发和运用,而有潜力创造财富和就业的产业"(Those industries which have their origin in individual creativity, skill and talent and which have a potential for wealth and job creation through the generation and exploitation of intellectual property)。这一定义目前被大多数地区普遍接受。

此后,联合国贸易与发展会议等组织、多个国家地区以及众多学者对创意产业进行了内涵上的进一步界定与剖析。主要观点有以下三类:

第一类观点侧重强调创意产业中知识产权的重要性。除了英国对创意产业的定义属于此类之外,代表观点还包括:被称为"创意产业之父"的约翰·霍金斯(John Howkins)认为创意产业是包括版权、专利、商标和设计四类在内的知识产权法保护范围内的产业,而创意资本投入是所有产业联系在一起的桥梁[1];美国强调版权是创意产业的核心,并通常采用版权产业概念,即那些主要目的是为了生产或发行版权产品的产业,具体包括核心版权产业(创造有版权的作品或者受版权保护的物质产品,主要对享有版权的作品进行再创作、复制、生产和传播)、部分版权产业(只是部分享有版权)、边缘版权产业(对有版权的作品进行批发和零售的产业)、交叉版权产业(生产、制造和销售其功能主要是为了促进有版权作品的创造、生产和使用的设备的产业)四大部分;国内学者王缉慈(2006)定义创意产业是"那些具有自主知识产权的创意性内容密集型产业,通常包括智力资产产业(Intellectual Property Industry)、内容密集产业(Content-intensive Industry）及文化产业（Cultural Industry）"[2]；另外，部分国家和地区还进一步着重强调了知识经济浪潮中网络高新技术、互联网与数字化技术对创意产业的重要影响，如澳大利亚就将创意产业界定为以媒体为主的创造性产业，又将其称为"数字内容与应用产业"。韩国和日本则常将其称为"内容产业"，同样也是强调了新兴技术手段对创意产业的影响作用。

第二类观点侧重从生产功能角度界定创意产业。代表观点包括：联合国贸易与发展会议（UNCTAD）认为创意产业是以创意与知识资本为主要投入的产品与服务创新、生产与流通的循环，其由一系列以艺术为核心但不限于艺术、具有从贸易与知识产权中产生收益潜力的基于知识的活动构成，是由创意内容、经济价值和市场实体所形成的有形产品与无形知识或艺术服务的整体[3]；上海定义创意产业是以创新思想、技巧和先进技术等知识和智力密集型要素为核心，通过一系列创造活动，引起生产和消费环节的价值增值，为社会创造财富和提供广泛就业机会的产业；北京定义文化创意产业是以创作、创造、创新为根本手段，以文化内容和创意成果为核心价值，以知识产权实现或消费为交易特征，为社会公众提供文化体验的具有内在联系的行业集群。

第三类观点侧重于强调创意产业的文化属性。代表观点为理查德·凯夫斯（Richard Caves）定义创意产业为"提供给我们宽泛地与文化、艺术或仅仅是娱乐价值相联系的产业和服务"，并以文化的视角界定了创意产业所涵盖行业，包括书籍、杂志印刷业、视觉艺术（油画与雕刻）、表演艺术（戏剧、歌剧、演唱会、舞蹈）、有声唱片、电影和电视节目，以及时装、玩具和游戏等[4]。

综合来看，目前虽然各界对创意产业概念的界定各有侧重，但对创意产业概念也形成了一定的共识，即认为知识产权、文化属性和现代信息手段是构成创意产业的典型要素。

另外，由于创意产业并不是传统三大产业之外的延伸，也不是某些产业内容的简单融合，而是将传统产业中具有创意共性的内容提取出来组成了目前创意产业外延，所以有学者认为这种内容角度的归类只是一种商业模式的堆砌或炒作，并会引起概念的混淆[5]。但总体来看，虽然目前对创意产业概念还存在这样那样的争论与差异化认识，创意产业概念的明确提出还是引发了世界范围内的产业革命思考，引领了10余年各大城市形象变革的风潮，是产业调整和发展史上的重要一笔。

二、创意产业及其相近概念辨析

创意（Creativity）与创新（Innovation）、创意产业（Creative Industries）与文化产业（Cultural Industries）由于其含义的相近性，故在学术运用上一直存在混淆和争论，更重要的是这种混用引起了一些文化、技术及经济周边问题[6]。所以比较分析有助于更清楚地理解创意及创意产业概念。

（一）创意与创新

创新（Innovation）概念早在 1921 年就由熊彼德正式提出，他定义创新概念为一种新的产品、生产方式、新市场、新的材料供应源或新工业组织等引起的新生产函数的建立[7]。而创意（Creative）是从英语中引进的一个词语，是指源于个人创造力、技能和才华的"点子"或"主意"。罗默很早就提出了"伟大的进步总是来源于思想"的理念，这是对创意重要性的首次肯定。Landry（2000）认为创意是"对一件事情做出正确的判断，然后在给定的情况下寻找一种合适的解决方法"[8]；Florida（2002）把创意解释为"对原有数据、感觉或者物质进行加工处理，生成新而有用的东西的能力"[9]；Hospers（2003）则认为创意的本质就是利用原创方法去解决每天出现的问题与挑战的能力[10]；Negus and Pickering（2004）认为创意是"一种经验的交流，是以一种人们可以分享的方式将新的经验加以实现的过程"[11]。

众多学者对两者进行了比较，如 Richard Brecknock 认为"创意是在构思原创思想时的智力或灵感，而创新是对已有创意的一种重新审阅、改编和扩充的过程"[12]；Howkins（2005）认为，创意比较私人化和具主观性（Subjective），创新则具有团队性、竞争性和客观性（Objective），创意可能引起创新，但创新很少引起创意；厉无畏（2006）认为创意可以分为两种——文化创意和科技创意，其中文化创意是指通过为产品和服务注入新的文化要素获得独特体验，从而提升产品与服务的观念价值。通过观念、感情和品位的传达，赋予文化产品和服务某种独特象征意义，这个意义上的创意实际上就是目前所说的创意产业所主要关注的。而科技创意是指通过改变生产工艺以降低消耗，提高效率从而改变产品和服务的功能结构，为消费者提供新的或更高的使用价值，或凭借某种程序或方法的使用使其产品的生产具有版权或专利权，这个意义上的创意实际上就是指创新[13]。所以如果将"创新"理解为工业革命时代技术层面的创造和更新的话，那么"创意"更能表达出当代经济社会中人的思维对价值创造的重要作用（张涵，2008)[14]；如果创新可以视为一种生产要素直接进入生产过程，而创意是否具有经济和社会价值则需要经过创新实践和市场检验，创新又可以看作创意的定价和保护机制（李双金，2008)[15]。但同时也有一些学者对创意概念持保留态度，如Pratt（2005）认为创意概念太宽泛，而不易与科学的和文化的创新区分开[16]。

（二）创意产业与文化产业

对文化产业的讨论源自于Theodor Adorno与Max Horkheimer[17]，Scott定义文化为"艺术、媒介、手工业、时尚、设计到体育、娱乐、建筑和城镇、遗产、旅游、饮食和表演、地方历史、城市公共边界和社会生活、身份识别和外部形象特征等一系列活动"[18]；Pratt（2005）认为文化产业是"具有强烈内在联系的表演，好艺术和好文学的形式和它们的再生产以及与这些艺术形式连接的活动"；联合国教科文组织（UNESCO）从文化产品的工业标准化生产、流通、分配、消费的角度界定文化产业是按照工业标准，生产、再生产、储存以及分配文化产品和服务的一系列活动，这些内容基本上受到著作权的保障，其形式可以是货品或服务。

创意产业概念正式提出后逐渐被更多地替代文化产业而使用，如在联合国教科文组织（UNESCO）就认为文化产业可以被视为创意产业。不时的混用现象导致了二者界限的不清晰。后来两概念的区分逐渐被一些学者所重视。Cunningham等认为创意产业已超越了文化产业，在价值链的连接中，创意产业始终处于文化产业的上游[19]。

总之，目前在学术界创意与创新、创意产业与文化产业之间还没有清晰的界限。由于它们之间的共生性和内容相关性，对两对概念完全割裂是不现实也没有学术意义的。但是注重两者间关系的研究却具有重要的理论和实践意义。如Biais B等[20]、李双金等就在此基础上做出了有益尝试[21]。

第二节 创意产业的行业范畴

一、典型创意产业行业分类

目前在世界范围内还未形成对创意产业行业分类的统一标准,多个创意产业发展成就突出的国家和地区均根据自身情况制定了自有行业分类标准。英国将创意产业划分为包括广告、建筑、艺术与古董市场等13个子行业,横跨《英国标准产业分类系统》中的4~5个门类、8~9个大类、约27个中类。但需要指出的是英国的创意产业所包含的13个行业门类中的一些门类在《英国标准产业分类系统》中并没有一一对应的行业统计,这也成为数据实际统计中的一大障碍。但英国作为第一个从国家层面倡导发展创意产业的国家,其创意产业政策和实践仍引领世界潮流,其创意产业分类也成为后来很多国家和地区的主要参照模式。所以,本书就英国创意产业行业分类标准为基准,将目前典型的几种创意产业行业分类情况进行了对照分析(见表1-1)。

表1-1 典型创意产业行业分类对照表

英国(澳大利亚、新加坡、中国香港)	联合国贸发会(UNCTAD)	中国台湾	北京	上海
广告	创意服务	广告	广告会展	广告及会展服务
建筑		文化展演设施建筑设计产业		建筑设计
工艺	传统文化艺术	工艺	艺术品交易	艺术业
艺术与古董市场	视觉艺术	视觉艺术		
表演艺术	表演艺术	音乐与表演艺术	文化艺术	
音乐				
设计	设计	设计产业	设计服务	工业设计
流行设计与时尚		设计品牌时尚产业		
电影与录像带	多媒体	电影	广播、电视、电影软件	艺术业
广播电视		广播电视		网络信息业
出版	出版印刷	出版	新闻出版	出版业

续表

英国 (澳大利亚、新加坡、中国香港)	联合国贸发会 (UNCTAD)	中国台湾	北京	上海
休闲软件游戏	新媒体	数字休闲娱乐产业	旅游、休闲娱乐	休闲娱乐服务
软件与计算机			网络计算机服务	软件与计算机服务业
	文化设施	创意生活产业	其他辅助服务	咨询服务业 文化创意相关产业

通过对照表可以看出，澳大利亚、新加坡和中国香港基本沿用了英国的分类方式，其中细节稍有不同；联合国贸发会（UNCTAD）的分类较英国少，所含行业类型除了涵盖英国所含行业外，还增加了包括遗址、博物馆、图书馆和展览馆在内的文化设施类型；中国台湾所采用的行业分类较英国增加了创意生活产业，即一些以创新经营方式提供食、住、行、育、乐各领域有用的商品和服务；北京的文化创意产业行业分类较英国未单独强调建筑行业，但强调增加了旅游业和其他辅助服务，其中其他辅助服务主要包括文化用品、设备及相关文化产品的生产和销售，以及文化商务服务；上海对创意产业的分类由原先的研发设计、建筑设计、文化传媒创意、咨询策划创意和时尚消费创意五大类调整为目前的十大类。较英国的行业分类未单独强调音乐业和流行设计与时尚，而单独强调了咨询服务业，并将工艺品生产销售等并入了文化创意相关产业。

二、创意产业行业范畴归纳

不同的创意产业概念内涵界定决定了其涵盖的行业范畴的差异。结合前文对创意产业概念的三种侧重类型阐述，以及现代典型创意产业行业分类情况，本书将创意产业的行业范畴进行了相应的归纳：即目前对创意产业行业范畴形成基本共识的行业类型包括出版、印刷、传媒、设计与时尚、音乐、视觉艺术等。强调创意产业的知识产权内涵及其所伴随的信息技术手段重要性的第一类定义方式又包含了软件及计算机服务业、网络信息业等业态；侧重从生产功能角度界定创意产业的第二类定义方式则把咨询策划、旅游以及其他文化创意辅助服务等纳入创意产业范畴；侧重强调创意产业的文化属性的第三类定义方式将（传统）文化艺术、文化展演设施等纳入范畴（见图1-1）。

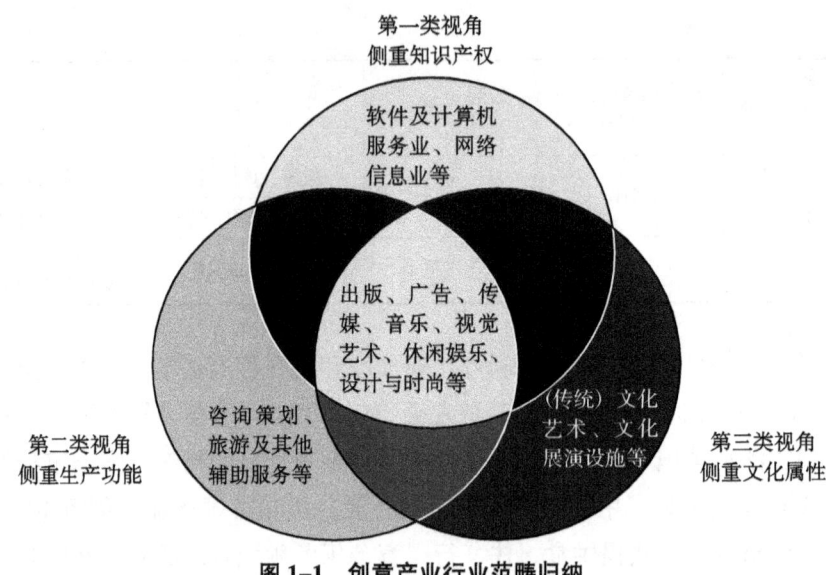

图1-1 创意产业行业范畴归纳

第三节 创意产业的特征

正是由于对创意产业概念和行业分类还未能达到完全一致,很多学者根据创意产业的具体行业表现和特殊本质进行了特征的归纳,以便更加全面深刻地理解创意及创意产业的内涵。例如,Justin O'Connor(2007)认为创意与创新有关,具有非常规的、反直觉的、叛逆的及风险性的特质,并且影响着社会价值观的重建,例如重视创意使人们的价值观从忽视自我转变到重视自我表达;Lacroix 和 Tremblay(1999)认为创意产业不是凭空构想出来的,而仍然是产业结构自然演化的结果,所以创意产业具备一般产业特性,同时呈现出不同于一般产业的产业特性[22];Shahid Yusuf(2005)认为创意产业拥有高科技产业的一切特征,包括对多样化技术的需求、易在大城市生成以满足其对设备和人才的需求、依赖发达的通信基础[23];张京成(2006)认为创意产业具有其应具有人的创造力、可产业化或具有一定的产业化潜力、具有文化性,需要依靠科学技术的支撑作用四大特征[24]。总体来看,目前对创意产业特征的把握主要集中在两点:一是创意产业与传统产业相似的特征;二是创意产业超越传统产业的特征,如其具有的软驱动取代硬驱动、价值链取代生产链、消费导向取代产品导向等新特性[25]。据此，本书认为创意产业具有以下五个主要特征：

第一，知识密集特征。由于创意产业是随着知识经济对社会分工的影响深入，一些专门研究、开发、创新知识的工作从传统产业中逐步脱离出来而发展形成的一个独立产业，故创意产业是典型的知识密集型产业。其以文化、创意理念为核心，强调创新性，是人的知识、智慧和灵感在特定行业的物化表现。这一属性决定了创意产业是通过满足人的精神需求，即实现产品的观念价值而产生社会和经济效益。所以创意产业与传统制造业相比，资源消耗低，在强调集约型、知识型的社会形态下发展潜力更大。

正是由于创意产业具备明显的知识密集特征，在创意产品的总价值中创意的价值比例比其载体的物质价值比例更大，而这种创意的价值必须有知识产权的保护才能得以有效发挥。当创意内容被嵌入物质载体后，每次创意产品复制都不会对原有的知识造成损害，但只需要消耗非常有限的物质成本。同时创意产品可以与不同的物质载体相结合，又会开发出衍生产品。创意的这种知识型属性更容易被抄袭，因此更需要知识产权的保护。

第二，低碳特征。首先，创意产业的知识产权密集型特征决定了其低能耗、低污染的特点。其次，创意产业的空间存在形式本身就是适应低碳经济特征的产物。创意产业常以旧城区、旧工业建筑改造的创意集聚区形式存在。例如，纽约的苏荷原为19世纪的厂房仓库，伦敦的泰德艺术馆原为准备拆除的火力发电厂，上海的M50原为停产的纺织厂。这些由旧厂房仓库改造而来的创意产业集聚区既节省了建造成本，又符合低能耗要求；并且以高碳为特征的工业化时期遗存所特有的历史底蕴和文化内涵得以保留和延伸，不仅使得其高碳经济引致的面临废弃的城市旧区可重新焕发价值，而且形成了符合低碳经济特征的低排放、低污染的城市创意新景观。

第三，高附加值特征。由微笑曲线可知，产业链中间生产制造环节附加值低，处于两端的产品设计和品牌营销环节附加值高。创意产业不仅以创造性的点子、设计为主要价值起点，并且通过赋予商品观念价值而实现了品牌营销，故创意产业属于处于产业链两端的高附加值产业，是名副其实的高效能产业。另外，创意产业还有一次投资、多次收益的延伸性特点，故其所衍生的附加价值使之产生更高效益。例如，一部《哈利·波特》自1997年问世，图书销售量超过4亿册，由其改编的系列电影全球票房已达45亿美元，DVD销售收入达27亿美元。这部小说是作者 J. K.罗琳的思维创意成果，它不仅使其由一个靠政府救济生活的人成为"比英国女王"还富有的作家，更使其投资公司华纳兄弟以一次投资获得了数以百倍计的多次收益，仅衍生品相关授权项目就为其带了数十亿美元的收入。即使电影在 2011 年完结后退出大银幕，投资者还可以通过各种不同投资形式，如筹建主题乐园等，继续从这个经典创意中创造更多财富。也有调查表明投资 1 美元的创意产品，其相关衍生产品可以带来 3~5 美元的收益回报[26]。

第四，产业融合特征。创意产业以创新的思想、技术和设计为其他行业生产提供服务，这使其更容易与其他产业融合，从而实现传统产业的价值创新，并容易衍生出新的产业。创意旅游、创意农业等概念均是创意产业与传统产业融合衍生的产物。创意产业以其居于价值链高端的地位渗透融合其他产业，不仅为其他产业带来了额外附加值，而且参与了更多的利润分配，这使得创意产业的价值创造更加具有效率。例如创意农业就改变了现代农业"研发、生产、加工和销售"的产业发展模式，强调用文化元素提升农业产业附加值，通过创意的投入使农产品更具有市场吸引力和竞争力，创造出新价值和新市场空间的手段，从而实现农产品和产业的增值[27]。

第五，高风险特征。创意产业的高风险特征是由其价值创造的主体、受众及组织生产的特殊性所决定的。一方面，创意产品的开发主体是一群具有独特创造力的艺术家、设计人员等，其思维方式、时尚追求等都相对另类；另一方面，创意产业的受众是形形色色的消费者，并且受众是否认可创意产品取决于他们自己的好恶和品位。为了顺利完成创意从主体到受众的转换，创意产业的组织生产从创意设计，到组织生产，再到最终消费和衍生，都强调创意群体的团队组合，产品的包装、复制、传播、销售、品牌形象的建立等。因此在创意产业的价值创造过程中，除了对创意者的重视和投入外，还需要更多地投入努力争取消费者对创意产品的认同，更需要对创意产业价值创造体系形成进行合理投入，这在无形中加大了创意产业的高风险性。

另外，创意产品的特殊性也决定了其高风险特征。创意产品通常是具有精神属性、文化性、娱乐性、心理性的产品及服务，每个创意产品对于消费者来说存在着个体偏好、时尚潮流、时机选择、地域特色、文化差异、社会环境、民族情节等诸多不确定因素，这都加大了创意产品的推广风险。事实上，创意文化产品的这种不确定性的需求特性直接导致了其供需矛盾远比单纯的物质产品突出，从而加剧了创意产业的高风险特征。

第四节 创意产业的研究进展

一、创意产业的研究综述

目前对创意产业的研究主要集中于对其本身特性的研究、向前挖掘其产生原因或影响因素以及向后评价其发展效果三个方面。

(一)创意产业空间特征研究

从微观视角来看,创意产业往往集中于某些特定的区域,如在旧城区形成产业集群;从中观视角看,创意产业选择某些特定的城市聚集,从而形成较典型的创意城市;从宏观视角看,一些国家和地区的创意产业发展相对迅速。

1. 微观视角——创意产业区

很多学者从经济地理学角度对创意产业区进行了研究。最早对创意产业的特殊区位形式予以注意的是 Zukin（1982）对"阁楼"（Loft）的研究[28]；Hutton（2000, 2004）认为创意产业区趋向于大都市的内城和 CBD 边缘地区,即都市的"新生产空间"。而创意产业群落对内城空间的景观重建、城市空间结构重新配置、地方社区再生等起到了重要作用。并且他进一步对何种类型的创意产业区位于城市的何种区域的问题做了阐述[29]；Scott 提出了创意场域（Creative Field）的概念来研究创意产业区,即由一系列产业活动和相关社会现象构成了有地理空间分异的一系列的网,这一系列网的关系促进了企业家收益和创新的产出[30]；而创意集群（Creative Cluster）概念的提出体现了典型的经济地理学思维。英国国家科学基金（NESTA）（2003）论述道"早期阶段的小型创意企业一个显著的特征是趋向于在特定区位集群（Cluster）,即相似的创意企业彼此相邻,通过融合商业化机会和柔性专业化的生产和销售而形成的创意产业群落（Creative Industry Cluster）"；Pratt（2004）认为,创意群落是商业群落（Business Cluster）的子系列（Sub-Set）[31]。

一些学者从动态角度论述了创意产业区的空间转换现象。例如,Markusen 和 King（2003）[32] 及 Caves（2004）认为,创意产业园区一般经历了从最初的贫困、未成名的艺术家在房租低廉的旧城区集聚,逐步发展成为具有一定规模和影响的艺术集聚地,当这些艺术集聚地越来越具有影响力,就开始吸引知名的艺术家和富有的顾客,逐步成为高消费时尚地区,进而引起房租的暴涨。这样,一些尚未成名的艺术家便向周边其他地区迁移,原先宽松、自由、活跃的环境氛围发生变化,逐步失去了对青年艺术家、小说家的吸引力。休斯敦以南地区、纽约东区都有过类似的情况;另外 Caves(2004)认为,这种艺术集聚地的空间扩散和转移既可能发生在城市之间,也可能发生在城市内部[33]。

2. 中观视角——创意城市

创意产业中观区位选择表现在对城市或地区的选择上。首先,大部分学者通过对现象的总结和理论的研究,对创意产业盛行的城市特质进行了研究,并以此预测什么样的城市将可能成为创意城市。Hall（1998）认为城市是人类文明的结晶,几乎人类所有的创造性成就都与城市相关。城市中的创意自古有之,公元前5世纪的雅典、14世纪的佛罗伦萨、莎士比亚时期的伦敦、18世纪晚期和19世纪的维也纳、1870~1910年的巴黎以及20世纪20年代的柏林。创意城市是创意在经济中的作用占到主导地位后才出现的。他认为真正的创意城市是多方面领先的并建立在艺术和技术的创意融合之上的,这种城市往往"处于经济和社会的变迁中,大量的新事物不断涌入、融合并形成一种新的社会"且"时间和机遇对城市来说十分重要"。"创意城市永远是不舒服、不稳定的城市。由此,高度创意城市往往是那些旧秩序受到挑战或被推翻的地方"[34];Landry（2000）随后对创意城市进行了系统的论述,他认为成功的创意城市的共同点是都具有有远见的个人、创新组织和明晰目标的政治文化。因此这些人才、项目和组织等的相互作用共同构成形成创意城市的基本条件,尤其是文化对城市创造力具有惊人的作用。他认为"创造创意情境对形成创意城市是关键因素,包括了创意人群、创意过程和创意产品等的相互作用";Mitchell（1999）和 Florida（2002）均认为良好的基础设施环境、公共服务完善、开放度容忍度高、文化多样化的城市地区,特别是大城市地区具有吸引特定创意产业区的特性[35];Scott（2005）认为创意城市只能在生产者网络（Producer Network）、地方劳动力市场（Local Labor Market）和创意场域（Creative Field）三个方面的良好融合的空间下才具有动力产生。他运用这个理论阐述了好莱坞是如何成为并将继续成为全球最大最有影响的文化产业集聚地。他同时认为,想要打造一个创意城市应放在新经济条件和全球化背景下讨论,并不是创造出"软"和"硬"环境就能获得成功。

其次,关于创意城市的一个重要方面是对创意城市对经济发展作用的研究。

Gertler（2004）认为创意城市可增加地方经济动力并提高生活质量，主要是通过3C，即 Creativity（创造力）、Competitiveness（竞争力）、Cohesion（凝聚力）之间的相互关系来提高城市经济活力[36]；Scott（1997）认为创意城市对地区发展的主要意义在于，职业部门极其广泛并同时存在于制造业和服务活动、雇用人员巨大、促进大都市区域的特定地方文化识别；加拿大学者尼尔·布拉德福认为创意城市是一个动态的、实验的创新场所，创意城市的概念不仅包括吸引艺术家和向文化机构投资，它是一个整体的创新思维的过程，可以解决一系列的社会、经济和环境问题。他认为创意城市可以将不同的人和不同的知识组合成创新的办法以解决复杂的当地事务，创意城市集中体现了五个方面的好处：管理创新、市民事务创新、经济创新、社会创新和艺术文化创新[37]。

此外，很多学者针对具体的城市进行了研究。Hutton（2000）研究了特定城市发展的特定专门化的创意生产领域，如米兰（Milan）的时尚和工业设计，巴黎（Paris）的时尚设计；Glaeser（2005）对纽约城市进行研究，发现其创意产业主要集中在服装业和出版业，并且其集聚对城市作为全国第一大港起到很大作用[38]；在国内，诸大建、王红兵（2007）对上海作为创意城市的目前发展做出了较详细的研究，他们认为上海置身于世界的竞争环境，必须以创意人才、创意产业为核心构建创意城市，要大力发展研究型大学，并提供一个开放的、包容的和多样性的环境来吸引创意阶层促进城市的发展与繁荣，构建上海城市发展的核心价值[39]；肖雁飞、刘友金和沈玉芳（2007）探讨了上海创意产业区空间创新特点和趋势，认为上海主要沿河岸、CBD 边缘、高校等集聚形成四个主要创意圈层，对城市旧区改造、竞争力形成和城市创意圈培育等都有积极作用，今后的发展应加强空间"形态"向产业"业态"培育[40]；盛垒、钟辉华（2006）认为北京具备了发展创意城市的基础条件。北京具有深厚的历史文化底蕴，而且近年来大力开展国际音乐节、艺术节、设计展等创意性活动，得到海内外最新式创意理念的熏陶，逐渐形成了良好的制度、国际化的开放环境以及对多种不同思维的包容性；而且基础设施良好，已经表现出一定的集聚规模[41]；王伟年和张平宇（2006）在借鉴国外创意产业发展和城市再生理论研究的基础上，认为创意产业园区是城市再生的新模式，能提供城市竞争力、增加城市就业、延续城市文脉和塑造城市景观特色等作用[42]。

总之，研究的共识是，创意城市对经济发展的作用毋庸置疑，创意城市将成为城市发展的新范式（Charles Landry，2004），世界各大城市无论传统名城还是新兴城市都将争取发展创意产业这一极具潜力又符合时代潮流的产业形式。但目前对以什么标准来判断具体城市是否适合发展创意产业仍存在争议。另外，怎样建设创意城市才是正确的发展路径也是一个亟待解决的问题，这一点与前述创意产业形成因素的研究又具有联系性。

3. 宏观视角——创意国家

创意产业宏观区位选择上表现为全球范围内的选择，自英国政府在1998年提出建设创意型国家以来，各国政府认识到决定未来国家竞争力的一个重要方面便是在创意创新型国家建设的成败，故各国根据自身特色及经济基础纷纷在创意产业方面进行了尝试及努力。这部分选取四个主导创意产业政策的典型国家——澳大利亚、英国、日本和韩国，对创意产业的宏观区位选择做出简单综述。

澳大利亚事实上是第一个提出建设创意国家理念的国家。澳政府1994年发布第一个国家文化发展战略（Creative Nation），力推创意产业概念，把创意产业发展作为一项国家战略，成立了布里期班创意产业研究中心，其作为澳大利亚联邦政府直接支持的国家级创意产业振兴机构，以财政支持和政策扶持带动民间资本进入，实现技术创新和市场创新，将艺术、歌剧、音乐剧、电影、电视制作、互动游戏及数字内容等视为文化创意产业的重要内容，孵化产业主体，主导产业发展。澳大利亚目前的文化及创意产业政策主要聚集于创意数字产业。澳大利亚将创意产业称为"版权产业"，其定义和分类创意产业的方式与美国相似[43]。

英国是第一个正式提出创意产业概念的国家。其基于的背景原因是它曾经的世界制造业大国地位日渐衰落，英国政府的多项产业政策成效不明显，某些产业的发展甚至面临危机。如何调整国内产业，获取更高的附加值，为国内劳力找到更好的职业，是英国面临的重要任务。英政府总结其他国家发展经验，发现知识产权与文化投资与经济发展关系密切，认识到推广文化政策创意产业可能成为英国摆脱经济困境的有效方法。1997年政府整合相关领域成立英国创意产业专责小组，并先后于1998年和2001年分别两次发布研究报告分析英国创意产业的现状并提出发展战略，并率先开发"创意产业生产系统"，用以计算与创意产业有关的上游及下游活动[44]。英国政府将创意产业界定为包含13个行业部门的产业体系：广告、建筑、艺术和古玩市场、工艺品、设计、时装设计师、电影与录像、互动休闲软件、音乐、表演艺术、出版、软件和电视广播等。英国创意产业的政策导向是政府导向推进地方专业型组织建立创意产业发展平台[45]。

日本创意产业与英国发展背景类似，其在20世纪70年代形成自身强大的制造业优势，但随着信息产业的迅猛发展和不断加剧的能源竞争，日本的国家竞争力在 90 年代之后不断下降，直到进入经济低迷的"失去的十年"。日本为了在日益加剧的全球竞争中重新起飞，决心对自身的产业格局作出调整，1995 年，日本文化政策推进会议在其重要报告《新文化立国：关于振兴文化的几个重要策略》中确立了日本在未来 21 世纪的文化立国方略，标志着日本政府确定在国家层面上发展创意产业的开始。创意产业在日本通常被称内容产业，分为三大类：内容产业、休闲产业和时尚产业。文化立国的方针政策确定之后，以动漫、游戏、音乐等为主体的创意产业快速发展，不仅使国内经济发展迅猛，同时也带动了相关产业的发展。由于日本素有"动漫王国"之称，是世界上最大的动漫制作和输出国，游戏产业又是日本的传统强项，虽后来面临美国、欧洲游戏市场的快速成长以及韩国游戏产业迅猛发展所带来的强大竞争压力，但随着计算机、互联网及手机等数字化产品的普及，日本结合游戏、动、音乐等类别，开发了新兴的数字艺术产业，目前传统创意强项动漫产业、游戏产业以及新兴的数字内容产业均在发挥越来越重要的经济推动作用[46]。

韩国是目前亚洲以创意产业立国并且创意产业市场发展蓬勃的国家典范。其发展背景是基于 1997 年亚洲金融危机后，高度依赖外资的韩国经济大受打击，为了摆脱危机，韩国决定实施经济转型。而创意也在一连串的改革政策当中被提出，正式成为韩国的国家发展方向之一。韩国于 1998 年提出"设计韩国"战略，之后全亚洲开始掀起"韩流"浪潮，意味着韩国创意国家政策的极大成功。韩国将创意产业分为文化、娱乐和内容产业，具体包括漫画、动画、音乐、电影、广播、演出、网络游戏、手机内容等有关领域，其中以网游、卡通和影视为主干。经过多年的实践，韩国目前的创意产业已成为继汽车后为韩国赚取外汇最多的第二产业，其影视、音乐、手机及电子游戏 4 个产业都有二位数的增长，目前已经拥有三星、LG 等全球著名品牌，韩国也实现了从制造国家向设计创新国家成功转型[47]。

从以上对四个典型的创意国家的综述可以发现，这些成功的创意型国家首先都拥有国家政府层面的产业主导政策，其次他们都拥有较好的工业经济基础，最后他们都成功地结合本国原有特色发掘出了新的创意增长点，这三点是建设成功的创意国家的关键因素。

（二）创意产业发展影响因素研究

对创意产业形成因素的研究最初源于 20 世纪八九十年代的欧洲创新环境研

究小组（GREMI）提出的"Milieu"概念，译为"情境"或"氛围"，指一个事物产生所需的周围环境或社会背景。最早对创意情境（The Creative Milieu）进行阐述的是 Tornquist（1983），他认为信息在人群之间传递、知识或信息的储存、胜任特定活动的能力以及合成创新的能力是创意情境主要具备的四个关键特征[48]；Andersson（1985）认为创意情境的发生主要有健全财政基础、不过于僵化的规章制、原创性的知识和能力、经验丰富的需求和实际机会之间的非平衡、多样化环境、个人交通和交流的内部和外部可能性、未来科学和技术不确定性而导致的社会结构不稳定性这六个关键因素[49]；Hall（1998，2000）认为一个地方的某种嗡鸣声、那种场景甚至风气构成了某种特定的氛围，从而形成创意情境[50]；Landry（2000）定义创意情境是"一个地方（包含硬件和软件基础设施），或是几栋建筑物，或是城市的某一区，或整个都市，或是某一区域——由一些可能的条件组合而激发了思想和发明的创造和流动。基于创意情境的研究，很多学者直接提出了他们认为关键的创意产业的形成因素。例如，Charles Landry（2000）的七要素说，即人员品质、意志与领导素质、人力的多样性与各种人才的发展机会、组织文化、地方认同、都市空间与设施、网络动力关系七大要素将营造出最适宜创意成长的环境[8]；Florida（2002）提出了创意产业发展的"3T"要素，即创意技术（Technology）、创意人才（Talent）、城市的包容力（Tolerance）[51]；Glaeser（2004）认为 3T 要素实际上是传统的人力资本理论，而真正有效的是"3S"要素，即技能（Skills）、阳光（Sun）和城市蔓延（Sprawl）[38]。G.Hearn（2004）从动态的角度提出知识产权保护机制、活力的创意人才群体、宽广的信息交流平台以及完备的风险投资体系是创意产业发展必要的四大要素[52]；Scott（2005）认为生产者的网络化所形成的经济集聚、地方劳动力市场的多样性、创造性领域的发展是城市发展创意产业的重要条件[18]。

可以发现，由于创意产业以个人创意为基本源泉的特殊产业特性，关于人才因素的讨论相对较多。特别是 Florida 专门将人才因素以"创意阶层"（Creative Classes）概念专门提出后，创意阶层逐渐作为一个单独的创意产业形成影响因素方面分列出来加以研究，并且形成了观点相对鲜明的两派。继 Zukin 20 世纪 80 年代首次对艺术家、手工艺者、设计者、音乐人等创意人群重要性的认识，Florida（2002）认为这类创意人群已成长为一个阶层，从而提出了"创意阶层"的概念。创意阶层是"另类的"（Alternative）和具有"波西米亚人"风格（Bohemian）的"独立企业或人"，并趋向于向"3T"指数高的地区聚集。他认为创意阶层是现代城市社会革新力量和文化动力的根源；Knudsen 和 Florida（2007）等从人口密度入手，进一步从定量分析角度强调创意阶层的重要性[53]。创意阶层这一观点产生了巨大影响，一些学者表达了反面的态度，如 Peck（2005）认为 Florida 所倡导的"营造创造力氛围"的运动创造的是"边缘"（Edge）城市，加大城市改建这种高成本实践应予以限制[54]；Scott（2005）认为创造力不仅是 Florida 认为的创意阶层产生的，也必须依靠特定城市情境下的生产、工作和社会之间复杂生产网络的有机发展，如果地方劳动力市场和经济未充分发展，单靠环境的设置是不能吸引和留住创意阶层的；Pratt（2008）认为首先 Florida 用波西米亚人等群体来指代创意阶层便有失偏颇，其次他认为是创意产业及文化本身吸引了人才而不是 3T 因素吸引人才聚集，创意阶层对经济增长及城市复兴的作用没有 Florida 强调的那么巨大[55]；另外很多学者对 Florida 缺乏实证研究而仅是间接例证的研究方法提出了质疑。总之，研究结果充分证实了创意人才的重要性，但是对用什么人群计量和代表创意人才，以及创意人群与环境因素之间的相互吸引关系还存在分歧。

（三）创意产业发展效应研究

在社会文化效应方面，多数研究认为文化创意产业空间具有促进文化多样性（Mommaas，2004；Pumhiran，2005；王伟年、张平宇，2006）、地方认同和归属感建立（Scott，1997；香港创意产业基线报告，2003）、旧城重建与城市形象再生（Hutton，2000；Sassen，1999，2005；Hall，2000；阮仪三等，2004）、建筑遗产保护和文化旅游（Pratt，2002；崔世平等，2004；于雪梅，2006）等方面的积极作用。

在经济效应方面，有研究认为文化创意空间能够一定程度上增强城市经济活力（Gertler，2004；陈祝平、黄艳麟，2006；洪进等，2011；Zukin，1988；Zheng，2010）和文化消费能力（Lash、Urry，1994；Crewe and Beaverstock，1998），并对产业结构调整具有一定正向作用（Hutton，2004；厉无畏，2004；荣跃明，2004）。然而，近年来随着文化创意产业空间的建设数量不断增多，逐渐显现出整体影响不佳、可持续性不足、聚合深度有限等问题（林拓等，2012）。随之对其是否真正促进了地区社会文化繁荣和经济发展产生了一些质疑，有研究认为文化创意空间的集聚效应，特别是集聚的经济效应被过分渲染了（Justin O'Connor、Xin Gu，2012；Greenspan，2011；王茜宇，2012）。

二、研究评述

综观创意产业相关研究成果，可以发现从创意产业这一概念的兴起到其理论研究的逐渐展开，其研究内容和方法经历了一个从由浅入深，从简单到复杂，从单学科到多学科融合的过程。综合看来，当前对创意产业研究的进展有以下三个特征：

（1）已有研究重视对创意产业自身特征、原因和效果的描述和分析，但对空间内在塑造机制问题的研究深入不够。已有从空间角度对文化创意产业的研究主要从对其本体空间特征分析、前向挖掘原因以及后向探讨效果三个方面入手。但应注意到，目前已经出现了空间"有形式无内容"的问题，故空间内部如何建构和塑造的问题可能将成为未来重点关注之处。

（2）当前的研究开始逐渐关注空间效率的定性探讨，但定量与定性结合科学测评空间效率的研究较少。已有研究中涉及对创意产业空间效率的研究近年来也在不断增多，但是目前的研究多集中于定性研究，特别针对当前文化创意空间打造已经显现的"有量无质"问题，定性的效应讨论更显示出其不完整之处。仅有的很小部分定量方面的研究，其所采用的评估指标略显片面。故能够全面地定量定性评价空间效率是目前亟待解决的问题之一。

（3）已有研究已经认识到创意产业是一种典型的体现无形资产价值的经济形态（New Intangible Asset Economy），具备一些显著区别于传统产业的产业特点，如人的创造力成为了价值创造的源泉，强调合同与法律对创意价值源的知识产权保护以保证其价值实现。但涉及探悉创意产业价值创造机制及增值的研究相对较少且研究角度相对单一，主要体现在：①创意产业价值创造和增值机制的研究理论基础集中于价值链理论，对其他价值相关理论的应用较少，使得目前的研究模式存在一定的趋同化；②缺乏建立在一定理论模型基础上对区域性创意产业的价值创造能力的评价研究。实际上，如果可以从整体科学理论视角深入探悉创意产业价值创造生态系统的内在机制，并建立有效的价值创造能力评价机制，将对具体创意行业或具体区域性创意产业发展的管理运作重点领域、能力评价以及政策制定等具有理论和现实的指导意义。

总之，在全球的知识经济背景下，创意产业倍数创造价值及其巨大的价值增值能力，以及其表现出的低资源消耗、高附加值的特性，已促使各地区及国家政府纷纷将其列为未来区域竞争力提升的关键领域。但如何结合本身特点更好地发展创意产业，使之具备更高的价值创造能力，一直是实践者和政策制定者最关注的问题。创意产业本身的产业特殊性同时要求其管理的重心要从实物型管理向价值型管理转变。所以，如果能够从内在价值创造的角度深入探讨创意产业价值创造系统内的组织结构、关系和价值流动增值途径，将有助于一个创意行业或某区域建立与市场竞争相适应的、科学化的管理模式，进而提高具体行业或区域的管理水平和经营效率，努力实现价值增值最大化，提升创意产业竞争力。另外，区域或行业创意产业价值创造能力的衡量对区域政策的制定或行业竞争力的估计及提升等均有重要的实践指导意义。

第二章
创意产业的价值创造分析框架

创意产业是一种典型的体现无形资产价值的经济形态（New Intangible Asset Economy），其具备一些显著区别于传统产业的产业特点，如人的创造力成为了价值创造的源泉，强调合同与法律对创意价值源的知识产权保护以保证其价值实现。因此探悉创意产业内在价值创造规律对深入理解创意产业如何实现价值增值具有积极的理论意义。为了找到适当的研究创意产业价值创造过程的视角，本章将在介绍价值、价值创造概念，以及价值创造研究框架的基础上，比较确定创意产业价值创造的适用分析框架。

第一节 价值创造理论基础

一、价值理论基础

价值概念一直是经济学理论的原始起点和最终源泉。关于"什么是价值"的问题，是价值领域分歧最大、争议最多、影响最广的一个问题。学界目前有几种比较流行的价值定义，如实体说者认为价值是有价值的事物本身；功能说者认为价值是客体固有的某些属性或功能；观念说者认为价值是人类的一种精神或心理现象或客体满足主体需要的关系等。围绕价值的性质、缘由及价值内涵等问题，从威廉·配第、萨伊到边际学派、剑桥学派等，形成了若干价值理论学派。根据其价值尺度的判定基本方向，大致可分为三类：劳动价值论、效用价值论及均衡价值论[56]。

（一）劳动价值论

威廉·配第于 1662 年在其著作《赋税论》中提出劳动创造价值的观点，之后经过亚当·斯密、大卫·李嘉图、马克思等人的发展与完善，形成了现在一般意义上的劳动价值论。劳动价值论认为价值决定于物化在商品中的社会必要劳动价值量，劳动是衡量一切商品交换价值的真实尺度。劳动价值论区分了"使用价值"和"价值"的概念，认为价值是商品中的人类一般劳动，使用价值只是价值的物质承担者，本身并不形成价值。

劳动价值论对价值来源的界定是一个纯粹的、抽象的关系范畴，并在其产生和发展的历史时期成功的解释了人与人之间的劳资关系问题。但是随着社会经济的发展，自然资源价值等问题的出现，劳动价值论逐渐显现出不足。

（二）效用价值论

萨伊（J.B.Say）与 1802 年在著作《政治经济学概论》中系统提出了生产要素价值论，认为价值是个人对商品使用价值的主观评价即效用，而效用的创造不仅有劳动，还有资本和土地，即三种生产要素共同创造价值。在此思想基础上，边际学派倡导的效用价值理论兴起。根据研究方法的不同，边际学派分为两支。一支是以心理学为分析基础的心理学派，此学派以奥地利学派为代表，主要代表人物有门格尔、维塞尔、庞巴维克等人。另一支是以数学为分析工具的数理学派，以杰文斯、瓦尔拉和帕累托为代表。虽然其论证方法不同，但拥有共同的理论核心——以人们对商品效用的主观评价大小作为衡量商品价值的唯一标准。具体来说，效用价值论认为物品具有一种满足人们主观欲望的能力，即效用；价值是一种主观心理感受，而不是物品所具有的任何客观属性。价值的源泉是效用，但是效用必须与稀缺结合才能构成价值形成的充分条件，所以边际效用能够显示价值量由稀缺性带来的变动，即边际效用是衡量价值量的尺度。

效用价值论认为商品的功能是价值的基础，但强调价值取决于对功能的主观心理评价。而非客观功能属性。但是由于主体认知的局限性及信息的不完全，使其对客体稀缺性往往不能确切认识，从而使此理论显得有失偏颇。

(三) 均衡价值论

均衡价值论由剑桥学派的代表人物马歇尔提出。该理论是以供求论为主体，认为边际效用决定需求，生产费用决定供给，而需求和供给的均衡则决定了均衡价值（价格）。很明显，这里将交换价值作为桥梁，用价格代替了价值的概念。所以该理论又称为均衡价格论。

均衡价值论将价格与价值等同起来，其价值的概念核心即可替代性理论。这样价值概念将只能表征可替代物品的价值，对于没有替代品或尚未找到替代品的物品，其价值无法表达。

从以上对价值理论的回顾可以看出，对价值本源的观点主要分成效用和使用价值两种。事实上，效用和使用价值均是描述商品的自然属性，效用强调主观的一面，即满足人们主观需要的能力；使用价值强调客观的一面，解释物品本身的客观属性。而物之所以有效用，既要依赖于其客观的功能属性，也要依赖于人的主观需要。所以，这里在不严格区分使用价值、效用等概念使用的基础上，认为效用和稀缺性是形成价值的充要条件。在此基础上认为，价值形成的机制有两个途径，一是通过效用或使用价值的变动，二是通过稀缺状况的变动实现[57]。

二、价值创造释义

从公司战略角度，如迈克尔·波特（1985）认为就竞争角度而言，价值是购买者愿意为企业提供给他们的产品所支付的价格，而企业的根本任务就是不断创造价值，并在创造价值的过程中，实现包括企业价值和社会价值在内的价值最大化。Normann 和 Ramirez（1993）认为公司战略从价值角度来看就是一种价值创造的艺术，他们将战略看作了一个各个成员共同创造价值的价值创造系统（Value-creating System）[58]。

从合作角度，如 Borys 和 Jemison（1989）认为两个公司的资源合作从而完成一个公司所不能完成的任务，这个过程可以被看作价值创造的过程[59]。Ulaga (2001) 认为价值为顾客所能承受的收益与成本的比率，他在研究混合体（Hybrid）时运用了 Borys 等所提出的价值创造概念，认为其是一个由于合作者能力联合而使混合体或合作者竞争优势加强的过程[60]。Walter. Achim 等发展了上述观点，给出了一个简单的计算价值创造值的公式：共同价值创造潜力$=\sum_{t=1}^{n}(B_t - S_t)i^t$，其中 B_t 是预计利益，S_t 为预计成本，i 为合作各方的相互依赖程度，并由此说明合作方依赖程度高则价值创造潜力大[61]。

从财务角度，由美国咨询顾问斯特恩和斯图尔特于20世纪60年代发明的一种全新的价值评估体系 EVA（Economic Value-Added，经济附加值）法，认为在企业获取的利润大于或等于其投入资本的全部成本时该企业才真有真实利润的产生，并为企业创造出新的价值；反之，则是在毁灭价值。公式表示为经济增值=企业税后经营利润-资本成本。该方法从财务角度对企业价值创造给出了比较清晰的财务定义。

从价值创造来源角度，如 Ulaga（2001）从不同视角将价值创造途径分为三类，消费者角度认为价值创造源于产品与服务；供应商角度认为价值创造源于客户资产；消费者与供应商联合角度认为价值创造源于合作。Lippmna 和 Rumelt（2003），认为价值创造可能来自两个方面，一是发展复杂的"自生"资源，包括知识、技术诀窍（Know-How）、社会资本和其他社会的复杂的、难以转化的资源；二是对资源进行联合、处置、合并、获取、合资等诸如此类的资源合作过程[62]。Forsström（2005）认为价值创造源于两种渠道，一是由于减低成本、增加收益、加强交易效率、改进合作等带来的真实价值（Substantial Value）；二是由于创新、学习、风险共担、技能、市场地位、社会信誉、创造新市场等带来的认知价值（Cognitive Value）[63]。

总体而言，目前还没有对价值创造的规范定义和研究，涉及价值创造的内容散见于各个学科领域。但可以看出，学者运用价值创造概念的基本原则是根据自身研究目的需要选择不同模式使用，所以价值创造模式是价值创造的载体，体现了各类研究价值创造过程采取的具体方式和途径。故以价值创造模式的不同来分类不同的价值创造研究，相对思路清晰结构明朗。总体来看，目前关于价值创造模式的研究大致可以分为三类：线形模式、网状模式及系统模式。

第二节 线形分析框架：价值链

一、价值链

传统理论中对价值的考量多建立在工业经济假设和模型之上，价值链模式的提出对价值创造的机制进行了初步的探讨。价值链由迈克尔·波特在《竞争优势》中首次提出，他认为每个企业都是用来进行设计、生产、营销、交货以及对产品起辅助作用的各种活动的集合，这些活动组成了一个企业价值链。价值链列示了总价值，并且包括价值活动和利润，其中价值活动由价值链的内部联系连接起来形成了一个价值系统，在链条的每个阶段都将创造和增加产品的价值。根据波特的分析，企业的价值创造活动就由一系列以内部后勤、生产作业、外部后勤、市场和销售服务为内容的基本活动和以采购、技术开发、人力资源管理、基本职能为内容的辅助活动组成，所以企业经营战略中的一个重要问题是构建企业价值链和产业价值链，企业经营的核心问题就是"在价值链上定位"和"将战略建立在独特的经营活动上"；Peter Maigers（1995）将价值链看作是一些群体共同工作的一系列工艺过程，以某一方式不断地创新，为顾客创造价值，认为企业的发展不只是增加价值，而是要重新创造价值。在价值链系统中，不同的经济活动单元通过协作共同创造价值[64]；Brown（1997）给出了一个较精练的价值链定义，他认为价值链是一种将商业行为分解为相关的战略活动的工具，它能够使之清楚地了解其竞争优势的来源[65]；Walters and Lancaster（2000）认为相对于供应链强调成本最小的思想，价值链则强调成本最优创造价值最大[66]；Shank和Govindarajan（1993）则提出了程序化的价值链分析方法，他们设计出一套以分析价值链各个环节的成本计算，使价值链分析方法具有很大的可操作性[67]。

随着信息化社会的发展，Jeffrey F.Rayport 和 John Sviokla（1995）结合电子商务这一新的价值增长点提出了虚拟价值链概念，认为虚拟价值链对规模经济和范围的理解、管理内容、增值过程均不同于传统价值链。实物价值链是由一系列线形连续活动构成，虚拟价值链是非线性的，有潜在的输入输出点，能通过各种渠道获得分布矩阵。通过对两条价值链价值创造过程的区别及其相互作用的理解，企业可以根据自己的组织、结构、战略观点和对这两个过程所进行的管理实践，提出新的观点和技术上的挑战[68]；Kotler（2001）发展了虚拟价值链概念，认为创造价值已被描述成价值链模型。但他们均认为波特的价值链模型把资源（如信息）看作价值增值过程的辅助成分而非价值本身的源泉是不正确的[69]；Indradgit Ray 认为电子商务对传统概念的企业价值链的影响主要有以下四方面，一是改变传统的采购、营销及售后服务活动的方式，二是将改变企业的生产方式，三是缩短价值链环节，四是价值创新[70]。

由于竞争环境的快速变迁，对波特的传统价值链理论提出的质疑逐渐增多。

Duncan 和 Moriarty（1997）认为传统的直线式价值链无法反映员工与团队、顾客、利益相关者对组织的认识度、信任感和所有利益相关者的价值[71]；Gossain 和 Kandiah（1998）认为机械线形的价值链思维方式只关注了产品本身而忽略了其外部经济效果（Externalities，如源于产品与其系统及其他产品关系互动产生的价值），并且缺乏对企业及其共生的消费者、供应商及合作者的关注[72]；Ghoshal 等（1999）认为波特的理论是静态的，其战略思维关注的是在固定的经济馅饼中得到最大可能的份额[73]；Rainbird（2004）提出价值链模式是孤立的，忽视了对其环境以及一些其他因素，这些因素虽不直接构成价值链，但是对价值链有重要的促成、催化以及规范作用[74]。

实际上，价值链模式阐明了产品传递中的重要过程，并重点描述了价值创造行为。但是随着信息化社会以及经济文明的进步，价值链模式显示出其局限性，因为它掩盖了价值创造的动力机制。

二、基于线形模式的创意产业价值创造分析框架

为了研究创意产业的价值创造机制，创意产业结合线形模式价值链理论，以及少量网状模式做出了很多研究。Markusen 和 cave（2003）以动漫产业为例描述了价值链的结构；Brecknock（2004）指出传统部门价值链是线性的，但表演艺术产业不同，它具备两个重要的变动过程，即"编码"和"解码"，这使得价值链变为由这两个部分组成的过程：第一部分由专业创意团体对创意产品进行专业评论（编码过程），第二部分是当创意产品一旦开始流通，专业评论将会对消费者产生巨大影响（解码过程）（见图2-1）；创意企业通过这种方式来获得创意产品的价值，并赢得社会的认同感，借助创意产品的出售来输出自己的价值观的创意性内容。Andy Pratt（1997）从价值链（Value Chain）的角度构建"创意企业生产系统"（Cultural Industries Production System，CIPS），将所有创意企业相关活动划分为创意构思、授权和导向，生产方式或者设备的调整，再生产与大众分销以及创意产品的交换、消费四个环节，并且认为创意企业通过寻求地理位置的接近、交易成本的节约、知识和技术的溢出，从而形成创意企业价值链，最终促成了创意企业的竞争优势的提高[75]；Robert C. Picard 认为创意产业中的某些产品具有单件性，使得其构成的产业价值链可能只有两个环节，即从内容创造直接跨越到消费者环节，中间产业链被省略掉，这是创意产业价值链区别于一般产业价值链的特性[76]；Vijay K. Jotty 认为从创意到其实现商业化是一个价值实现过程，

该过程分解为五个关键的价值增值子过程：洞察技术和市场之间的联系、构思技术、孵化技术以确定其商业化的潜力、在适宜的产品和工艺过程中示范技术推广技术，促进市场接受、实现技术的可持续商业化[77]。

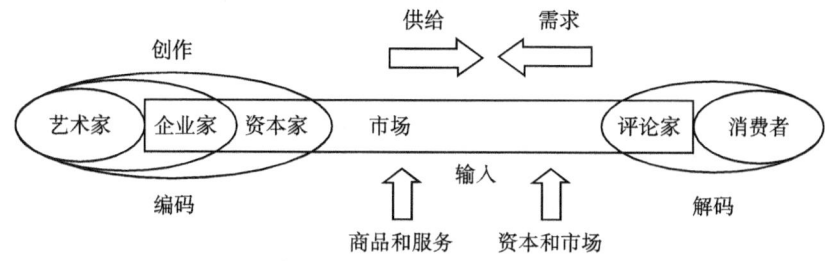

图 2-1　创意产业部门价值链（Brecknock，2004）

国内学者中厉无畏（2006）给出了创意产业价值链构成。他认为创意产业链是从原始创意到创意产品的生产，到创意产品的展示、推广、交易、传播，然后到衍生品的开发、生产、经营将产业链进一步延伸并获取丰厚价值的过程。其基本特征是价值的非消耗性、内容创造的高盈利性、盈利的不确定性、消费者需求决定性、产业链条的跨越性。他同时认为创意的生产者位于创意产业价值链的高端，因为创意产品的主要增值部分就在其原创性的知识含量中，所以创意人才的培养和创意产业链的完善是发展创意产业相辅相成的两个环节。一方面，培养创意人才要根据产业链上的不同需求而入手。另一方面，产业链的完善和延伸能使具备不同素质的创意人才拥有适合自己的发展空间（见图 2-2）[78]；潘瑾等（2006）提出了从创意作品到创意消费品的价值链增值过程，并以此对知识产权的保护做出分析（见图 2-3）[79]；白远（2009）对波特价值链模型进行了改进，提出将企业活动中创造价值的最初阶段进料后勤改为以创意策划为起点的初始部门，人力资源已不再是企业价值链中起辅助作用的要素，而成为基本的要素投入，市场营销部门对产品价值链增值的贡献率可能会起到决定性的作用[80]；孙福良和张英（2008）从价值量水平的角度，分析了创意企业价值链中不同环节获取的价值量的大小，认为在市场驱动的创意企业价值链中，各个环节的价值量是呈下凸方向的（见图 2-4）[81]。

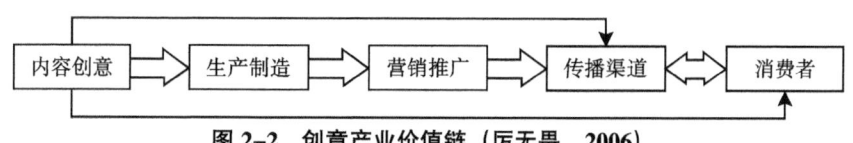

图 2-2　创意产业价值链（厉无畏，2006）

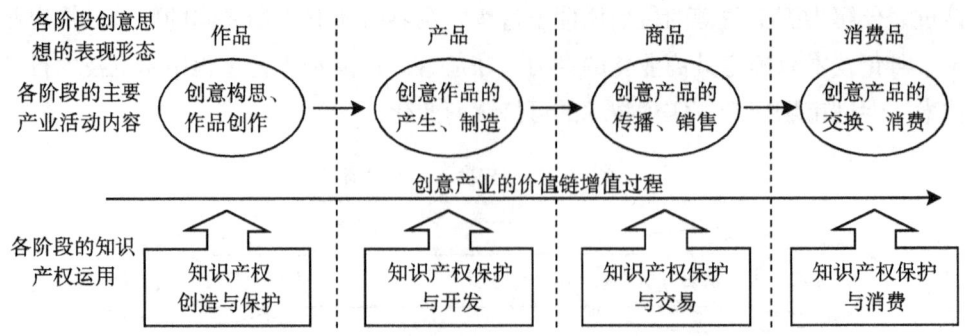

图 2-3 创意产业价值增值过程（潘瑾等，2006）

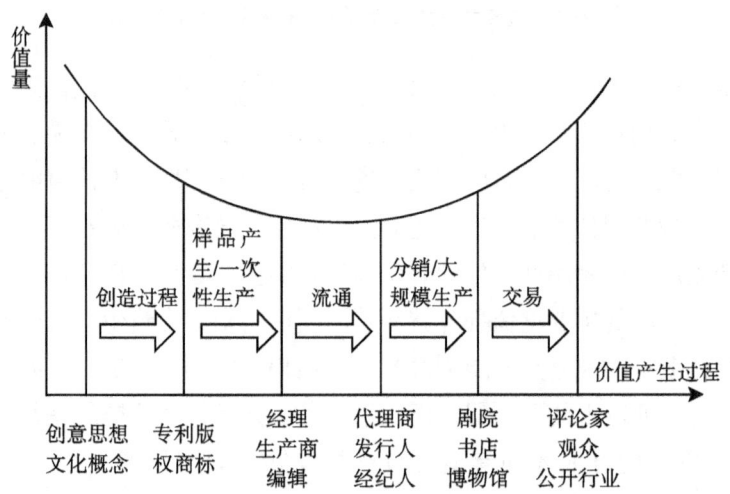

图 2-4 创意企业价值链各环节价值量获取图示（孙福良、张英，2008）

第三节 网状分析框架：价值网络

一、价值网

针对价值链理论的缺陷，更多学者开始关注多个价值链组成元素间的相互作用关系，线形的价值创造模式逐渐向网状模式发展。很多相关的术语被提出，且多具备网状的特性，将这类价值创造的研究模式归纳为网状研究模式，其中以价值网络模式最具代表性。

Brandenburger 和 Nalebuff 等（1997）提出了一个用于认识受环境及其他组织影响下的商业模式——价值网（Value Net）。价值网框架由供应商、消费者、竞争者和辅助组织四个组织构成（见图 2-5）。其中供应商和消费者组成生产过程，竞争者影响商业环境，而辅助组织是网络关系中经常被忽略掉，事实上却存在重要互惠互利关系的组织。他们将企业在价值网中获得的利益减去企业退出价值网所能获得的利益定义为价值创造增量值[82]。这一观点充分说明其已经将价值网看作价值创造的源泉。在此基础上，他们还分不同的竞争结构给出了增加创造价值的策略，如企业是垄断供给者时，应限制供应以提升产品和服务的价值。如企业处于竞争环境中，应积极寻找可以降低成本的项目以提高预计价值，或者积极发展与顾客之间的忠诚关系；Prabakar Kathandaraman 和 David T. Wilson （2001）也提出了价值网的模型（见图 2-6），使用了价值创造的三个核心概念，即优越的顾客价值、核心能力和相互关系。该模型明确表现出三个核心概念之间存在复杂的相互作用和系统联系[83]；J.Wikner 和 R.W.Grubbstrom（2004）认为新价值链条不是由增加价值的成员构成的链条，而是由企业构成的网络，它经常改变形状、扩大、收缩、增加、减少、变形或变换，称之为价值网。价值网的观点的重要贡献是认识到，价值链不但能推动它的成员开发有利于创造价值和产值的结构设施，而且价值网可以促进了所有成员合作、共享资产、利用彼此的互补优势和资源，一起开发实施和完成业务[84]。

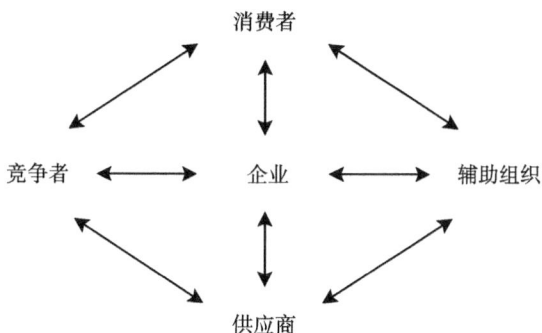

图 2-5　价值网（The Value Net）（Brandenburger and Nalebuff, 1997）

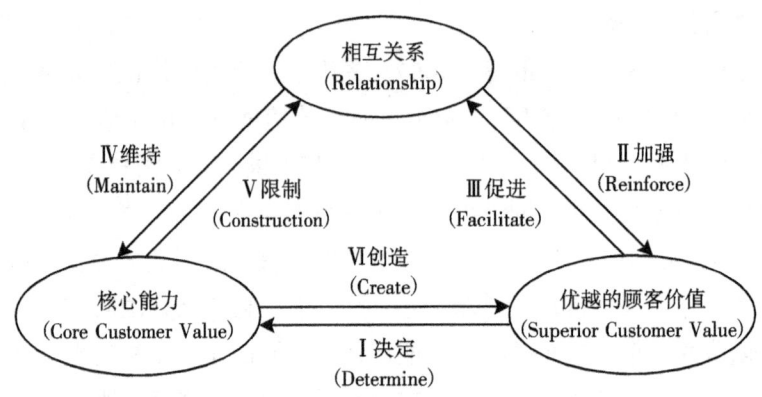

图 2-6　价值网模型（Prabakar Kathandaraman，David T. Wilson，2001）

类似价值网络的一些其他术语同时被提出来。Duncan 和 Moriarty（1997）在重视利益相关者的前提下提出了价值范畴（Value Category）概念来代替价值链；Stablell 和 Fjeldstad（1998）运用价值商店（Value Shop）和价值网络（Value Network）来强调厂商级别的价值创造[85]；Gulati 等（2000）认为，越来越多的企业处于顾客、供应商和竞争对手组成的战略网络中，其本质是在专业化分工的生产服务模式和相应的网络治理框架下，通过一定的价值传递机制，使处于价值链上不同阶段和具有某种专用资产的相对固化的企业及利益相关者彼此组合在一起，共同为顾客创造价值。产品或服务的价值是由每个战略网络的成员创造并由战略网络整合而成，每一个网络成员创造的价值都是最终价值的不可分割的一部分。因此，价值创造需要构建一个由利益相关者组成的价值生成、分配、转移和使用的关系和结构——战略网络（Strategic Networks）[86]；Lorenzen 和 Frederiksen（2003）提出价值汤（Value Soup）概念，认为特别的代理商布局成的网络不再是固定的价值链条，而是一份含有价值的"汤"，项目在其中不断流动。他们还提出，与价值链不同，在价值汤中随着代理商在网络中布局的变化，价值在不断增加[87]；Jeffcut（2004）提出价值循环（Value Circuit），因为"价值循环强调了动态性及复杂性，符合知识经济中关系非线性的要求"[88]。

对于价值网络化对价值创造的重要性，Greg Hearn 和 Cassandra Pace（2006）认为从信息科学的角度来看，至少有两点说明了这一重要性，首先，网络化是理想的分配信息流的机制，及获取有效信息的学习组织；其次，新的价值创造需要通过信息的巧妙操作获得，而信息又不同于普通物品，因为信息产品的成本与其运用的范围无关，即信息使用的收益是递增的，这一特点对信息密集型的大企业非常有利。事实上,随着价值创造模式的发展,信息的特点也是后来构成价值系统的基础[89]。

二、基于网状模式的创意产业价值创造分析框架

基于网状模式的研究成果不多,并且与线形模式的研究分界不明显。厉无畏(2007)认为创意产业价值网络模式的本质是在分工深化的条件下,通过一定的价值传递机制,在相应的治理框架下,由处于价值链上不同阶段和相对固化的彼此具有某种专用资产的创意单元及相关利益体组合在一起,共同为顾客创造价值。创意产业的价值网络的思想打破了传统价值链的线性思维和价值活动顺序分离的机械模式,围绕顾客价值重构原有的价值链,使价值链的各个环节、不同的主体按照整体价值最优的原则相互衔接、融合、动态互动;贺寿昌(2006)根据创意产业地前后相关联效应提出了一个往复循环的价值增值体系(见图 2-7)[90]。胡彬(2007)认为创意产业的发展突破了企业的边界,故而难以统一而严格地对产业过程中的创意增值活动进行归类和统计,并以产业群落为基础提出了其价值增值系统结构(见图 2-8)[91];邢华(2009)提出了创意产业网状价值链结构和线性价值链结构(见图 2-9)[92]。

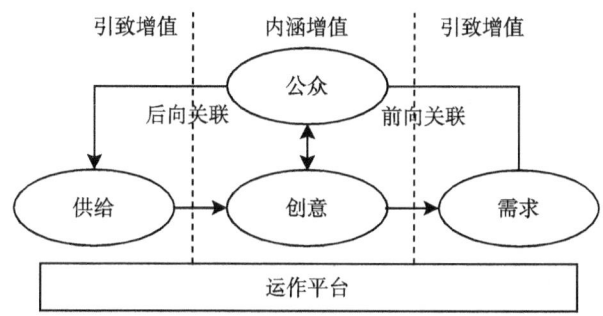

图 2-7 创意产业价值增值循环模型(贺寿昌,2006)

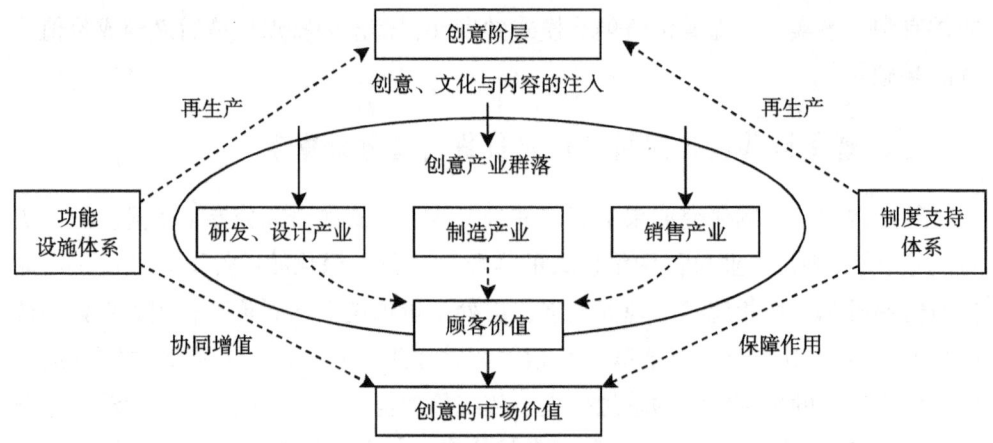

图 2-8　创意产业运行机制与增值系统（胡彬，2007）

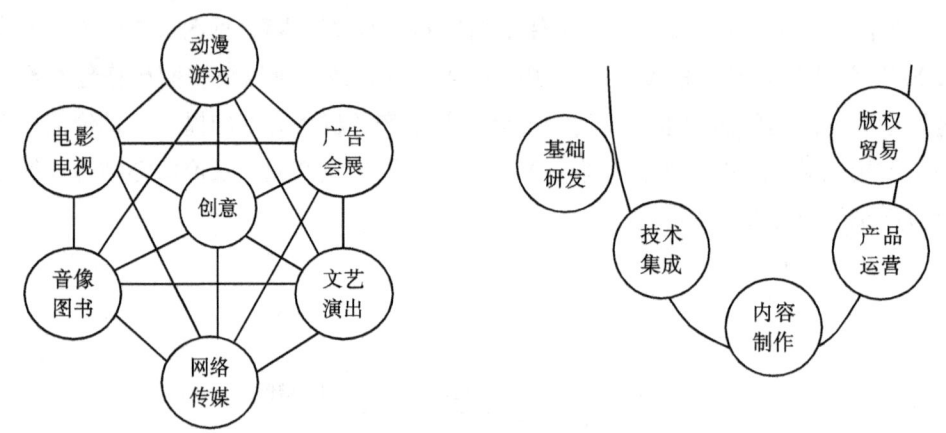

图 2-9　创意产业网状价值链结构与线性价值链结构（邢华，2009）

第四节　系统分析框架：价值生态

一、价值生态

实际上，逐渐加剧的全球竞争、市场状况的改变以及新技术的应用，使得价值创造的基本思维逻辑逐渐发生改变。在波特所主张的垂直整合式价值链向网状价值创造模式发展之后，一些学者，如 Normann 和 Ramirez 意识到在价值创造过程中，不同的经济主体——供应商、商业伙伴、同盟者、顾客等一起工作并共同创造价值。他们不但增加价值，而且通过"成员组合"方式进行角色与关系的重塑，经由新的角色，以新的协同关系再创价值（Reinvest Value）。这样的价值创造路径就不但是一个垂直链条式模式，或网络状模式，而且将价值创造模式扩展到了一个系统的层面。系统研究模式中也根据不同的基础理论产生了不同的提法，典型的有价值星系（Value Constellation）、价值生态（Value Ecology）或价值生态系统（Value Ecosystem）等。

Normann 和 Ramirez（1993）指出一个成功的企业，其战略分析的重心并非只界定某特定产业或企业，而应聚焦于创造价值的系统（The Value-creating System）本身。他们主张 Internet 为"促成技术"（Enabling Technology）进行知识交流，厂商与顾客的关系重新组合（Reconfiguration），与供应商、合作者、战略联盟、竞争对手、员工、顾客等共同创造价值（Together to Co-produce Value）。其中各产业成员组成共创价值共享成果，如星系四周密布。这就形成了横向、纵向交织的全社会各行各业的价值链交织在一起的复杂的"价值星系"。

一些理论利用生态系统来隐喻商业关系中的供给、复杂的价值链关系及网络关系。事实上，用生态系统来隐喻商业系统，可以帮助人们将关注一些常被传统理论忽略掉的关于市场和产业结构中的特殊性质。Moore（1996）首次提出商业生态系统（Business Ecosystem）概念，定义其为一个由消费者、供应商、生产者及其他与产品与服务相关的利益相关者（包括代理、渠道、辅助产品服务提供者等）组成的，互相作用共同生产产品与服务的群体。系统中的成员根据自身实力围绕一个或多个中心企业发出的指令集调整角色。处于领导地位的中心企业或许会更换，但是它在系统中发挥的领导作用对系统发展非常有价值，因为它将规范其他成员的投资与互相扶持关系。Moore 还提出了商业生态系统的发展的四个阶段及其中对应的价值创造不同策略：一是"创业阶段"（Pioneering Stage），其关键策略是通过新产品或新服务的提出来创造较大的价值；二是"扩张阶段"（Expansion Stage），这一阶段新产品被标准化的产品代替，其关键策略是使生态系统达到能够成为新的范例所要求的临界质量（Critical Mass），当然这也需要很多其他成员的支持；三是"权威阶段"（Authority Stage），这一阶段会不可避免会出现一个筛选时期，主导厂商依靠其资本实力、商业关系甚至运气将确立其领导者地位，在这种成熟型的生态系统中的关键策略便是如何使其保持其权威性和对系统贡献的独特性，以及如何鼓励系统范围内的创新和共同进化；四是"更新阶段"（Renewal Stage），这一阶段根据已有的范式新的商业生态系统不断发展，它们将在自身领域创造巨大的价值，并对已有的生态系统形成挑战，这时的关键策略是要保持已有生态系统的不断改进和更新以使之继续价值的释放，而不是变得过时[93]。Gossain 和 Kandiah（1998）进一步发展了商业生态系统的概念，认识到了通过提供附加信息、商品及服务，利用网络等其他技术来为消费者创造价值的重要性；Lansiti 和 Leiven（2004）认为商业生态系统包括功能业务厂商、融资机构、技术支持机构、辅助商品生产厂商等，当竞争者和消费者的行为和反馈对产品或过程产生影响时，他们也被包含入其中。但是他们认为从学术上精确的描述生态系统的边界是很难做到的。另外，他们提出整体生态系统的健康将决定其中个体成员的命运，即系统中的个体发展将同起同落。类似生物生态系统一样，有三种关键因素影响着商业生态系统健康：一是生产效率（Productivity），如非生物因素阳光、矿物质等对生物有机体的影响一样，商业系统中的技术转换、原料创新等资本投入因素影响其生产效率；二是强度（Robustness），如生物生态系统需要有效应对环境变化一样，商业生态系统需要有能力应对外部冲击（如未预见的技术变革）；三是生态位创造（Niche Creation），生物的多样性是生态系统健康的最重要因素，商业生态系统中通过新功能及生态位的创立而增加多样性是非常重要的[94]；Seuring（2004）引入了产业生态（Industrial Ecology）概念，认为其有助于理解在产业企业中的物资循环和管理，优化生产并最终处理损耗[95]。

  Greg Hearn 和 Cassandra Pace（2006）提出了价值生态（Value Ecology）用于解释价值如何产生和创造。因为价值生态强调了系统中网络关系，以整体的动态视角代替了原先静止的线状视角，重视了生产中的价值产生而非生产本身，提出了竞争和合作过程均影响系统中成员的相互关系，重视了环境因素对价值创造的影响而不仅把它看作影响生产率的因素，并为从演化视角分析商业及其价值的变革和发展提供了有效途径。进一步的，他们认为价值创造生态系统的运用，首先能够帮助我们更好地确认和理解价值的创造过程，如通过生态系统中的相互作用关系而非固有性质来理解系统生命力，利用价值创造的种群动力来分析获胜的策略；其次如果厂商可以运用生态模型来分析其商业过程，那么他们可能预测到其在生态系统中的实际成果。

二、基于系统模式的创意产业价值创造机制研究

随着价值创造模式由线形的价值链模式向生态系统模式的不断演变,学者们发现创意产业完全以顾客需求为导向等显著特性决定了对创意产业价值创造机制的更加适用于生态系统模式。例如,Prahalad 和 Ramaswamy（2004）认为目前很多产业的价值创造价值都已面临从公司—公司模式（Company-to-Company）向生态系统—生态系统模式（Ecosystem-to-Ecosystem）的冲击。而属于创意产业的音乐是一个典型行业[96]；Greg Hearn 和 Cassandra Pace（2006）沿用 Moore 等提出的"商业生态系统"理念,将生态学引入价值创造研究中,并认为虽然这种研究模式的转变在很多产业都在发生,但是其先驱却是具备数字化和创意特质的创意产业,如电影、电视、计算机游戏等。这主要是因为当前创新是一切事物生存的关键,而创意数字部门正是这股浪潮中的最新体验者和典型代表。价值生态模式视角下的创意产业研究有几个方面的变化：消费者变为价值的共同创造者,产品价值变为网络合作价值,简单合作或竞争变为复杂的竞合关系,思考由企业层面上升到价值生态系统整体层面；Andy Pratt（2004）在创意产业链的基础上,提出创意企业生产存在逐渐脱离直线型的链条,转向网状或网络,甚至类似一个生态系统的趋势[97]。

国内厉无畏（2007）运用了 Norman 和 Ramirez 提出的价值星系模式,认为创意产业的组织可运用这种模式。在这个结构更为复杂的、包含多个产业的价值星系中,企业间动态的选择过程和多对多的创意产品生产格局,使产品的创新速度出现倍增效应,价值创造过程中选择集合的丰富值和需求的多样性相映射,基于网络外部性原理,随着"行星"企业的急剧增长,价值星系的价值创造能力呈几何级数增长。从全球范围看,迪斯尼是这种组织模式最成功的案例。从中国创意产业看,许多企业如湖南宏梦也正试图构建这样一种模式。张白玉（2009）以生态群落理论为基础构建了创意产业园区的组织生态模型（见图 2-10）[98]。

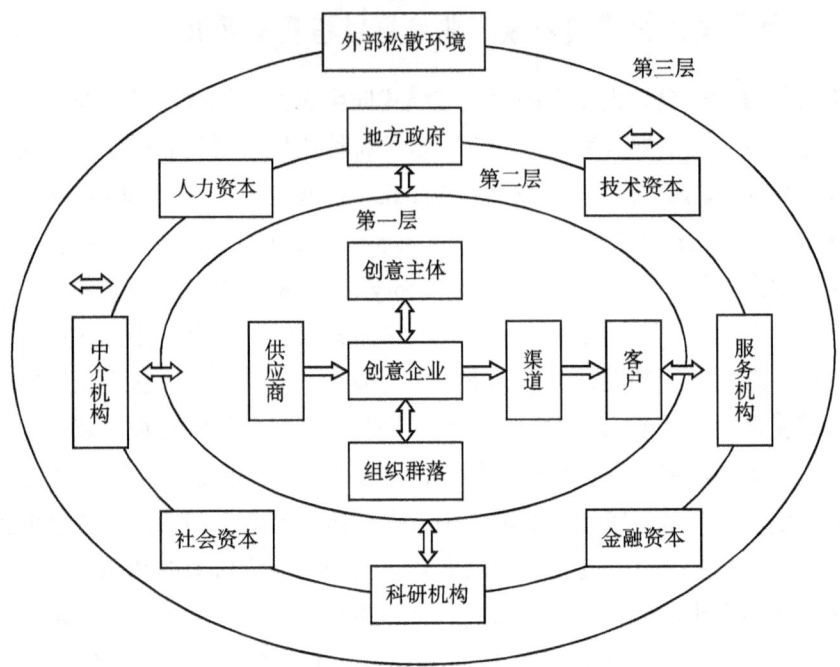

图 2-10　创意产业园区组织生态系统构成（张白玉，2009）

第五节　比较与总结：创意产业价值创造适用分析框架

一、三种分析框架比较

总体而言，本书认为价值创造研究模式是指为了研究产业或企业中的价值流动、增值机制，结合研究对象的价值创造关注关、客户关系、环境特点等等而选择的一种适当的研究视角。为了对上述三种主要的价值创造模式——线形模式、网状模式以及系统模式进行更直观的比较，本节在总结以上综述的基础上，各选取了三种模式中的一个典型概念，即价值链、价值网与价值生态进行关键要素的比较。具体内容如表 2-1 所示。

表 2-1　价值创造研究模式的关键要素比较

关键要素	价值链	价值网	价值生态
价值创造	关注每个节点上价值增加的价值创造路径分析	价值通过多个合作者之间的交流而不断增加	关注整个生态系统内的价值创造的整体分析
客户	顾客（视为市场的一部分）	最终消费者（被视为个体）	顾客、供应商、竞争伙伴等
环境	静态/稳定	动态/变化	动态/不确定
关注点	单一产业的供应方和需求方	主导产业及其他产业合作者的供应方和需求方	多个产业的供应方和需求方
关系类别	简单合作	密切合作	动态与进化关系
利润关注点	个体利润增值	合作者利润增值	生态系统利润增值
成本	个体成本优化	总成本优化	成本分摊
知识杠杆影响范围	企业内部	每个网络节点间	生态系统内部
知识传播路径	储备	分享	分享
资源路径	防备	分享	分享
时间导向	中长期	中长期	长期
关键驱动因素	收益	收益	知识

注：作者根据 Andrews P 和 Hahn J，1998；Rainbird M，2004；Greg Hearn 和 Cassandra Pace，2006 成果整理。

二、价值创造分析框架演变趋势

通过比较可以总结出目前价值创造分析框架有以下三种主要的演变趋势：

第一，价值创造模式从单纬度到多纬度的发展。价值创造是一个较为抽象的过程，对其的研究必须建立在某种具体的模式基础上，并且不同的研究模式对解释价值创造机制有不同的影响。综述发现，用于分析价值创造机制的模式呈现由线形模式向网状模式发展，由单纬度研究向多纬度研究发展的趋势。这种研究模式的发展体现了对价值创造机制探讨思考逐渐全面、深入、复杂的思想。未来的价值创造研究模式将会在系统层面上有更多的挖掘，并可能更多借鉴一些注重系统研究的学科，如生态学、系统动力学等进行关联分析。

第二，价值创造主导因素从企业到顾客的转换。综述发现，随着价值创造模式的演变，其对价值创造的主导因素也在随之转换。传统的价值链模式及部分价值网模式研究中持"企业主导观点"（Company-centric View），即认为消费者是不属于价值创造范畴的，企业控制价值的增值的时间、地点和方式，价值创造在进入流通前企业所控制的一系列生产活动中便已经发生，进入流通后只是消费者从生产者处获取（Extract）价值。但是目前价值网络及价值系统等价值创造的研究模式中持"消费者主导观点"（Consumer-centric View），即认为消费者是构成价值创造系统所必需的一部分，消费者影响着价值产生的时间、地点和方式，消费者在搜索价值时不需要遵循行业界限，并在获取价值时可与企业进行竞争[99]。这种价值创造主导因素的转换充分体现了传统产业在逐步向多元化的产业变革。消费者在产业变革过程中必将逐步由被动的接受者向主动的需求者转变，至少消费者与企业在共同创造价值，产业变革必须要顺应这一价值创造主导因素转换的潮流，才能顺利进行。

第三，研究工具由解答型向设计型发展。另外，由综述发现，随着价值创造模式的转变，分析价值创造的方法呈现由简单到复杂发展，由机械性向生物智能性发展，由单纯的解答问题向自主的机制设计方向转变的趋势。传统模式下，市场是确定的，企业定价，消费者被动接受价格，这是建立在规模报酬递减规则下的方式；而在信息经济背景下，当成本被置先（Upfront），产品被越多人需求，则越便宜。所以，以往的研究方法旨在找到一个特定问题的答案，而现在多数是为了超越问题而去设计游戏的规则，其中价值创造就是这一机制设计的中心议题。故价值创造研究模式，甚至其他课题中运用的研究工具从被动解答型向主动设计型发展是必然的趋势。

三、创意产业价值创造适用分析框架：价值生态

在对典型价值创造模型的比较分析，以及创意产业价值创造研究模式的综述基础上，本书认为"价值生态"即是一种以生态学理论为基础，构建囊括厂商、辅助厂商、支持机构、消费者以及周围环境作用的商业或产业生态系统，用于解释其中的价值的如何流动和增值，有形及无形价值如何被创造出来的研究视角。

选择以价值生态研究模式为基础对创意产业的价值创造系统进行进一步分析，其主要原因有以下两个方面：

第一，创意产业运作系统与生态系统具有相似的结构和行为模式。产业系统与生态系统一样均是由众多的个体和周围环境共同组成的复杂行为系统。产业个体与个体之间，以及个体与环境之间均存在多样化的联系性，如同生态系统内部各生态位之间具有竞争、捕食、共生，以及与环境因子的相互影响适应关系。并且类似生态系统的协同进化成长一样，产业系统也具有自组织、自优化的动态进化特性。而创意产业不仅具备一般产业的生态系统类似性，而且由于其更加重视

顾客主观价值实现，以知识和创意驱动产业系统发展等特性，使用生态系统视角对其进行研究更有利于从互动性关系而非固有性质角度揭示创意产业运作系统的动力机制。

第二，创意产业的价值创造行为的特殊性要求更具象性和具有科学性的理论基础。不同于传统产业将有形的原材料作为主要价值增值点，创意产业的价值源泉来自于大量无形的灵感、想法以及创造性精神产品。这些无形资产通过满足消费者的心理体验情感诉求来实现经济价值，或通过与传统生产者的结合来取得高额的价值增值。这种价值创造行为本身便具有抽象性、复杂性和不同于传统产业的特殊性，而以生态理论暗喻价值流动和增值的价值生态研究模式可以更好地将其抽象性具象化，并以科学性的理论基础解释其复杂性和特殊性。

本书所阐述的"创意产业价值创造生态系统"是指为了解释创意产业中的有形及无形价值如何流动和增值，哪些重要因素影响价值创造能力等问题，而构建的囊括创意生产者、创意人、创意产业消费者以及其他重要的生态位及其周围环境在内的，内部具有竞争、合作依存、协同进化等复杂关系的生态系统。

其中值得注意的一点是，如同自然生态系统可以按照区域大小划分，大到地球生态体系，小到区域生态体系甚至一片森林构成的小生态环境。创意产业价值创造生态系统也可以根据区域大小进行区分，大到全球或某个国家范畴创意产业价值创造生态系统，小到城市范畴甚至某个创意产业集聚区形成的价值创造生态系统。无论生态系统的范畴大小，其均包含必要的生态位并存在互动关系，受到环境因素的影响而进行系统内的价值流动增值和价值创造。

第三章

生态隐喻视角下的创意产业价值创造系统构建

基于前文对价值生态研究框架对创意产业价值创造机制的适用性分析，本章将进一步对比分析生态系统与创意产业价值创造过程的契合点，以建立创意产业价值创造生态系统概念模型，并运用生态学理论对模型内关键生态位进行识别。

第一节 生态学研究 VS 创意产业研究

生态学 Ecology（Eco+logy）与经济学 Economic（Eco+nomics）具有相同的词根 Eco，源于希腊文 Oikos，意为 House，即住所、家或栖息场所。生态学后缀 logy 意为 Study，即研究，所以生态学可以理解为研究自然界的科学。经济学后缀 nomic 意为科学，经济学可以理解为家庭管理的生态学。正是基于生态学与经济学这种天然的密切关系[100]，经济学家尝试借助自然生态学理论，揭示一些经济学现象：如企业生态学（Enterprise/Business Ecology）就将"企业"这一经济社会中又一重要的基本生命单位对偶于"家庭"，将企业经济学看作一门研究企业与其市场环境相互关系的科学[101]；组织生态学（Organizational Ecology）是"一种建立在组织种群和群落变化的一般生态学和演化模型基础上的组织宏观社会学观点。其目标是揭示影响组织结构随时间变化的力量"[102]。所以，想要应用生态学理论分析创意产业这一经济现象，并构建创意产业价值创造生态系统，首先应对照一般生态学研究范畴来确定创意产业生态系统研究范畴。

一、一般生态学研究范畴

达尔文以物种为核心创立了进化论[103]。一般生态学（General Ecology）是达尔文学说的深化、拓宽和学科的系统化。其以生命物种为核心对象展开了三个范畴的研究：个体生态学（Autecology）、种群生态学（Population Ecology）、群落生态学（Community Ecology）及生态系统生态学（Ecosystem Ecology）[104]。

（1）个体生态学又称环境分析，即是以生命物个体为研究对象，研究其与自然环境的相互关系，探讨环境因子对生命物的影响及其对环境的反应。其中，组成环境的因素称为生态因子（Ecological Factors），以因子主体性质不同分为非生物因子（Abiotic Factors）和生物因子（Biotic Factors）两种。非生物因子指类似自然界的温度、光、氧等理化因子影响组织发展的作用力；生物因子指同种组织的其他有机体和异种组织的有机体对本组织发展的影响。

（2）种群生态学是以同种生命物的种群为研究对象，研究其种群密度、出生率、死亡率、存在率以及种群的成长与适应性。种群是指一定时期内、一定区域内同种生命物个体的集合。

（3）群落生态学是以不同生命物种的种群构成的多物种群落为研究对象，研究不同种群之间、种群与环境的相互作用关系，以揭示群落的内的生物活动、自我调节以及成长演替活动。群落是指多种生命物种的群体聚集在一定时期和一定的区域内相互联系、相互依存而组成的一个统一整体。

（4）生态系统生态学是以生态系统为考察对象，研究生态系统的进化、调节和稳定性。生态系统是指在一定时期和一定区域内，由生命物群落与其环境组成的一个整体，使整体具有一定的大小和结构，各成员种群或个体借助能量流动、物质流动和信息传递而相互联系、相互影响、相互依存，并形成具有自组织和自调节功能的复杂系统[101]。

二、基于生态学的创意产业研究范畴对照

对照一般生态学研究范畴，将创意企业视为仿生体，将创意产业生态系统研究范畴构造为以下四部分：

（1）将创意企业对偶于生命物个体。主要研究创意企业与其所在环境系统之

间的相互关系，探讨环境因素及其变化对创意企业的影响，以及创意企业对环境因素变化所产生的反应。这里的环境主要包括创意企业所处的市场、社会、政策、法律环境等，同样可以根据其不同的特质对偶于生物因子和非生物因子。

（2）将具有同类属性的创意企业集合，即创意产业对偶于生物种群。产业指生产同类或有密切替代关系的产品或服务的企业集合[105]，故创意产业可称作创意企业种群。主要研究创意产业内企业之间、企业与环境之间的相互关系，探讨环境因子及其变化对创意产业的影响，以及创意产业对环境变化所产生的反应。

（3）将创意产业及其价值链或价值系统中那些上下游相关企业群对偶于生态群落。主要研究创意产业价值链或价值系统中上下游产业之间、企业与所在环境之间的相互关系，探讨创意产业群落的自我适应和演进机制。

（4）将创意产业生产者、消费者和市场环境等组成的创意产业价值创造体系对偶于生态系统。主要研究创意产业生态系统的稳定性，与社会发展的协调性，以及系统的进化，以及其中的价值流动与创造。

将生态学研究范畴层次与创意产业生态系统研究范畴层次对照图见图3-1。

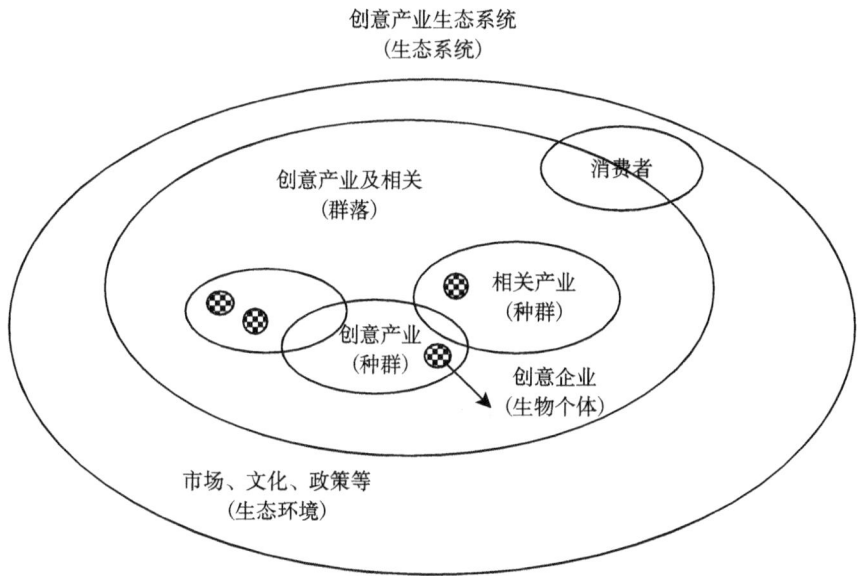

图3-1 基于生态学的创意产业研究范畴对照图

第二节 创意产业价值创造生态系统结构模型

一、生态系统结构模型

传统生态学观点认为，生态学系统由非生物成分（Abiotic Components）和生物成分（Biotic Components）两部分构成。其中，非生物成分包括无机物（C、O_2、H_2O 等参与物质循环的无机物）、有机物（蛋白质、糖类、脂类等连接生物与非生物的主要物质）和气候状况（温度、湿度、pH 等）；生物成分包括生产者（Producers，主要是绿色植物）、消费者（Consumers，主要为动物）以及分解者（Decomposers，指细菌、真菌、原生动物等腐养者和渗养者①）。

非生物成分和生物成分共同组成生态系统结构：自然环境产生能量（如太阳），生产者接受能量并制造有机物，消费者消耗有机物，分解者接受生产者和消费者的代谢产物或反馈，将有机物分解还原为无机物，并送回到环境的营养库中。其中，生态系统中的物质是周而复始循环的，能量是单向流动，并推动着物质的循环。能量不断由自然界或太阳能补充，并不断地以热能形式失散到环境中去[100]（见图 3-2）。

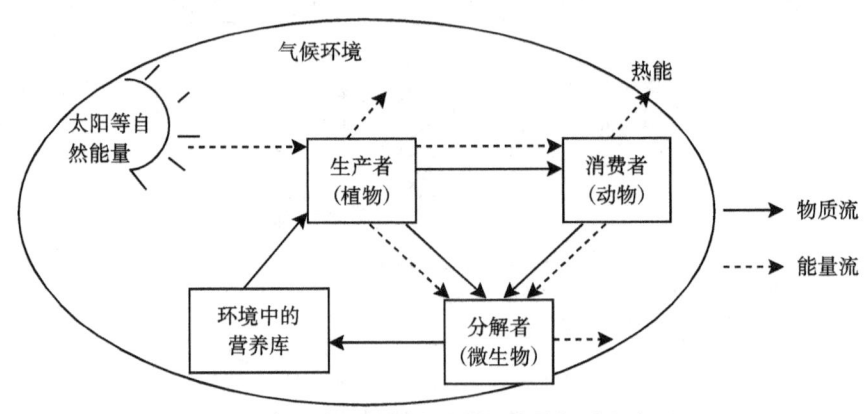

图 3-2　生态系统基本结构及能量物质流动图

---

① 以吃死物为营养的为腐养者，以细胞膜吸收营养的叫作渗养者。

二、创意产业价值创造生态系统模型构建

以生态系统构成为基础，结合创意产业特性，本书构建了创意产业价值创造生态系统结构模型（见图3-3）。在创意产业价值创造生态系统模型中，生产者为创意企业，创意者为其提供的创意思想及灵感构成其生产的创意产品与服务的主要价值来源，这与当前对创意产业主要价值来源的论断一致[18]。创意企业将创意转化为产品或服务后投放市场，部分直接被消费者接受，部分通过销售商进入市场消费。同时，由于创意产品或服务所具有的观念价值特性，价值确定受到专业评论的巨大影响，故媒体中介将更易对生产者创意企业的产品进行评价，对消费者满足个性化需求后所产生的反馈做出反应，并提取出有价值的创意导向性信息，这类似于生态系统中的微生物等对代谢产物的分解，故媒体中介即为创意产业价值创造生态系统中的分解者。有价值的创意导向信息成为环境的一部分，并形成创意的"营养库"，成为创意者和创意企业再次汲取灵感的源泉。

与生态系统类似，创意产业价值创造生态系统模型中有两条重要的链条流动，即物质流和价值（能量）流。价值流推动了物质流的循环，物质流随着创意产品和服务从生产到销售、消费、评论分解，到形成创意信息进入创意者思想。值得注意的一点是，由于创意产业的观念价值特性，一些无形的资源，如评论、信息、灵感等也成为创意产业物质流的重要组成部分；价值流相当于生态系统中的能量流，其流动形式、各方捕获价值能力的大小等受到各生态位的价值创造能力、种群间互动关系以及环境因素等多方面影响。文章将在分别分析各个方面后，对创意产业价值创造生态系统中的价值流动和捕获进行分析。

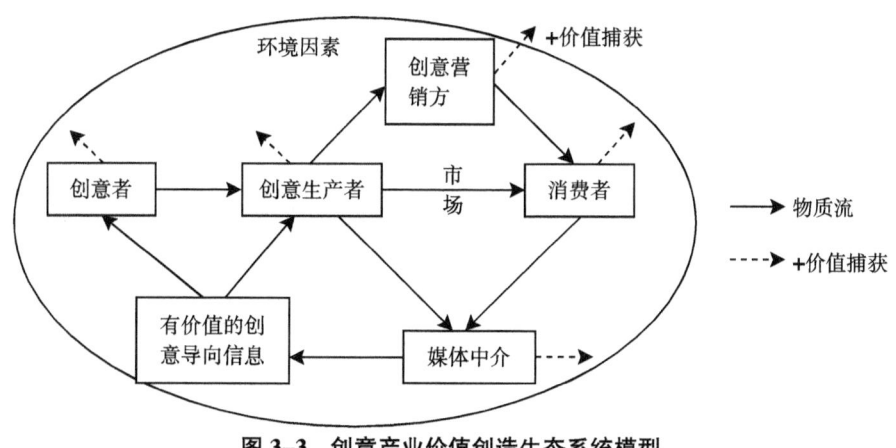

图3-3　创意产业价值创造生态系统模型

第三节　创意产业价值创造生态系统关键生态位识别

明确不同类型企业在价值创造系统中的生态位，是优化其生态位生存空间的第一步，对认识各生态位在价值捕获与创造中的角色具有重要意义。根据创意产业价值创造生态系统模型，本节主要将对模型中涉及的五个重要的生态位进行识别和认定，着重关注其在整个价值创造体系中所起的关键作用。五个创意产业价值创造关键生态位包括创意者、创意生产者、消费者、创意营销方和媒体中介。

一、创意产业价值创造生态位概念

J. Grinnel 于 1971 年首次提出生态位（Niche）概念，用以表示生物栖息地的空间范围，也称为空间生态位（Space Niche），或小生境（Habitat）。C.S.Elton 于 1927 年定义生态位为物种在生物群落中的地位与角色，称为功能生态位（Functional Niche）。G.E.Hutchinson 于 1957 年定义生态位为物种对环境变量，如温度、湿度等的选择范围，又称为超体积生态位（Hypervolume Niche）。并且他将生态位区分为基础生态位（Fundamental Niche）和实际生态位（Realized Niche），其中能够为某一物种所栖息的理论上的最大生态位空间为基础生态位，而在物种间相互作用导致某一物种实际占有的生态位空间称为实际生态位。另外，生态位的宽度与重叠直接导致了物种的竞争与进化。

根据生态位的定义，经济范畴的企业生态位概念被提出。Hannan 和 Freeman 在 1997 年从组织生态学视角，提出企业生态位是由环境资源决定的多维位置空间；Baum 等认为生态位不是企业适应环境的原因而是结果，企业生态位依赖于企业所处位置以及其行为，由企业资源需求和其生产能力共同决定[106]。

结合生态位概念，将企业生态位概念扩展到产业层次，本书所阐述的创意产业价值创造生态位，是在创意产业生态系统中，由产业能力、产业间相互作用及其环境资源共同决定的，不同类型企业集合形成的产业，在价值创造过程中所处的地位与角色。可用数学语言定义 NIC 为某创意产业价值创造生态位空间：

$$NIC = \{N_i, N_j, N_k \cdots N_n\}_{i \in I, j \in J, k \in K \cdots, n \in N}$$

其中，$N_i, N_j, N_k \cdots N_n$ 等表示约束其生态位空间形成的条件子集，包括自然环境因素、社会因素、经济因素、自身条件等，一种因素形成一维生态位空间，生态位空间维数（n－i＋1）是有限的，故某创意产业价值创造生态位空间可以表示为有限维的坐标系。

假设1：维持某创意产业价值创造生态位生存的理论上最大生态位空间为其基础生态位，记为FN，则有FN⊆NIC。

假设2：由于各创意产业价值创造生态位相互作用而导致其能实际占有的生态位空间为其实际生态位，记作RN，则有FN⊆NIC。显然实际生态位是包含于基础生态位的子集，故有RN⊆FN⊆NIC。

假设3：如果各产业自身的生态位狭窄，即产业间相互重叠少，表示产业的种间竞争小，那么产业内激烈的竞争将促使其扩展资源利用的范围，从而促使不同产业生态位靠近；同时，如果各产业的生态位宽度增加并相互靠近，即产业间重叠变多，表示产业的种间竞争变大，那么产业间便会出现种间竞争，从而促使产业生态位的分化，或某一产业消失。

二、创意者（Developer）

亚当·斯密早在300多年前就将人力视为经济增长的资本之一。西奥多·舒尔茨在1960年美国经济学年会上的演说中首次提出人力资本理论，并促使其形成经济学的一门正式分支。费雪、贝克尔、明赛尔、丹尼森等经济学家从不同角度对人力资本进行了论述。人力资本理论认为，人力资本是一种"活"资本，具有创造性、创新性，具有有效配置资源、调整企业发展战略等市场应变能力。随着后工业化时期及知识经济的来临，人力资本将比货币等硬性资本具有更巨大的增值空间[107]。人力资本理论为"创意"及"创意者"成为知识经济体系下价值创造的源泉提供了理论依据。

创意是人的灵感、智慧、思想、经验、才能等创造性思维和人性化特征的表现，是衍生出新奇而有效用的想法、创新主张或办法的能力，是文化的创意观念、审美的创意观念和产业的创意观念的整合[108]。创意对于现代新经济的驱动作用已经被证实，如比尔·盖茨就曾说"创意具有裂变效应，一盎司创意能够带来无以数计的商业利益、商业奇迹"。从本质上来说，创意作为一种隐性资本由创意者创造产生，如果能够通过生产的筛选，将凝结在创意产品或服务中；之后一经市场接受和认可，创意资本的高价值增值和高生产效率属性便得以体现，同时结合其他资源为其他协作部门创造高额价值提供原动力。创意资本所依附的载体就是创意开发者，即为创意人力资本。所以，创意者占据了创意产业链最上游位置，在创意产业价值创造生态系统中成为价值能量源的提供者，他们所从事的这种创造价值的活动，改变了传统产业中必须有实体生产才能创造价值的观念。这种抽象的、无形的创意活动成为了产业价值创造源头，同时创意者也成为当代经济最具价值创造能力的资本。

创意活动一般可以分为艺术创作和融入到传统产业中的创意活动，前者包括文字书写、声音、图像录制、现场表演、视觉印象等，后者包括工业设计、建筑设计、时尚设计、广告、咨询策划等。对应的，创意者主要包括艺术家，如画家、作家、编剧、词曲家、乐队指挥、演员、演奏、摄影、摄像、动画、魔术等艺术创作人员，也包括设计师，如服装设计、建筑设计、装潢设计、动漫设计、游戏设计、广告设计，甚至一些能够为创意企业提供有价值的内容的所谓"草根"等。创意者区别于一般人才的特点有：创意者往往富有创新精神，表现在不愿循规蹈矩，勇于挑战常规，特立独行的行为方式上；创意者一般对新生事物和新的变化具有高度的敏感性，往往是时尚前沿的风向标；创意者往往是思维发散、爱好演绎的人，表现为不愿受现有知识的约束，更愿意改变自己头脑中已有知识间的关系[109]；创意者，特别是业绩较好的创意者常是风险偏好人群[110]。创意者的这些特质决定了他们更愿意选择宽容度较高，更加重视自我价值实现的环境中聚集，而这种环境往往与经济发展水平以及人群整体素质等有密切的联系。

从具体的存在形式上来看，创意者包括专门从事创意工作的个人（艺术家、画家、设计人员等），或专业创意团队，也可能是每个有创意观点的普通人。其中，作为专业从事创意工作的个人或团队的存在形式可能是创意生产企业的附属部分，负责提供创意想法或设计，但对创意想法的筛选和最终的生产运用决定权较弱；也可能作为一个独立的组织存在，即第三方开发者（Third-party Developers）形式[111]，这种组织形式使创意者对创意成果更具备选择权、控制力及获取更高更公平的价值的机会，同时，使创意生产企业承担的分工更明确，不用承担成本高的创意团队，但可能汲取创意的范围更广；另外，能够提供有价值的创意思想的普通者所构成非专业的创意者，存在形式相对多样。他们可能是创意产品或服务的消费者，其主观的要求或愿望能激发最符合消费心理的新创意。他们可能是业余爱好者，如"众包"就是企业通过互联网络将工作分包给大众，任何参与者（业余爱好者）都能够借助网络平台来提供创意、解决问题并获取相应酬金。"众包"不仅为全世界的有思想、有热情的人们参与到企业创意之中提供了可能,为企业的创意活动提供了新的途径,而且使企业的设计、研发费用大大降低[112]。

对创意者的衡量是认识创意产业价值创造量的重要一环。事实上,目前所有对涉及创意产业价值衡量的研究无一缺席对创意者的重视。例如,Florida 在 3Ts 创意指数体系中就将创意人才(Talent)作为影响创意产业价值的第一 "T"。但从创意产业价值创造生态系统角度来看待和衡量创意者生态位,应该更多地结合其作为价值生态系统能量提供源头、受到市场中的媒体中介分解出的有价值的创意导向信息影响以及其与下一生态位创意生产者的关系等进行衡量。

三、创意生产者(Producer)

创意生产者在创意产业价值创造生态系统中所处的生态位相当于生态学中的生产者"植物"所处位置,其对创意产业价值创造生态的基础性和重要性不言而喻。创意生产者指一些专门从事精神产品的生产和提供的个人或企业,其主要任务是使创意产品的制造和服务的成形。实际上,原创的创意思想和设计在进入创意生产环节之前,其价值都是没有被体现出的隐藏价值。例如,一个新颖的游戏设计,如果没有游戏开发将其编码成型为一个可以上线供人们体验的游戏,那么这个新颖的思想将不会有机会被证实是可以创造价值的;一个故事需要被作者创作为文字后才能被人们所认知,甚至需要经过出版商的印刷和大量传播,才有机会实现下一轮的价值增值。所以,创意生产者决定了某个创意是否能成功将其隐藏价值外化,是创意产业价值创造在实物转化阶段迈出的第一步。

创意生产者包括个人和企业。首先,创意个人与前一生态位创意者在个体上可能是重合的,但在这里概念的侧重点不同,创意个人侧重于创意产品和服务的生产,创意者侧重于创意思想的产生。一般艺术创作等不需要大规模产业生产的创意生产者采取创意个人形式。其次,需要将创意元素融入传统产业中进行规模生产的采取创意企业形式。

创意型企业区别于一般企业的主要特点在于:第一,创意型企业的生产要素除了包含传统企业劳动力等要素外,最重要的要素是创意思想,它是脑力劳动者知识和精神的结晶,所以从本质上来说,创意型企业是知识型企业。第二,创意型企业的成本结构中,创意成本占很大比重。例如,设计和开发游戏软件等创意型企业,无论将研发和创意征集进行外包、众包还是自我研发,产品的研发成本投入都相对较高。画廊等艺术型创意部门的绝大部分成本更是体现在艺术家创作中。第三，创意型企业的组织形式相对多样化。一些创意型企业倾向于规模很小的企业，如工作室形式，并且一般这种中小型创意企业有集聚倾向。而一些创意型企业容易发展为相对大型的生产复合体（Production Complex），涉及创意人员、技术人员、生产者、执行者甚至传媒等众多参与者。例如一张唱片的生产要经过作词、作曲、编曲、配器、演奏、MIDI 制作、音频制作、录音编辑、刻录等诸多过程[113]，这一过程需要众多部门的参与和协调，之后经过发行商的营销和推广并与消费者见面。这个生产复合体可能是很多小型创意企业的集合，也可能发展成为一个大型创意企业。这个特性也决定了创意型企业在创意产业价值创造生态系统中的生态位可能向周边扩展，将创意者或创意营销方生态位合并。

创意生产者处于创意产业价值创造生态系统的中心位置，是将创意思想、创意者、创意项目和生产等各个组织有机联系起来的连接者（Connectors）[114]。所以受到很多因素的制约，以及关联生态位的影响，对其的衡量需要综合考虑几个关键点：创意生产者与上方生态位创意者的关系，创意生产者与下方生态位消费者、销售方以及媒体中介之间的关系，受到包括媒体中介分解出的有价值的创意导向信息影响和周边环境（技术水平、政策、法律环境等）的影响，以及其捕获的价值等。

四、消费者（Consumer）

消费者作为微观经济学中最基本的决策单位一直是经济学研究的最重要对象之一。西方经济学以效用概念解释了消费者行为，主要理论有基数效用论和序数效用论。其中基数效用理论一般采用的是边际效用分析法，序数效用理论则一般采用的是无差异曲线分析法。其共同思想是消费者行为由消费得到的效用（MU_x/MU_y）和收入预算（P_x/P_y）共同决定，并最终决定需求曲线。创意产品与服务的消费同样遵循这样的经济规律，同时由于创意产业的自身特性，创意消费又存在区别于常规消费行为的特殊之处。

效用指消费者从消费的商品中感受到的满意程度，是消费者对商品的一种主观评价。基数效用论认为效用可以用数值来度量并加总求和，序数效用论认为效用是人的主观感受，大小不能衡量但可以用顺序或等级区分。创意产品或服务对于消费者的效用主要体现在以其独特性和创新性满足消费者彰显个性、精神愉悦以及美感等方面的主观需求。主要特点有：首先，根据马斯洛的五层次需求论，人的生理需求、安全需求、社交需求、尊重需求以及自我实现的需求是逐级递增的。创意产品和服务带给人们的效用偏重精神层面和自我实现层面的追求，通常比普通产品与服务效用层次高。这也意味着人们对创意消费的效用追求必须建立在基本消费效用满足的基础上，换言之，社会经济基础对创意消费有较大的影响。其次，消费者效用的偏好形成受多种因素的影响，如教育程度、个人价值取向以及个人审美水平等内在因素影响，广告刺激、他人意见、消费环境等外部因素影响。这些因素因个体差异、文化背景差异、时代背景等不断发生变化，尤其是对于创意产品这种本身就以主观观念价值为基础的特殊商品，消费者效用偏好变化更具有易变性和不确定性。下面将识别的媒体中介生态位就利用了这一点对消费者产生影响。

消费者收入与商品价格形成了影响消费者行为的预算域，所以创意消费者的收入和创意产品的价格仍是决定消费行为的最主要因素。一般的情况是，人们的消费水平与消费品的价格呈相反方向变动。但对于创意产品消费容易出现炫耀性消费或符号性消费现象，即由于创意产品的稀缺性或独特性导致其价格越高，需求反而越大的类似于"吉芬商品"的极端现象。另外，除了收入和价格因素，创意消费还受到文化氛围的影响，这是由于创意产品本身所富含的丰富的文化因素所决定的；受到自由活动时间的影响，马克思认为人的消费会随着经济、社会的发展，用于精神消费的时间将越来越多。创意消费恰是这种精神消费的结果。

实际上，消费者是一切社会生产活动的第一原生推动力。生产交换都以消费为最终目的，消费结束后又成为再生产过程的起点。创意产品的消费更是将消费者的这一特性发挥到极致，是因为创意产品的目的就是使具有不同价值导向的消费人群，在创意消费中完成某种个性化的认同和自我身份的塑造，这就要求创意生产更加注重消费者的个性化、差异化需求。与传统产业中消费者一般是产品的被动接受者不同，创意产品的消费者对产品的具有更强势的选择权和话语权，甚至设计权，如创意的个性化定制。所以，创意消费者对前项生态位创意生产者有反向的作用力，一般是通过媒体中介生态位产生的创意信息导向产生影响。

总之，消费者群体在创意产业价值创造生态系统中所处的生态位类似于生态系统中的消费者——动物。除了本身具有效用选择这种不确定性质外，主要的行为体现在接受和反馈两方面，所以消费者有三个方面值得关注：消费者生态位自身的效用选择（包括环境影响等因素），前项生态位创意生产者及销售者对消费者的关系，消费者通过媒体中介产生的反馈及其对创意生产者的影响。

五、创意营销方（Marketer）

考虑到经济流通关系相对于生态链关系的复杂性，本书在对应生态系统构建创意产业价值创造生态系统时，在生产者与消费者之间增加了一个生态位——创意营销方，其目的是用来揭示在社会专业分工极大丰富的今天，主要负责联系生产者与消费者的专业销售或经营部门。

由营销理论的变迁可知，4Ps（Production 产品、Price 价格、Place 地点、Promotion 促销手段）强调以厂商主权为主；4Cs（Customer 顾客的需求和期望、Cost 顾客的费用、Convenience 顾客购买的方便性、Communication 顾客与企业的沟通）强调以消费者主权为主；4Rs（Relevancy 关联、Respond 反应、Relation 关系、Return 回报）强调以顾客与企业的双赢关系为主导；4Is（Investigation 调查，Identify 识别，Improve 改进，Intensify 强化）强调体验营销的重要性[115]。实际上，营销理念侧重点的变迁也侧面反映了传统经济向创意经济转变的趋势。创意营销方正是以顾客的体验为主导方向，推动创意产品和服务从生产领域向消费流域流通，从而实现创意成果价值实现的关键生态位。

创意营销方一般由既专业于创意产业内容，同时又擅长经营推广的人群组成，如书商、画廊、电影院、传媒公司、设计推广商、拍卖行以及创意产品销售商等。他们的任务即是在创意产品经过创意生产者成形后，负责其产品或服务在市场上的推广，使之顺利进入消费者领域被消费，从而使其最终以价格形式实现价值。例如，画廊就是连接艺术生产与艺术消费者的创意营销方，画廊负责将画家的作品展示，或者宣传推广，并为消费者提供参观购买的平台，并最终收回画作的现金价值。值得注意的是，如果画廊的营销者和画作艺术家重叠，这代表画廊作为营销者的生态位被作为生产者的生态位扩充占据，创意生产者和创意营销者在生态位的作用上还是分立的。同样的，由于营销方与传媒中介在行业上的紧密性，二者在生态位上也有占据和被占据的情况出现，但我们在讨论时还是将其分为两个不同的生态位，主要是从生态位功能上来区分的。

创意产品与服务的营销具备自身的特点：第一，注重符号营销。当一种创意产品和服务的个性和创新性不是以提高产品或服务的实用性为目的，而是用来满足消费者的独特性和身份认同感为目的，那么对此类创意产品或服务的消费形成符号消费。如某些时尚设计创意产品，其营销策略应是以打造产品或服务的身份内涵和品牌象征性为主的符号营销。第二，注重连续性营销。创意产品和服务的一个重要特征就是具有很强的衍生性,如一部畅销小说可以衍生出一部电影或系列电影、DVD,相关实物产品、服务,此时小说的思想作为原创创意在不断的衍生中被消费者认可、熟悉甚至形成一种风潮。创意不但不会在消费中被消磨,反而会形成巨大的社会效应或影响,这一特性使得创意产品和服务可以实行连续性营销以衍生出更大的价值。第三,注重体验营销。由于一些创意产品和服务具有不可预知性,如电影、游戏等,它们的消费过程就是消费者的体验过程。体验营销不仅成为一种营销手段,而且已成为消费本身,并会产生比一般体验更大的消费影响。这就要求创意产品营销更注重体验营销前期的营销推广和提升体验品质。

总之,创意营销方作为生产者与消费者之间联系性的生态位,又与同在市场层面的媒体中介生态位联系紧密。所以考虑创意营销方的价值创造应注重:创意营销方与创意生产者之间的承接和融合关系,创意营销方对消费者的影响,以及创意营销方与媒体中介的重叠性。

六、媒体中介 (Intermediary)

本书将媒体中介定位于对应于分解者的生态位。生态学中的分解是指微生物等分解者将从生产者和消费者处吸收的有机物,逐步分解为 CO_2、供养植物的营养等有机物,并将其释放回自然界的过程,同时分解者从中得到好处(营养)。类似的,媒体中介生态位可以看作是承接创意生产者和消费者的相关反馈和信息,经过评论、包装或信息的进一步提炼形成有价值的创意导向信息,传播到市场中重新对创意者及创意生产提供支持的生态位,媒体中介在其中捕获相应的价值。媒体中介生态位的存在是创意产业特性直接决定的,因为评论、宣传、品牌等媒体行为通过改变观念价值大小,将在很大程度上影响相关创意产品或服务价值的大小,甚至决定某些体验性创意产品的价值;另外,媒体所引导出的舆论、潮流观念等将成为新创意产生的重要土壤。

对于创意生产者来说,媒体中介是助推器。不同于传统商品,社会对创意商品价值的认同具有更强的主观性更强。在专业的评论、宣传策略、品牌意识的建立上具有最强主导权的媒体中介,无疑将辅助创意生产者完成对创意产品的价值认定和提升。例如,一部电影上映之前,大规模的媒体宣传、首映式上专业的评论员和媒体记者等对其的评价,都无形中激起了人们去消费电影的无限好奇,无论人们消费之后是愉悦还是失望,电影都已在消费过程中完成价值的实现。又如，一幅画作的价值虽然本质上是艺术家凝结其中的才能和劳动的衡量，但媒体评论直接影响到这种艺术才能是否被当前社会价值观接受，从而直接影响其消费者行为和画作当前的价值。

对于消费者来说，媒体中介是信息反馈接受者。创意产品或服务的主要作用即是满足消费者的精神需求、个性化需求等，所以消费完成后，消费者对创意产品和服务的反馈更多的便是其精神上的感受。媒体将最先收集此类信息，并加以提炼和总结，从而形成对下一次创意有价值的信息反馈。例如，一些系列电影的形成，一般都是在首部电影收到媒体收集到有利反馈后又开始筹拍下一部，以连续性获取更大利益。

经过对创意生产者和消费者两生态位的产物（产品、信息）的接收，媒体中介产出的有价值的创意导向信息将对两者产生重要影响。对于媒体中介对消费者的重要影响，前文对创意产品消费者效用偏好进行分析时已经提到。特别是在当前信息化极大丰富的时代，电视、网络、报刊、会展、广告等繁多的媒体行为无疑影响着消费者的偏好，引导消费者的行为；对于创意生产，媒体中介的影响可以是直接作用于创意生产者的，也可能是通过影响创意者思想而间接影响创意生产的。这些有价值的创意导向信息是由媒体中介这个分解者分解，并返回给创意生态系统的营养物，它已经成为生态环境的一部分，与其他环境因素一起对其他生态位产生影响。

媒体中介对创意产业生态系统价值创造的影响作用需要关注两点：媒体中介生态位对创意生产者的承接与影响，媒体中介生态位对消费者的反馈与影响。

总之，综合五个关键生态位的分析，关注点主要包括两个方面。一方面，五个创意产业价值创造生态位本身：创意者是价值生态系统能量提供源头，创意生产者的价值创造行为和价值捕获，消费者生态位自身的效用选择和价值实现，创意营销方的行为与价值捕获，媒体中介的行为与价值捕获。另一方面，六大生态位关系：创意者与创意生产者的互动关系；创意生产者与消费者互动关系；创意生产者与创意营销方互动关系；创意生产者与媒体中介互动关系；创意营销方与消费者互动关系；消费者与媒体中介互动关系。另外需要注意的是，媒体中介分解出的有价值的创意导向信息影响创意者行为，这种关系被看作媒体中介与创意生产者互动关系的路径之一。

第四章
创意产业价值创造生态系统价值流动与增值

为了更深层次理解创意产业价值创造生态系统中的内在价值流动规律，本章将进一步分析创意者、创意生产者、消费者、创意营销方和媒体中介五个生态位之间的互动关系，并依托生态环境因素性质识别影响创意产业价值创造的主要因素，最终辅以苹果公司案例阐述创意产业价值创造生态系统中的价值捕获、流动与增值情况。

第一节 创意产业价值创造生态系统内部关系阐述

一、创意产业价值创造种群互动关系分类

相似的创意产业价值创造生态位聚集构成不同的种群，为了不至于混淆概念，创意产业价值创造生态系统中的不同种群仍以其生态位名称描述。种群之间的互动关系可以类比生物种群关系进行分类和分析。

首先，对创意产业价值创造种群关系类型的分类可以按照生物种群关系分类进行。如前所述，生物因子的作用构成种群之间的种间关系，种间关系即是指异种种群之间的对抗性或互助性的相互作用。通常包括中性作用、正相互作用

(Positive Interaction)：偏利共生、原始协作和互利共生三种，其中原始协作和互利共生均表现为对双方都有利，但原始协作中离开协作双方仍能独立生存，互利共生已发展到彼此不能离开而独立生存的程度）、负相互作用（Negative Interaction，竞争、捕食、寄生和偏害共生等，其中捕食和寄生的作用方式类似）。如表4-1所示"+"表示物种受益，"-"表示物种受到损害，"0"表示无影响。

表4-1 创意产业价值创造种群种间关系对照表

作用方向	种间关系	受益/损害		创意种群作用类型		具体包含关系
		物种1	物种2			
正向作用	互利共生	+	+	共生	依存共生	创意生产者—消费者
	原始协作	+	+		独立共生	媒体中介—创意生产者 媒体中介—消费者
	偏利共生	+	0		非完全独立共生	创意营销方—创意生产者 创意营销方—消费者
反向作用	捕食	+	-	捕食		创意者—创意生产者
	竞争	-	-			
	偏害共生	-	0			
中性作用	中性作用	0	0			

对照种间关系的分类，结合创意产业价值创造种群的自身特点，将其互动关系分为三类：共生关系、竞争关系和捕食关系。其中，为了突出互利共生和原始协作的区别，按种群之间的独立性将共生分为三种类型——独立共生、依存共生和其中一方独立一方不独立的非完全独立共生。将创意产业价值创造生态位分析中涉及的六大关系归类到共生、竞争和捕食关系中：媒体中介和创意生产者、消费者的互动关系为独立共生关系；创意生产者与消费者的互动关系为依存共生关系；创意营销方和创意生产者、消费者的互动关系为非完全独立的共生关系；创意者和创意生产者互动关系为捕食关系。种间关系的类型在创意产业价值创造生态系统中表示如图4-1所示。

二、模型构建理论基础

（一）Logistic增长模型

生物学认为，种群在有限的环境中，受到环境容纳量或负荷量（K）的限制，不可能始终保持指数上升，种群的增长率将随着种群密度的上升而不断下降，直至种群大小达到K值时停止增长。其增长路径呈"S"形，称为Logistic增长。

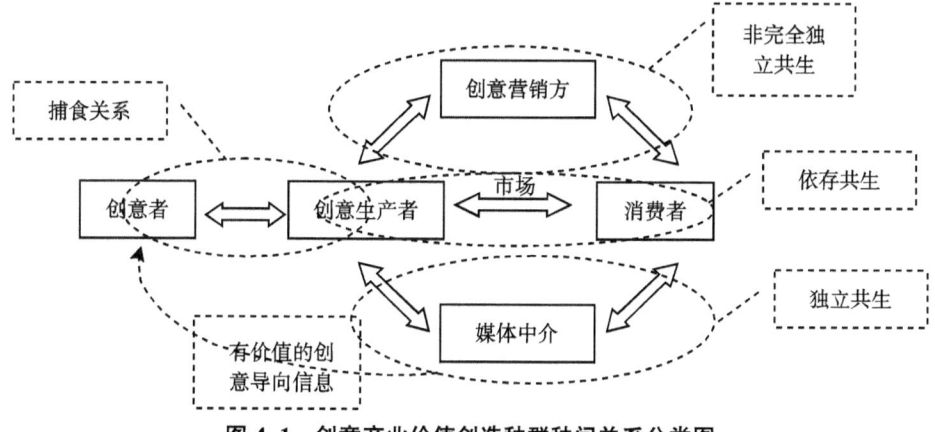

图 4-1 创意产业价值创造种群种间关系分类图

将 X 表示为种群大小，t 为时间，r 为种群的瞬时增长率（等于瞬时出生率减去瞬时死亡率），则 Logistic 增长方程表示为：

$$\frac{dX}{dt} = rX(1 - \frac{X}{K})$$

（1）Logistic 方程表示每当种群中实际增长 1 个个体，立即对种群产生一种压力，使种群的潜在增长率下降一个常量 $C(\frac{r}{K})$，C 被称为拥挤效应：

$$\frac{dX}{dt} = rX(1 - \frac{X}{K}) = X(r - \frac{r}{K}X) = X(r - CX)$$

（2）Logistic 方程由指数增长方程（$\frac{dX}{dt}$）= rx 增加（$1 - \frac{X}{K}$）修正项得来。修正项代表"剩余空间"或未利用的增长机会。如果种群数量 X 逐渐增加到环境负荷量 K，则（$1 - \frac{X}{K}$）项将由 1 逐渐下降为 0，表示种群增长可利用的空间由最大逐渐变小，直到全部空间被利用种群停止增长。

（3）从 Logistic 的曲线形状程"S"形，在 $X = \frac{K}{2}$ 处取得拐点，且 $\frac{dX}{dt}$ 达到最大。在拐点之前，$\frac{dX}{dt}$ 值随种群增加而上升，为加速期；拐点之后，$\frac{dX}{dt}$ 值随种群增加而下降，为减速期；种群数量 X 到环境容纳量 K 值时，$\frac{dX}{dt} = 0$，为饱和期。Logistic 增长曲线与指数增长曲线 $\frac{dX}{dt} = rX$ 之间的区域为环境压力区域，如图 4-2 所示。

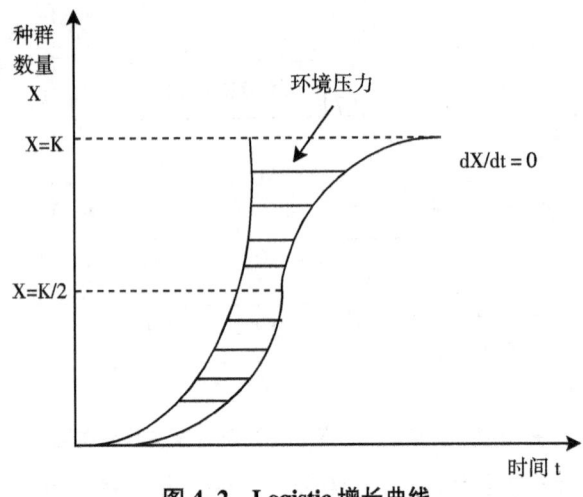

图 4-2 Logistic 增长曲线

（二）Lotka-Volterra 模型

Lotka-Volterra 方程在 Logistic 增长模型的基础上提出，分为竞争模型和捕食模型两类。综合看来，其主要思想为在用 Logistic 模型描述两个种群增长的情况下，根据种群之间的独立性和互相作用下产生的效益正负值来变换两种群的 Logistic 方程，联合求解并加以分析。

（1）用 Logistic 增长模型描述为两个物种 A、B 的种群增长：

A 种群的 Logistic 增长 $\dfrac{dX_1}{dt} = r_1 X_1 (1 - \dfrac{X_1}{K_1})$

B 种群的 Logistic 增长 $\dfrac{dX_2}{dt} = r_2 X_2 (1 - \dfrac{X_2}{K_2})$

（2）种群之间如果相互独立，即不因对方的状态而影响自身成长，种群指数增长部分表示为 $\dfrac{dX}{dt} = rX$；如果种群关系不独立，则依赖者在缺乏对方支持的状态会影响自身成长，种群指数增长部分表示为 $\dfrac{dX}{dt} = -rx$（$r \geq 0$），被依赖者不受影响。

（3）如果种群之间的相互作用使一个物种 A 受益，则其应在其修正项中增加正向的收益项 $\theta_1 \dfrac{X_2}{K_2}$；如果种群之间的相互作用使一个物种 B 受损，则其应在其修正项中减去受损项 $\theta_2 \dfrac{X_1}{K_1}$（$\theta_1$，$\theta_2$ 为 A、B 种群之间的交互作用）。

三、模型构建

根据 Logistic 增长模型和 Lotka-Volterra 模型思想,结合创意产业价值创造种群分类,本书初步构建了创意产业价值创造种群关系模型。模型主要考量在一定的环境资源条件下,创意产业价值创造生态系统中五个生态位生态位 NIC_m 形成的种群的价值创造能力的变化过程。创意产业价值创造种群独立状态下的 Logistic 增长模型为:

$$\frac{dX_m}{dt} = r_m X_m \left(1 - \frac{X_m}{K_m}\right), \ m = (D, P, C, M, I)$$

各项含义分别为:

K_m(环境容纳量或负荷量)为 m 创意产业种群在独立状态和当前环境资源条件下能够创造的最大价值量;

X_m(种群大小)为 t 时刻 m 创意产业种群创造的价值量;

t(时间)为时间;

r_m(种群的瞬时增长率)为 m 创意产业种群创造的价值的平均增长率;

$\left(1 - \frac{X_m}{K_m}\right)$ 项表示 m 创意产业种群尚未实现的潜在价值创造能力,当其目前价值创造实现的量 X 越接近最大可能价值量 K,其潜在价值创造能力将越小。

下面根据创意产业价值创造种群的不同关系类型分别建立其 Lotka-Volterra 模型并进行分析。

四、创意产业价值创造种群互动关系分析

(一)依存共生关系

创意生产者和消费者的互动关系属于依存共生型种间关系:创意生产者需要消费者的消费和欣赏存活发展,而没有创意产品的生产,则没有消费者这一相应的群体。所以,两种群的指数增长部分为 $\frac{dX_m}{dt} = -r_m X_m$($r_m \geq 0$);另外,创意生产者生产的创意产品与服务满足消费者效用,消费者的购买使创意生产者获取收益并实现商品价值,所以两者在相互作用中都受益,应在其修正项中增加正向的收益项。所以两者的 Lotka-Volterra 方程为:

$$\begin{cases} \text{创意生产者种群 P 的 Logistic 增长} \quad \dfrac{dX_P}{dt} = r_P X_P(-1 - \dfrac{X_P}{K_P} + \theta_P \dfrac{X_C}{K_C}) \\ \text{消费者种群 C 的 Logistic 增长} \quad \dfrac{dX_C}{dt} = r_C X_C(-1 - \dfrac{X_C}{K_C} + \theta_C \dfrac{X_P}{K_P}) \end{cases} \quad (1)$$

其中，θ_P 表示消费者 C 当前创造价值的实际能力（$\dfrac{X_C}{K_C}$）对创意生产者 P 的价值增增值的贡献率。当 $\theta_P > 1$ 表示在对 P 价值创造的贡献中，C 的贡献大于 P 自身的贡献；θ_C 表示创意生产者 P 当前创造价值的实际能力（$\dfrac{X_P}{K_P}$）为消费者 C 的价值创造的贡献率。$\theta_C > 1$ 可做同样的理解。

为了研究两个种群相互共生的结局，即 $t \to \infty$ 时 $X_P(t)$, $X_C(t)$ 的趋势，需要对方程组（1）的平衡点进行稳定性分析：

首先，求平衡点。方程组（1）右端不包含 t，为自治的非线性方程组，则：

方程组 $\begin{cases} \dfrac{dX_P}{dt} = 0 \\ \dfrac{dX_C}{dt} = 0 \end{cases}$ 的实根为方程组（1）的平衡点。故解方程组（2）：

$$\begin{cases} r_P X_P(-1 - \dfrac{X_P}{K_P} + \theta_P \dfrac{X_C}{K_C}) = 0 \\ r_C X_C(-1 - \dfrac{X_C}{K_C} + \theta_C \dfrac{X_P}{K_P}) = 0 \end{cases} \quad (2)$$

得到其平衡点 $P(X_P^0, X_C^0)$ 为：

$$\begin{cases} P_{i=1} \quad (0, 0) \\ P_{i=2} \quad (-K_P, 0) \\ P_{i=3} \quad (0, -K_C) \\ P_{i=4} \quad (K_P \dfrac{\theta_P + 1}{\theta_C \theta_P - 1}, K_C \dfrac{\theta_C + 1}{\theta_C \theta_P - 1}) \end{cases}$$

从实际意义来考虑，当且仅当 P 位于坐标第一象限时，即 $X_P, X_C \geq 0$ 时才有实际意义。所以 P_2、P_3 被剔除，且要求 P_4 中 $\dfrac{\theta_P + 1}{\theta_C \theta_P - 1} > 0$，$\dfrac{\theta_C + 1}{\theta_C \theta_P - 1} > 0$。

其次，判断平衡点的稳定性。根据微分方程的稳定性理论，如果从所有可能的初始条件出发，平衡点 $P(X_P^0, X_C^0)$ 都满足：

$$\lim_{t \to \infty} X_P(t) = X_P^0, \quad \lim_{t \to \infty} X_C(t) = X_C^0$$

则称平衡点 $P(X_P^0, X_C^0)$ 是稳定的，否则就是不稳定的。

对于本书所建立的一般非线性方程，可以用近似线形的方法判断其平衡点的稳定性。具体做法是：将方程组（1）在 $P(X_P^0, X_C^0)$ 点做泰勒展开，略去二次及二次以上各项，得到：

记 $\begin{cases} \dot{X}_P(t) = f(X_P, X_C) \\ \dot{X}_C(t) = g(X_P, X_C) \end{cases}$

则方程组（1）的泰勒级数展开式为：

$$\begin{cases} \dot{X}_P(t) = f_{X_P}(X_P^0, X_C^0)(X_P - X_P^0) + f_{X_C}(X_P^0, X_C^0)(X_C - X_C^0) \\ \dot{X}_C(t) = g_{X_P}(X_P^0, X_C^0)(X_P - X_P^0) + g_{X_C}(X_P^0, X_C^0)(X_C - X_C^0) \end{cases}$$

系数矩阵为：

$$A = \begin{bmatrix} f_{X_P} & f_{X_C} \\ g_{X_P} & g_{X_C} \end{bmatrix} \bigg|_{P(X_P^0, X_C^0)}$$

即为：

$$\begin{cases} \dfrac{dX_P}{dt} = r_P\left(-1 - \dfrac{2X_P}{K_P} + \theta_P \dfrac{X_C}{K_C}\right)(X_P - X_P^0) + r_P \theta_P \dfrac{X_P}{K_C}(X_C - X_C^0) \\ \dfrac{dX_C}{dt} = r_C \theta_C \dfrac{X_C}{K_P}(X_P - X_P^0) + r_C\left(-1 - \dfrac{2X_C}{K_C} + \theta_C \dfrac{X_P}{K_P}\right)(X_C - X_C^0) \end{cases}$$

系数矩阵 A 为：

$$A = \begin{bmatrix} r_P\left(-1 - \dfrac{2X_P}{K_P} + \theta_P \dfrac{X_C}{K_C}\right) & r_P \theta_P \dfrac{X_P}{K_C} \\ r_C \theta_C \dfrac{X_C}{K_P} & r_C\left(-1 - \dfrac{2X_C}{K_C} + \theta_C \dfrac{X_P}{K_P}\right) \end{bmatrix}$$

其特征方程系数为：

$p = -(f_{X_P} + g_{X_C})\big|_{P_i}$, $i = 1, 2, 3, 4$

$q = \det A \big|_{P_i}$, $i = 1, 2, 3, 4$

将平衡点 P_1、P_4 代入特征方程系数，得出 p、q 值。从而判断稳定性：若 $p > 0$，$q > 0$，则此平衡点为稳定的；如 $p < 0$ 或者 $q < 0$，则平衡点不稳定。所以，结合实际意义要求 $\dfrac{\theta_P + 1}{\theta_C \theta_P - 1} > 0$，$\dfrac{\theta_C + 1}{\theta_C \theta_P - 1} > 0$，以及稳定性要求 $p > 0$，$q > 0$，得出稳定性条件，如表 4-2 所示。

表 4-2 创意生产者种群与消费者种群依存共生模型平衡点与稳定性

平衡点 $P_i(X_P^0, X_C^0)$	p	q	稳定条件
$P_{i=1}(0, 0)$	$r_P + r_C$	$r_P r_C$	任何条件下均稳定
$P_{i=A}(K_P \frac{\theta_P+1}{\theta_C\theta_P-1}, K_C \frac{\theta_C+1}{\theta_C\theta_P-1})$	$r_P \frac{\theta_P+1}{\theta_C\theta_P-1} + r_C \frac{\theta_C+1}{\theta_C\theta_P-1}$	$r_C r_P \frac{(\theta_P+1)(\theta_C+1)}{1-\theta_C\theta_P}$	不稳定 ($\theta_P < -1$) ($\theta_C < -1$) ($\theta_C\theta_P < 1$)

由于要满足两者是互利共生关系,故要求 $\theta_P, \theta_I > 0$,所以 $P_{i=4}$ 不能成为稳定点。$P_{i=1}$ 在任何条件下都将保持稳定。这表明,创意生产者和消费者作为两个具有天然联系并相互依存共生的种群,各自的存在在任何情况下都将对对方的价值创造具有正向的促进作用,创意生产者与消费者相互的资源供养上没有限制,只要一方有价值创造的能力,另一方必将随之创造价值;两者不能共生时产生的效益为负,所以两者只要共生存在产生的价值增殖必然大于独立时的价值。

(二)独立共生关系

创意生产者—消费者和媒体中介的互动关系均属于独立共生型种间关系。创意生产者—消费者和媒体中介两两间的合作使对方获利:创意生产—消费为媒体中介的运作提供素材,运营提供动力;媒体中介的宣传、反馈又对创意生产—消费提供有价值的参考,并可以通过对创意者的影响间接推动创意生产的改进。但同时两两又是相互独立生存的两个体系,不存在依赖生存的关系。所以,两种群的指数增长部分为 $\frac{dX_m}{dt} = r_m X_m$ ($r_m \geq 0$),其修正项中应增加正向的收益项。可见,创意生产者和媒体中介、消费者和媒体中介的互动关系可以以同样的模式分析。故本节主要以创意生产者种群和媒体中介种群关系为例进行模型构建。

创意生产者种群和媒体中介种群的 Lotka-Volterra 方程为:

$$\begin{cases} \text{创意生产者种群 P 的 Logistic 增长} \quad \frac{dX_P}{dt} = r_P X_P (1 - \frac{X_P}{K_P} + \theta_P \frac{X_I}{K_I}) \\ \text{媒体中介种群 I 的 Logistic 增长} \quad \frac{dX_I}{dt} = r_I X_I (1 - \frac{X_I}{K_I} + \theta_I \frac{X_P}{K_P}) \end{cases} \quad (1)$$

其中,θ_P 表示媒体中介 I 创造价值的实际能力 $(\frac{X_I}{K_I})$ 对创意生产者 P 的价值增增值的贡献率;θ_I 表示创意生产者 P 当前创造价值的实际能力 $(\frac{X_P}{K_P})$ 对媒体中介 I 的价值创造的贡献率。

解方程组(2)得到两者独立共生模型的平衡点:

$$\begin{cases} r_P X_P(1 - \dfrac{X_P}{K_P} + \theta_P \dfrac{X_I}{K_I}) = 0 \\ r_I X_I(1 - \dfrac{X_I}{K_I} + \theta_I \dfrac{X_P}{K_P}) = 0 \end{cases} \quad (2)$$

得到其平衡点 $P(X_P^0, X_I^0)$ 为：

$$\begin{cases} P_{i=1} & (0, 0) \\ P_{i=2} & (K_P, 0) \\ P_{i=3} & (0, K_I) \\ P_{i=4} & (K_P\dfrac{\theta_P + 1}{1 - \theta_P\theta_I},\ K_I\dfrac{\theta_I + 1}{1 - \theta_P\theta_I}) \end{cases}$$

将方程组（1）在 $P(X_P^0, X_I^0)$ 点做泰勒展开，略去二次及二次以上各项，得到：

$$\begin{cases} \dfrac{dX_P}{dt} = r_P(1 - \dfrac{2X_P}{K_P} + \theta_P\dfrac{X_I}{K_I})(X_P - X_P^0) + r_P\theta_P\dfrac{X_P}{K_I}(X_I - X_I^0) \\ \dfrac{dX_I}{dt} = r_I\theta_I\dfrac{X_I}{K_P}(X_P - X_P^0) + r_I(1 - \dfrac{2X_I}{K_I} + \theta_I\dfrac{X_P}{K_P})(X_I - X_I^0) \end{cases}$$

系数矩阵 A 为：

$$A = \begin{bmatrix} r_P(1 - \dfrac{2X_P}{K_P} + \theta_P\dfrac{X_I}{K_I}) & r_P\theta_P\dfrac{X_P}{K_I} \\ r_I\theta_I\dfrac{X_I}{K_P} & r_I(1 - \dfrac{2X_I}{K_I} + \theta_I\dfrac{X_P}{K_P}) \end{bmatrix}$$

平衡点 P_1、P_2、P_3、P_4 均符合实际意义要求，将其代入求出 p、q 值，判断其稳定性，如表 4-3 所示。

表 4-3 创意生产者种群与媒体中介种群独立共生模型平衡点与稳定性

平衡点 P_i (X_P^0, X_I^0)	p	q	稳定条件
$P_{i=1}$ (0, 0)	$-r_P - r_I$	$r_P r_I$	不稳定
$P_{i=2}$ $(K_P, 0)$	$r_P - r_I(1 + \theta_I)$	$-r_P r_I(1 + \theta_I)$	不稳定（$\theta_I < -1$）
$P_{i=3}$ $(0, K_I)$	$r_I - r_P(1 + \theta_P)$	$-r_P r_I(1 + \theta_P)$	不稳定（$\theta_P < -1$）
$P_{i=4}$ $(K_P\dfrac{\theta_P + 1}{1 - \theta_P\theta_I},\ K_I\dfrac{\theta_I + 1}{1 - \theta_P\theta_I})$	$\dfrac{r_P(\theta_P + 1) + r_I(\theta_I + 1)}{1 - \theta_P\theta_I}$	$\dfrac{r_P r_I(\theta_P + 1)(\theta_I + 1)}{1 - \theta_P\theta_I}$	$0 < \theta_P < 1$, $0 < \theta_I < 1$ $\theta_P\theta_I < 1$

由于要满足两者是互利共生关系，故要求 $\theta_P > 0$，$\theta_I > 0$，所以 $P_{i=2}$ 和 $P_{i=3}$ 不能成为稳定点。$P_{i=4}$ 的稳定条件为 $\theta_P\theta_I < 1$，根据两者关系的对称性，稳定条件可转化为 $\theta_P < 1$，$\theta_I < 1$。故创意生产者 P/消费者 C 和媒体中介 I 的独立共生关系稳定条件分别为 $0 < \theta_P < 1$，$0 < \theta_I < 1/0 < \theta_C < 1$，$0 < \theta_I < 1$。其含义是：创意生产者/消

费者与媒体中介互相有益于对方的价值创造能力；如果能够防止媒体中介的价值增长对创意生产者/消费者提供给它的供养资源的过分依赖（$\theta_I < 1$），即保持媒体中介在价值创造能力上的相对独立性。同时也应防止需防止创意生产者/消费者的价值创造过分依赖于媒体中介提供的供养资源（$\theta_P < 1/\theta_C < 1$）。则两两能够达到最佳平衡状态，其价值创造能力均大于各自独立运作时能达到的最大价值创造量（$K_P \frac{\theta_P + 1}{1 - \theta_P \theta_I} > K_P / K_C \frac{\theta_C + 1}{1 - \theta_C \theta_I} > K_C, K_I \frac{\theta_I + 1}{1 - \theta_P \theta_I} > K_I / K_I \frac{\theta_I + 1}{1 - \theta_C \theta_I} > K_I$）。

（三）非完全独立共生关系

创意生产者/消费者和创意营销方的互动关系均属于非完全独立共生型种间关系。其中，创意营销方本身即为市场商品经济发达后的产物，创意营销方在买方市场需要依托于创意生产者提供的产品或服务，在卖方市场需要消费者的购买和支持，所以创意营销方为不能独立生存的一方。而创意生产者/消费者在没有营销方的情况下仍存在并可以发生原有行为，在市场经济没有发展起来之前也一直存在生产与消费行为，故它们为独立生存的一方。所以创意生产者/消费者种群的指数增长部分为 $\frac{dX_m}{dt} = r_m X_m$（$r_m \geq 0$），创意营销方种群的指数增长部分为 $\frac{dX_m}{dt} = -r_m X_m$（$r_m \geq 0$）。另外，创意生产者/消费者和创意营销方两两间的合作使对方获利：创意生产/消费分别为创意营销方的供给方和需求方，是创意营销价值创造的源泉；创意营销在市场上极大地弥补和促进了创意生产/消费行为的不足之处。所以，其修正项中应增加正向的收益项。同样为简便起见，本节主要以创意生产者种群和创意营销方种群关系为例进行模型构建。

创意生产者种群创意营销方种群的 Lotka-Volterra 方程为：

$$\begin{cases} 创意生产者种群 P 的 Logistic 增长 \quad \frac{dX_P}{dt} = r_P X_P (1 - \frac{X_P}{K_P} + \theta_P \frac{X_m}{K_m}) \\ 创意营销方种群 M 的 Logistic 增长 \quad \frac{dX_M}{dt} = r_M X_M (-1 - \frac{X_M}{K_M} + \theta_M \frac{X_P}{K_P}) \end{cases} \quad (1)$$

其中，θ_P 表示创意营销方种群 M 创造价值的实际能力（$\frac{X_M}{K_M}$）对创意生产者 P 的价值增增值的贡献率；θ_M 表示创意生产者 P 当前创造价值的实际能力（$\frac{X_P}{K_P}$）对创意营销方种群 M 的价值创造的贡献率。

解方程组（2）得到两者独立共生模型的平衡点：

$$\begin{cases} r_P X_P(1 - \dfrac{X_P}{K_P} + \theta_P \dfrac{X_M}{K_M}) = 0 \\ r_M X_M(-1 - \dfrac{X_M}{K_M} + \theta_M \dfrac{X_P}{K_P}) = 0 \end{cases} \quad (2)$$

得到其平衡点 $P(X_P^0, X_M^0)$ 为:

$$\begin{cases} P_{i=1} & (0, 0) \\ P_{i=2} & (K_P, 0) \\ P_{i=3} & (0, -K_M) \\ P_{i=4} & (K_P \dfrac{1-\theta_P}{1-\theta_P\theta_M}, K_M \dfrac{\theta_M - 1}{1-\theta_P\theta_M}) \end{cases}$$

将方程组（1）在 $P(X_P^0, X_M^0)$ 在点做泰勒展开，略去二次及二次以上各项，得到：

$$\begin{cases} \dfrac{dX_P}{dt} = r_P(1 - \dfrac{2X_P}{K_P} + \theta_P \dfrac{X_M}{K_M})(X_P - X_P^0) + r_P\theta_P\dfrac{X_P}{K_M}(X_M - X_M^0) \\ \dfrac{dX_M}{dt} = r_M\theta_M\dfrac{X_M}{K_P}(X_P - X_P^0) + r_M(-1 - \dfrac{2X_M}{K_M} + \theta_M\dfrac{X_P}{K_P})(X_M - X_M^0) \end{cases}$$

系数矩阵 A 为:

$$A = \begin{bmatrix} r_P(1 - \dfrac{2X_P}{K_P} + \theta_P\dfrac{X_M}{K_M}) & r_P\theta_P\dfrac{X_P}{K_M} \\ r_M\theta_M\dfrac{X_M}{K_P} & r_M(-1 - \dfrac{2X_M}{K_M} + \theta_M\dfrac{X_P}{K_P}) \end{bmatrix}$$

平衡点 P_1、P_2、P_4 均符合实际意义要求，将其代入求出 p、q 值，判断其稳定性，如表 4-4 所示。

表 4-4 创意生产者种群与创意营销方种群非完全独立共生模型平衡点与稳定性

平衡点 $P_i(X_P^0, X_i^0)$	p	q	稳定条件
$P_{i=1}$ (0, 0)	$r_M - r_P$	$-r_P r_M$	不稳定
$P_{i=2}$ (K_P, 0)	$r_P + r_M(1-\theta_M)$	$r_P r_M(1-\theta_M)$	$0 < \theta_M < 1$
$P_{i=4}(K_P\dfrac{1-\theta_P}{1-\theta_P\theta_M}, K_M\dfrac{\theta_M-1}{1-\theta_P\theta_M})$	$\dfrac{r_P(1-\theta_P) + r_M(\theta_M-1)}{1-\theta_P\theta_M}$	$\dfrac{r_P r_M(\theta_P-1)(1-\theta_M)}{1-\theta_P\theta_M}$	$0 < \theta_P < 1, \theta_M > 1$ $\theta_P\theta_M < 1$

$P_{i=2}$ 和 $P_{i=4}$ 为创意生产者/消费者与创意营销方两两关系的稳定点。$P_{i=2}$ 的稳定条件为 $0 < \theta_M < 1$。其含义是，创意生产者/消费者与创意营销者互相有益于对方的价值创造能力，如果创意生产者/消费者没有以过多的资源供养作为价值创造依附者的创意营销方，甚至不与创意营销方发生关系（$0 < \theta_M < 1$），则创意生产者/消费

者价值创造的最高限为其限制条件下的最高价值创造量（K_P/K_C），但这在现实中发生的概率很小；创意生产者/消费者在 $P_{i=4}$ 处的稳定条件分别为 $0 < \theta_P < 1$，$\theta_M > 1$，$\theta_P\theta_M < 1/0 < \theta_C < 1$，$\theta_M > 1$，$\theta_C\theta_M < 1$。其含义是，创意生产者/消费者与创意营销者互相有益于对方的价值创造能力，如果创意生产者/消费者能积极地配合供养创意营销活动（$\theta_M > 1$），但同时在自身的价值创造过程中不要过分依赖创意营销（$0 < \theta_P < 1/0 < \theta_C < 1$），则双方能够达到的最终效益均会大于独立存在或者 $P_{i=2}$ 稳定状态下的效益（$K_P\dfrac{1-\theta_P}{1-\theta_P\theta_M} > K_P/K_C\dfrac{1-\theta_C}{1-\theta_C\theta_M} > K_C$，$K_M\dfrac{\theta_M-1}{1-\theta_P\theta_M} > 0/K_M\dfrac{\theta_M-1}{1-\theta_C\theta_M} > 0$）。

（四）捕食关系

创意者和创意生产者的互动关系属于捕食关系，即创意者作为食饵为捕食者创意生产者提供创意资源。创意者的创意行为在没有大规模生产成为产业行为之前就一直存在，所以创意者作为食饵可以独立存在，故其指数增长部分为 $\dfrac{dX_m}{dt} = r_m X_m$（$r_m \geq 0$）。并且由于创意生产者的获取行为，创意者的产出处于持续消耗状态，故其修正项中应增加负向的收益项；而创意生产者离开创意者提供的资源和创新思想不能继续生存，故其指数增长部分为 $\dfrac{dX_m}{dt} = -r_m X_m$（$r_m \geq 0$）。并且创意生产者能通过获取创意者产出保持价值的持续增长，故其修正项中应增加正向的收益项。

创意者种群和创意生产者种群的 Lotka-Volterra 方程为：

$$\begin{cases} \text{创意生产者种群 P 的 Logistic 增长} \quad \dfrac{dX_P}{dt} = r_P X_P(-1 - \dfrac{X_P}{K_P} + \theta_P \dfrac{X_D}{K_D}) \\ \text{创意者种群 D 的 Logistic 增长} \quad \dfrac{dX_D}{dt} = r_D X_D(1 - \dfrac{X_D}{K_D} - \theta_D \dfrac{X_P}{K_P}) \end{cases} \quad (1)$$

其中，θ_P 表示创意者 D 创造价值的实际能力（$\dfrac{X_D}{K_D}$）对创意生产者 P 的价值增加值的贡献率；θ_D 表示创意生产者 P 当前创造价值的实际能力（$\dfrac{X_P}{K_P}$）对创意者的价值创造的贡献率。

解方程组（2）得到两者独立共生模型的平衡点：

$$\begin{cases} r_P X_P(-1 - \dfrac{X_P}{K_P} + \theta_P \dfrac{X_D}{K_D}) = 0 \\ r_D X_D(1 - \dfrac{X_D}{K_D} - \theta_D \dfrac{X_P}{K_P}) = 0 \end{cases} \quad (2)$$

得到其平衡点 $P(X_P^0, X_D^0)$ 为：

$$\begin{cases} P_{i=1} & (0, 0) \\ P_{i=2} & (-K_P, 0) \\ P_{i=3} & (0, K_D) \\ P_{i=4} & (K_P\dfrac{\theta_P - 1}{1 + \theta_P\theta_D}, K_D\dfrac{\theta_D + 1}{1 + \theta_P\theta_D}) \end{cases}$$

将方程组（1）在 $P(X_P^0, X_D^0)$ 点做泰勒展开，略去二次及二次以上各项，得到：

$$\begin{cases} \dfrac{dX_P}{dt} = r_P(-1 - \dfrac{2X_P}{K_P} + \theta_P\dfrac{X_D}{K_D})(X_P - X_P^0) + r_P\theta_P\dfrac{X_P}{K_D}(X_D - X_D^0) \\ \dfrac{dX_D}{dt} = -r_D\theta_D\dfrac{X_D}{K_P}(X_P - X_P^0) - r_D(1 - \dfrac{2X_D}{K_D} - \theta_D\dfrac{X_P}{K_P})(X_D - X_D^0) \end{cases}$$

系数矩阵 A 为：

$$A = \begin{bmatrix} r_P(-1 - \dfrac{2X_P}{K_P} + \theta_P\dfrac{X_D}{K_D}) & r_P\theta_P\dfrac{X_P}{K_D} \\ -r_D\theta_D\dfrac{X_D}{K_P} & r_D(1 - \dfrac{2X_D}{K_D} - \theta_D\dfrac{X_P}{K_P}) \end{bmatrix}$$

平衡点 P_1、P_3、P_4 均符合实际意义要求，将其代入求出 p、q 值，判断其稳定性，如表 4-5 所示。

表 4-5 创意生产者种群与创意者种群捕食模型平衡点与稳定性

平衡点 $P_i(X_P^0, X_D^0)$	p	q	稳定条件
$P_{i=1}$ (0, 0)	$r_P - r_D$	$-r_P r_M$	不稳定
$P_{i=3}$ (0, K_D)	$r_D + r_P(1 - \theta_P)$	$r_P r_D(1 - \theta_P)$	$0 < \theta_P < 1$
$P_{i=4}$ ($K_P\dfrac{\theta_P - 1}{1 + \theta_P\theta_D}$, $K_D\dfrac{\theta_D + 1}{1 + \theta_P\theta_D}$)	$\dfrac{r_D(1 + \theta_D) + r_P(\theta_P - 1)}{1 + \theta_P\theta_D}$	$\dfrac{r_P r_D(\theta_P - 1)(1 + \theta_P)}{1 + \theta_P\theta_D}$	$\theta_P > 1$

$P_{i=3}$ 和 $P_{i=4}$ 为创意生产者与创意者捕食互动关系的稳定点。$P_{i=3}$ 的稳定条件为 $0 < \theta_P < 1$。其含义是，创意者对创意生产者的价值创造是有益的，但如果创意者仅以有限的创意资源供养创意生产者，甚至不与创意生产者发生关系（$0 < \theta_P < 1$），则创意者将在环境等限制条件下获取自身最高的效用（K_D）。这里的效用对于创意者来说是精神上的满足感和愉悦感，如果创意者需要将这种自身效用转化为资本价值，则必须进入生产环节，所以 $P_{i=3}$ 点的稳定不符合创意产业现实的运行规律；$P_{i=4}$ 处的稳定条件分别为 $\theta_P > 1$。其含义是，创意者如果能为创意生产者提供越多的创意思想养分（$\theta_P > 1$），创意生产者将获取越多的价值（$K_P\dfrac{\theta_P - 1}{1 + \theta_P\theta_D} > K_P$）。

并且只要创意生产者能够给予创意者一定的报酬使其能够保持成长（使 $\theta_D > 0$），则创意者获取其应有的价值量（$K_D \dfrac{\theta_D + 1}{1 + \theta_P \theta_D}$）。二者最终将趋向共同繁荣的稳定状态。

第二节 创意产业价值创造生态系统外部环境因素分析

一、基本理论及概念界定

在生态学中，环境（Environment）一般指生物有机体周围一切的综合，包括空间以及其中可以直接或间接影响有机体生活和发展的各种因素。生态学中将组成环境的因素称为生态因子（Ecological Factors），以因子主体性质不同分为非生物因子（Abiotic Factors）和生物因子（Biotic Factors）两种。非生物因子包括温度、光、湿度、pH、氧气等理化因子。环境非生物因子对有机体的影响一般称为作用（Action），有机体对环境的影响称为反作用（Reaction）。非生物因子构成了种内关系（Intra-specific Relationship）；生物因子则包括同种生物的其他有机体和异种生物的有机体。生物之间的影响是相互的，称为交互作用（Interaction）。生物因子则构成了种间关系（Inter-specific Relationship）。

生态因子对生物的影响通常有三方面：选择性（Preference）、抗性（Resistance）和耐受性（Tolerance）。选择性指生物最偏好的环境范围；抗性指生物生命周期中的某个特殊时期能经受最恶劣的环境条件的范围；耐受性指生物能生存下来且顺利繁殖后代的耐受上限到耐受下限区间，并且基于耐受性对生物的重要性，谢尔福德提出了耐受定律"任何一个生态因子在数量或质量上的不足或过多，接近或达到某种生物的耐受上下限时，就会使该生物衰退或不能生存下去"。另外，利比希为了强调生态因子对生物的最致命影响，提出了营养最小法则，即"植物生长取决于处在最小量状况下的营养物的量"。生物学中也将营养最小法则与耐受性定理统称为限制因子定理，适应于稳定环境[100]。

以生态学相关环境理论为基础，本书界定创意产业价值创造生态环境为共同创造价值的创意产业及其群落周围，一切直接或间接影响创意产业系统价值创造的外部环境因素。同样包括非生物因子和生物因子两类。对于整个创意产业的价值创造过程来说，非生物因子主要指影响类似自然界的温度、光、氧等着具有外部影响性的理化因子，包括社会经济基础、文化氛围、法律环境、信息技术水平和政策环境等方面。本节所阐述的创意产业价值创造环境因素主要就是指非生物环境因素；生物因子指同种组织的其他有机体和异种组织的有机体对本组织发展的影响，构成种间关系，对于创意产业生态来说可以看作创意产业种群与其他种群产业之间的竞争、合作等种间关系，将在下一节创意产业价值创造生态系统的内部关系中阐述。

生态因子对生物产生怎样类型的影响将依据生物的选择性、抗性、耐受性及营养最小法则原理进行分析。

二、主要环境因素识别

（一）经济基础

经济基础设施是影响创意产业发展及其价值创造能力的首要因素。首先，创意产业的产业特性来看，创意产业本身便是后工业化时期物质丰富的情况下，为了满足人们对精神及个性化的需求而逐渐兴起的新型产业经济形态。所以，丰厚的物质经济基础无疑是创意产业发展的前提。其次，从创意人群的聚集地倾向来看，实证研究证实了创意阶层更倾向于聚集于交通、通信、环境、公共设施等基础设施完善的经济先进区域，如 Florida 对美国劳动力人口的分布研究发现，劳动者阶级在底特律、匹兹堡等旧工业城市所占比重偏高，服务业阶级在迈阿密、拉斯维加斯等旅游观光城市比重偏高，而创意阶级在西雅图、旧金山、芝加哥等先进经济城市有集中的趋势。克拉克的研究验证了大学毕业的年轻人在人工利便性高的城市集中，从事高科技的人员在自然和人工利便性都比较高的城市里集中的假说[116]。

经济基础对创意产业的价值创造的影响体现在对其的耐受性影响和选择性影响上。首先，由于丰富的经济基础是创意产业发展的前提，在物质生活匮乏的时期或区域绝大多数的人们没有更多的精力和热情投入到追求个性和精神享受中，更不可能大规模带动生产形成一个新的产业，所以，经济基础决定了创意产业发展所能承受的耐受性下限；其次，创意产业偏好于在经济基础先进的区域发展体现了经济基础对创意产业的选择性影响。

（二）文化氛围

文化氛围是创意产业价值创造生态环境的重要组成部分。首先，创意经济本质上是一种知识经济，其主导要素是所包含的无形但有价值的知识和创意。文化是知识与创意的源泉，文化已经作为一种知识资本进入到了创意产业经济生产和价值创造领域中，文化氛围就像创意的土壤和营养，只有丰厚的文化氛围才能培育出色的创意行业。其次，文化氛围是激发人类创意能力、吸引创意人群的重要元素。城市经济学家威尔布尔·汤普森（Wilbur Thompson）就曾说过："拥有大学、博物馆、图书馆和研究室的大都市，各种文化在这里激荡，点燃新产品之火。"实际上，在创意产业价值创造生态系统中，创意者作为价值创造的源泉并不是凭空就能给出一个有价值的点子或创意，从深厚的文化氛围中汲取能量对创意者来说是重要的一环。最后，教育是文化传播的最重要途径，实践证明教育机构聚集的地区更容易形成创意经济力量，带动创意产业的价值创造链条，这也从侧面证明了文化氛围的重要性。

文化氛围对创意产业价值创造的影响体现在其选择性影响和营养最小化影响上。首先，创意人群、创意企业甚至创意消费者偏好在文化氛围浓厚的区域聚集，证明了具有良好文化氛围的区域是创意产业最适宜的选择；其次，文化程度、教育水平等为创意者提供灵感（营养），同时又会限制创意者的产出（创意）质量，所以文化氛围为创意产业价值创造的营养最小化法则。

（三）法律环境

法律环境是创意产业的健康发展、保持持续价值创造能力的至关重要的保护因素，特别是知识产权对创意产业来说是最重要的。首先，创意产业的定义中就提出了知识产权是使创意转化为创造财富的行业得必要途径，甚至在 Howkins 的定义中创意产业就是包括版权、专利、商标和设计四类在内的知识产权法保护范围内的产业[3]。创意产业本质上的版权属性决定了法律环境对其的重要影响。其次，保护知识产权过程就是使一个具有创新思想的创意企业保持竞争优势，并以此创造价值的保障。一个创意企业所拥有的最具价值创造能力的资本可能只是一个独特的点子或想法，而这种无形资本往往因没有很高的技术壁垒而最容易被复制和模仿，一旦被模仿和复制那么这个创意企业的竞争优势将完全丧失，知识产权和相关的法律环境正是无形资产竞争优势的保存、运营风险的降低的有力保障。最后，从大量的实践上来看，创意产业对法律环境的依赖程度非常之大。大量的盗版书籍、DVD、软件等均是其相关行业价值流失的主要原因之一。而成功创意运营无一不是充分利用法律保护的结果，如苹果公司开发iTune来应对当时美国的音乐版权问题并最终取得巨大收益。

法律环境对创意产业价值创造的影响体现在其抗性影响上。法律环境如果比较恶劣，将会对创意产业的生存及成长有极大的危害。中国目前的法制还不健全，特别是知识产权保护意识相对匮乏，这对于创意产业来说是致命的威胁。从抗性影响角度能较好地揭示法律环境的不足，提高对法律体制建设的重视。

（四）信息技术

信息技术水平是创意产业的价值创造的重要推动力。首先，经典经济增长理论中Schumpeter、Solow和Rome等的研究均证实技术是经济发展的重要推动力。拥有高创新能力和高科技产业的国家或地区在新产品、新服务、新财富和新职业的创造上占优势，且有利于经济的持续增长。其次，信息技术是现代技术进步的产物，信息技术的发展极大推进了现代新兴产业的出现，创意产业是其中受益者之一。John Hartly就认为创意产业的出现与新媒体技术，即信息通信技术的环境息息相关[117]。并且很多创意产业形式本身就是信息技术的产物，如网络游戏、软件设计、数字电影电视等。最后，信息技术为创意产业的价值增值提供了硬性条件。特别是创意产业以无形概念为核心价值传播内容，信息技术极大地改善了系统响应的效率，加快了价值流通的速度。例如，超女的运作中短信平台互动一项就为天娱创造了上千万元的收益。

信息技术在一定程度上对创意产业价值创造产生了耐受性影响。由于信息技术的发展直接决定了一些创意产业门类的出现，所以信息技术水平过低会使之失去生存基础，这里主要从创意产业的耐受下限来考虑；并且信息技术水平的不断变革，会降低某些原有技术条件下的创意开发的难度或消除其因技术而产生的竞争优势，从而影响到其价值捕获，所以这些依赖原有技术的创意产业内容也会逐渐变革。这里体现了信息技术对创意产业影响的耐受上限。

（五）政策环境

政策环境是创意产业发展的重要的环境因素之一。首先，新增长理论早就强调了政府政策对经济增长的重要作用。对于创意产业来说，政府可以通过政策倾斜和制度激励，调动公共基金补贴教育、研发，刺激物质资本投资、保护知识产权、促进新思想的形成并迅速在世界范围内扩散[118]。其次，从实际发展角度看，创意产业从萌芽到发展一直都离不开政府政策的大力支持。现代创意产业价值创造情况良好的大部分国家都曾出台过国家层面的创意产业振兴政策，如英国、美国、澳大利亚、韩国等。大部分创意产业集聚区的形成都与政府的规划和投资、政策层面的扶持息息相关，特别是目前大量的旧厂房改造的创意集聚区更需要政策的支持。再次，良好的政策环境有利于有效的商业环境的形成，有利于开放宽容的社会环境的建设。宽松的商业环境和社会环境中，更容易聚集有投资意愿的商业资本、创意人才，从而有利于创新企业的创立。最后，政府政策的支持将有效降低创意企业的高风险性，保障其价值创造能力的持续性。特别是大部分的中小创意企业更加需要公共服务平台的支持。例如，英国就以政府牵头创立了非政府组织——创意产业发展局，政府的支持使得一批非营利性的金融、法律等创意产业中介服务机构集聚形成一个很大的公共服务平台，为英国数十万家创意企业提供有效服务。

政策环境对于创意产业的价值创造起到选择性影响。良好的政府政策能够为创意企业创立提供良好的商业环境，有效吸引企业和创意策划人才聚集，并利用政策影响力更有效率地整合了市场中的其他要素资源。有效的创意产业价值创造生态系统将会自主选择在这种适宜的政策环境下发展壮大。

三、创意产业价值创造生态位环境适应模型

为了进一步说明环境因素下变动的影响，本文在以上五因素和五生态位的基础上构建了创意产业价值创造生态位的环境适应模型。

假设1：将五个环境因素表示为：经济基础 e_a，文化氛围 c_β，法律环境 l_χ，信息技术 i_δ 和政策环境 P_ε。其中，$\alpha\beta\chi\delta\varepsilon$ 分别为各因素的衡量纬度。

生态位 NIC_M 创意者 D，创意生产者 P，消费者 C，创意营销方 M 和媒体中介 I。其中，$m = (D, P, C, M, I)$。设各生态位的生存状态为 Ω_m，可以表示为其自身选择 Y 与外部环境需求因素 F_n 的利润函数：$\Omega_m = \pi(Y, E) = \pi(Y; e_\alpha, c_\beta, l_\chi, i_\delta, p_\varepsilon)$。其中，自身选择 Y 又受到环境供给因素 F 的影响，有 $Y = Y(F) = Y(e_\alpha, c_\beta, l_\chi, i_\delta, p_\varepsilon)$。

假设2：将环境因素的变化称为环境对创意产业价值创造生态位 m 的需求力，简称环境因素需求，表示为 DF_m，为五个环境因素的集合。环境因素的随机变化称作随机需求，表示为 $D\tilde{F}_m$。

$$DF_m = \{De_\alpha, Dc_\beta, Dl_\chi, Di_\delta, Dp_\varepsilon\}$$

假设3：将创意产业价值创造生态位 m 对环境因素变化的反应和对策称为

创意产业价值创造生态位 m 对环境变化的供给力,简称环境因素供给,表示为 SF_m。

$$SF_m = \{Se_\alpha, Sc_\beta, Sl_\chi, Si_\delta, Sp_\varepsilon\}$$

其中,由于环境因素的变化是随机的,所以环境需求 DF_M 和环境供给 SF_M 总是存在差距。当环境因素条件变差,即表示环境因素对创意产业价值创造生态位 m 的需求力变大或称环境压力变大,那么各生态位为了生存就必须调整自身行为以适应环境的变化,这时环境供给或称生态位 m 对环境因素的反抗力变大。环境需求力和供给力不断变化和适应的过程,最终促使两力始终趋向均衡状态:

$$DF_m = SF_m, 即\{De_\alpha, Dc_\beta, Dl_\chi, Di_\delta, Dp_\varepsilon\} = \{Se_\alpha, Sc_\beta, Sl_\chi, Si_\delta, Sp_\varepsilon\}$$

假设 4:当环境因素出现变动,即环境对创意产业价值创造生态位 m 产生压力,称为环境因素出现超需求,表示为:

$$\Delta DF_m = \{De_\alpha - Se_\alpha, Dc_\beta - Sc_\beta, Dl_\chi - Sl_\chi, Di_\delta - Si_\delta, Dp_\varepsilon - Sp_\varepsilon\}$$
$$= \{\Delta De_\alpha, \Delta Dc_\beta, \Delta Dl_\chi, \Delta Di_\delta, \Delta Dp_\varepsilon\}$$

相对环境的超需求表示为:

$$\Delta Df_m = \{\frac{De_\alpha - Se_\alpha}{De_\alpha}, \frac{Dc_\beta - Sc_\beta}{Dc_\beta}, \frac{Dl_\chi - Sl_\chi}{Dl_\chi}, \frac{Di_\delta - Si_\delta}{Di_\delta}, \frac{Dp_\varepsilon - Sp_\varepsilon}{Dp_\varepsilon}\}$$

则定义创意产业价值创造生态位 m 的环境适应性指标为:

$$\Phi_m = \Delta Df_m M \Delta Df_m^T$$

其中,$M = \begin{bmatrix} M_e^\alpha & 0 & 0 & 0 & 0 \\ 0 & M_c^\beta & 0 & 0 & 0 \\ 0 & 0 & M_l^\chi & 0 & 0 \\ 0 & 0 & 0 & M_i^\delta & 0 \\ 0 & 0 & 0 & 0 & M_p^\varepsilon \end{bmatrix}$ 为适应性指标权重矩阵,M_e^α 为 m 生态位的经济基础分量影响因素适应性权重对角阵,其他类似。

根据以上假设,创意产业价值创造的各生态位为了充分适应环境的变化达到最佳生存状态,可以采取以下两种策略:

策略一:在一定的适应度下追求最大生存水平:

$$\max \Omega_m = \pi(Y; Se_\alpha, Sc_\beta, Sl_\chi, Si_\delta, Sp_\varepsilon)$$

$$St: \begin{cases} \Delta Df_m M \Delta Df_m^T \leq \Phi_m^0 \\ Y = Y(De_\alpha, Dc_\beta, Dl_\chi, Di_\delta, Dp_\varepsilon) \end{cases}$$

策略二：在一定的生存水平下追求最大的适应程度：

$$\min \Omega_m = \Delta Df_m M \Delta Df_m^T$$

$$St: \begin{cases} \Omega_m = \pi(Y; Se_\alpha, Sc_\beta, Sl_\chi, Si_\delta, Sp_\varepsilon) \geq \Omega_m^0 \\ Y = Y(De_\alpha, Dc_\beta, Dl_\chi, Di_\delta, Dp_\varepsilon) \end{cases}$$

第三节 价值捕获、流动与增值

与生态系统类似，创意产业价值创造生态系统模型中有两条重要的链条流动，即物质流和价值流。物质流随着创意产品和服务从生产到销售、消费、评论分解，到形成创意信息进入创意者思想。而价值流相当于生态系统中的能量流，其流动形式、各方捕获价值能力的大小等受到各生态位的价值创造能力、种群间互动关系以及环境因素等多方面影响。在得到以上三方面分析结论的基础上，本节将对创意产业价值创造生态系统的价值流动、捕获与价值增值进行总结和思考。

一、价值获取及条件

首先，根据创意产业价值创造生态位及其形成的种间关系，总结出各创意产业价值创造种群实现稳定创造价值的条件，以及在稳定条件下价值获取能力的变化程度（见表4-6）。可以发现，要求稳定条件为 $\theta > 1$ 的，即要求提供资源方为资源汲取方尽可能地提供资源供养、配合资源汲取的价值创造活动的种群关系（包括创意生产者/消费者⇒创意营销方，创意者⇒创意生产者），以及无条件稳定的（包括消费者⇒创意生产者，创意生产者⇒消费者），其中的资源提供方将强烈的影响资源汲取方的价值获取能力变化，使资源汲取方的价值创造能力产生由无到稳定点最大效益的较大增长；而要求稳定条件为 $0 < \theta < 1$ 的，即要求资源汲取方不应过分依赖其关联种群的资源提供而保持部分独立运作能力的种群关系（包括创意生产者/消费者→媒体中介，媒体中介→创意生产者/消费者，创意营销→创意生产者/消费者），资源提供方对资源汲取方的价值获取能力变化影响相对较弱，但均会对其产生增长效应。

表 4-6 创意产业价值创造种群价值获取能力及条件

创意种群关系	具体包含关系	稳定条件	价值获取能力变化
依存共生	创意生产者—消费者	任何条件	$0 \Rightarrow K_P \dfrac{\theta_P + 1}{\theta_C \theta_P - 1}$ $0 \Rightarrow K_C \dfrac{\theta_C + 1}{\theta_C \theta_P - 1}$
独立共生	媒体中介—创意生产者	$0 < \theta_P < 1$	$K_P \rightarrow K_P \dfrac{\theta_P + 1}{1 - \theta_P \theta_I}$
		$0 < \theta_I < 1$	$K_I \rightarrow K_I \dfrac{\theta_I + 1}{1 - \theta_P \theta_I}$
	媒体中介—消费者	$0 < \theta_C < 1$	$K_C \rightarrow K_C \dfrac{\theta_C + 1}{1 - \theta_C \theta_I}$
		$0 < \theta_I < 1$	$K_I \rightarrow K_I \dfrac{\theta_I + 1}{1 - \theta_C \theta_I}$
非完全独立共生	创意营销方—创意生产者	$0 < \theta_P < 1$	$K_P \rightarrow K_P \dfrac{1 - \theta_P}{1 - \theta_P \theta_M}$
		$\theta_M > 1$	$0 \Rightarrow K_M \dfrac{\theta_M - 1}{1 - \theta_P \theta_M}$
	创意营销方—消费者	$0 < \theta_C < 1$	$K_C \rightarrow K_C \dfrac{1 - \theta_C}{1 - \theta_C \theta_M}$
		$\theta_M > 1$	$0 \Rightarrow K_M \dfrac{\theta_M - 1}{1 - \theta_C \theta_M}$
捕食	创意者—创意生产者	$\theta_P > 1$	$K_P \Rightarrow K_P \dfrac{\theta_P - 1}{1 + \theta_P \theta_D}$ $0 \rightarrow K_D \dfrac{\theta_D + 1}{1 + \theta_P \theta_D}$

二、价值流动与增值

根据创意产业价值创造生态种群价值获取能力及条件，结合影响创意产业价值创造的环境因素，本节试图将其中的价值流动方向、增值力量大小、每个生态位的价值捕获点以及环境影响因素作用进行直观的整体表达（见图4-3）。

第一，关于价值流动的方向和大小。各价值创造生态位之间都存在价值流动，价值流动增值力量的大小由生态位种群之间的相互作用决定。图中"⇒"表示价值增值大的作用力及其流动方向，"→"表示价值增值小的作用力及其流动方向。其大小如表4-6中所表示。另外，价值流与物质流的流动轨迹类似，并推动了物质流的循环。沿着物资流动方向，物资流量减少，价值流量增加。

第二，关于每个生态位价值捕获点：创意者为创意生产者积极提供的创新思想、知识及创意是创意产业生态系统价值增值的源泉，创意生产者初次捕获价

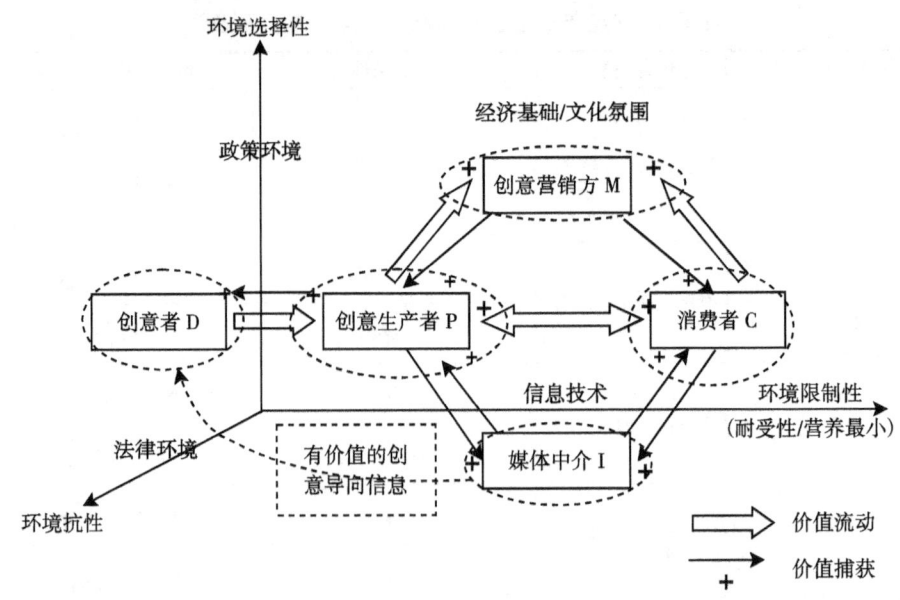

图 4-3 创意产业价值创造生态系统价值流动与捕获

值,并由于其给予创意者的报酬使创意者捕获价值;之后创意生产者与消费者之间进行无限制的价值互换,创意生产者二次捕获价值,消费者初次捕获价值;如果创意生产者与消费者积极的配合营销行为,将使创意营销方实现二次价值捕获,同时给予二者较小的价值增值力量反馈,使创意生产者三次捕获价值,消费者二次捕获价值;媒体中介相对独立于创意生产者与消费者,但两两间的独立共生关系促使其互相具有力量较小的价值增值作用,使媒体中介实现二次价值捕获,创意生产者四次捕获价值,消费者三次捕获价值。

总体来说,在各价值创造生态位种群的互动中,创意生产者实现四次价值捕获,消费者三次,媒体中介和创意营销方各两次,创意者一次。值得注意的是,虽然价值捕获的次数与其大小不成正比,但价值捕获次数越多说明其与其他生态位联系性越强,则增加了其扩大价值捕获量的可能性;同时,由于核心价值的创造者更易为溢价获得者,作为源泉的发起创意者本应更易获得溢价,但其种群互动关系决定了其价值捕获次数较少,所以造成了创意者或获取高额回报(如哈利·波特的作者 J.K.罗琳),或贱卖创意(如生产者自身成立的创意部门工作者)的两极不确定现象。这归根结底是由创意者与创意生产者之间的互动关系决定。

第三,环境因素根据其选择性影响、抗性影响和限制性影响构成三维影响空间,五个因素分别处于其对应的纬度。经济基础和文化氛围处于选择性影响和限制性影响纬度平面，政策环境处于选择性影响纬度，法律环境处于抗性影响纬度，信息技术处于限制性影响纬度。这些因素作用并影响每个生态位及其构成的种群行为，对其价值流和价值增值大小产生不同影响。另外，由媒体中介分解出的有价值的创意导向信息实际上也是环境因素的一部分，它可能形成文化倾向，促使相关法律、政策和技术的推进等，所以有价值的创意导向信息可以看作一种特殊的环境因素。

第四节　案例研究：苹果公司价值创造生态系统分析

苹果公司是一个成功将创意设计、科技及营销完美结合的例子。苹果公司凭借 iPod、iPhone 以及 iPad 等多款产品的成功推出，2013 年公司市值在 4000 亿美元上下浮动，位居全球市值第一上市公司。其成功秘诀之一就是苹果公司以 App Store 平台为核心构建了一个互动良好的创意产业价值创造生态系统：苹果公司作为创意企业主导了核心产品的设计和生产发售，同时其开发的 App Store 平台吸引了大量的第三方软件开发者作为创意阶层为消费者提供应用程序的下载更新消费，App Store 不仅为创意阶层、创意企业创造了利润，而且吸引了更多的消费者并增加了消费者的忠诚度，从而反过来进一步加强了苹果产品的消费。同时各种类型营销中介通过参与核心产品销售和软件下载进一步促进产品销售并获取价值。苹果公司借助媒体树立了高端、时尚、创意的品牌形象，衍生出了一批忠实的品牌拥护者，同时媒体又汲取消费者的评价和反响为苹果产品的进一步设计和 App Store 软件设计提供了丰富的信息。这样以创意企业苹果公司为核心，以 App Store 进一步连接第三方创意阶层和消费者，加之营销方运营中介服务力量和媒体的宣传和反馈力量，构建成苹果独特的创意产业链结构（见图 4-4）。

一、苹果公司价值创造生态系统主要生态位识别

（1）创意生产者：苹果公司。其生产的 iPhone 为这个价值创造生态系统中的核心产品。iPhone 本身即属于一款创意产品，首先它已经不仅仅是一款具有创意外观的通信设备，而且在工业设计上显示出了新的创意。它是一款可玩性极强的终端，不仅完美地集成了 iPod，采用全触摸屏的设计，而且还在机身中加入了光

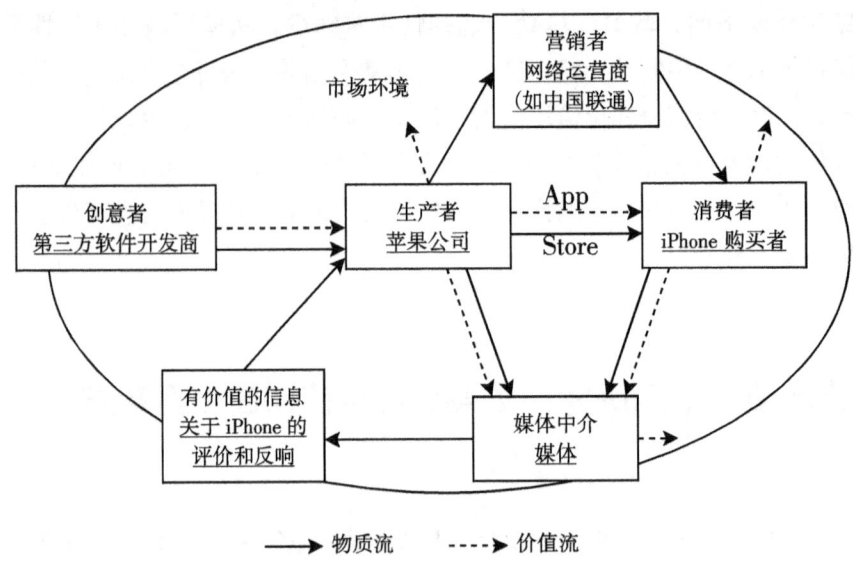

图 4-4　苹果公司价值创造生态系统

线感应器、重力感应器、加速感应器等传感器，极大地提高了终端的可玩性。另外，iPhone 相对于传统手机最大的创意点在于其内置的 App Store，支持用户自主下载应用程序。App Store 的软件销售模式彻底变革了原有的手机软件销售模式——从厂商预装转变为自由销售，使顾客可以按照个性化需求在购买手机后自由安装购买所需软件。实际上，iPhone 硬件的销售所带来的利润占苹果公司利润的大部分。例如，2008 财年仅仅从 iPhone 手机一项上，苹果公司收入了 108 亿美元（非基于会计准则计算出来的利润）。

（2）创意者：iPhone 价值创造生态系统中的创意者不仅包括 iPhone 本身的外观及工业设计者，而且包括 App Store 平台链接的大量的第三方软件设计开发者。开发者既有大型软件开发公司，也有单打独斗的程序员。他们只需交 99 美元，就可以成为苹果 App Store 的开发者，并可以无限量地把自己的软件作品放到该商店中对应用自行定价，每卖出一份下载，苹果公司会得到利润的 30%，开发者得到 70%。据统计，苹果 App Store 现有约 13700 名开发者，每天平均可以提供近 300 个新应用。这使得大量的软件设计创意者有机会以极低的门槛获得一个展示创意的平台，并有机会建立一个直接联系消费者的销售平台，并同时获得消费反馈的有利于下一步创意的信息。

（3）创意营销方：iPhone 的营销方式主要包括运营商订制和开放渠道两种。开放渠道一般会自上而下根据销售历史、市场覆盖率和 iPhone 产品特点筛选独立的分销商、大规模零售店和普通零售店；运营商订制主要选择区域中 3G 网络技术成熟、具备互联网通道控制权的运营商捆绑销售，这种模式不仅保证了营销方在部分硬件销售价值上的捕获，并其使其参与了并主导了部分软件销售价值的捕获。另外，苹果还设立了"苹果专卖店"，主要作用作于增加顾客的体验和展示产品，属于典型的强力品牌营销。

（4）媒体中介：媒体的宣传对于 iPhone 的成功起到了非常重要的作用。苹果公司借助媒体树立了高端、时尚、创意的品牌形象，不仅衍生出了一批忠实的品牌拥护者，而且使人群中产生了将拥有苹果产品作为一种时尚标志的潮流。实际上，根据 General Sentiment 公司日前发布的媒体价值报告显示，苹果公司已经连续 3 个季度蝉联品牌榜冠军，在 2010 年共产生了 45 亿美元的"媒体价值"（按照企业过去 3 个月内，在新闻、社交媒体以及 Twitter 中被提及的次数，依据每条信息的影响和价值逐一评分得出）。另外，由于 iPhone 本身便是一种传播媒介的原因，各媒体纷纷在 Appstore 或 iTune 上推出自有软件，这使得媒体和创意生产者之间的合作更加紧密。

（5）消费者：iPhone 价值创造生态系统中的消费者在 iPhone 产品创意、营销利益驱动或者媒体宣传的影响下实现一次性的硬件消费后，使创意生产者苹果公司以及营销方等首次实现价值捕获。之后 iPhone 内置的 App Store 是用户下载应用程序的唯一通道，消费者将通过使用 App Store 不断地下载更新应用程序，在消费者使用 iPhone 的过程中将为创意生产者苹果公司、创意者软件开发方以及营销方实现二次价值捕获。

二、苹果公司价值创造生态系统内部关系及价值获取

结合前文对创意产业价值创造生态系统内部关系的研究，进一步分析苹果公司内部互动关系：

（1）苹果公司和其产品购买者相互依存共生。苹果公司不断推出的系列创意产品是其吸引消费者的源泉，也正是有了大量"果粉"及欣赏苹果产品的消费者存在，才促使苹果公司由一家一度濒临破产的公司成长为今天全球市值第一的公司。

（2）媒体和苹果公司及苹果消费者休戚相关，但各自拥有独立的发展空间。苹果公司借助媒体树立了高端、时尚、创意的品牌形象使人群中产生了将拥有苹果产品作为一种时尚标志的潮流。消费者对苹果产品的评价在网络、软件评价等

媒体介质上的反馈正是促使苹果产品不断推陈出新的动力。同时，媒体对苹果产品及其消费者的评论仍是相对独立公正的，如近年来针对其创新力下降、产品服务限制等问题的报道频频出现。正是两者的独立共生关系将促使苹果公司不断向前和购买者的理性消费，使两者均获得最大收益。

（3）苹果产品利用营销中介促销但不完全依赖于营销中介的销售模式效果显著。苹果的营销中介主要包括运营商订制和开放渠道两种。这些营销中介均以苹果公司的产品供给、售后维修为基础，为促进苹果产品销售提供了多样化和直观的途径。但苹果产品并不完全依赖营销中介，自身也有直接销售途径，如支持网站直接订购或定制，并专门设立了"苹果专卖店"，不仅能够摆脱对营销中介依赖，并能更大程度增加顾客的体验和展示产品。

（4）创意阶层和苹果公司通过 App Store 软件销售模式共同获得收益。苹果公司通过内置的 App Store 软件销售模式，链接的大量的第三方软件设计开发创意阶层作为其强大的创意源泉，实现了创意养分的最大化汲取。这最大限度地挖掘了存在于大众中的创意和灵感，使每个人都有机会成为创意阶层并有一个展示创意的平台，并有机会直接获得消费者的信息反馈和收益，进行形成良性的创意循环。

总之，在 iPhone 价值创造生态系统中，苹果公司作为创意生产者主导了核心产品 iPhone 的设计和生产发售，同时其开发的 App Store 平台吸引了大量的第三方软件开发者为消费者提供应用程序的下载更新消费，App Store 不仅为创意者、创意生产者创造了利润，而且吸引了更多的消费者并增加了消费者的忠诚度，从而反过来进一步加强了核心产品 iPhone 的消费。同时营销方特别是运营商通过参与核心产品销售和软件下载进一步促进 iPhone 销售并获取价值。媒体将苹果文化最大化，树立了苹果品牌形象，也进一步加强了 iPhone 的价值实现。这样以创意生产者苹果公司为核心，以 App Store 进一步连接第三方创意者和消费者，加之营销方运营商的网络服务力量和媒体的品牌宣传力量，构成了一个具有巨大价值创造能力的 iPhone 价值创造生态系统。各方之间相互作用协作共生，最后实现价值获取。

第五章
国际典型区域创意产业价值创造生态概览与比较

依据创意产业价值创造生态系统构建模型及其生态位、外部环境要素等理论基础，本章将重点介绍美国、英国、澳大利亚以及中国的创意产业价值创造生态体系，实现创意产业典型发展区域的国际比较，总结可借鉴的国际经验与做法。

第一节 美国版权产业价值创造生态概览

一、美国创意产业发展概况

（一）发展沿革

美国一般用"版权产业"指代创意产业，指那些主要目的是为了生产或发行版权产品的产业，由"核心版权产业"（Core Copyright Industries，是指那些完全从事创作、制作和制造、表演、广播、传播和展览或销售和发行作品及其他受保护客体的产业）、"部分版权产业"（Partial Copyright Industry，是指那些专门从事制作、制造和销售其功能完全或主要是为了作品及其他受版权保护客体的创作、制作和使用提供便利的设备的产业）、"非专用支持产业"（Non-dedicated Support Industries，是指这些产业中的部分活动关系到促进作品和其他受保护内容的播放、传播、发行或者销售,其活动没有包含于核心版权产业)、"相互依赖的版权产业"(Interdependent Industries,是指从事设备的生产、制造和销售,这种设备的功能全部或主要是促进作品和其他保护内容的创造、生产或使用)四个部分构成。

早在1959年,美国就发表了《美国版权产业的规模》研究报告,揭开了国际上重视版权产业研究的序幕;自1977年已经开始进行系统的、定期的版权产业状况调查;从1990年起,美国国际知识产权联盟(IIPA)第一次发布《美国经济中的版权产业》报告,迄今为止已经发表了14期;从2004年的第十份报告开始,美国开始采用世界知识产权组织关于版权产业的分类标准,即按照核心版权产业等四个分类对版权产业经济贡献进行统计。

(二)主管机构

美国联邦政府在版权产业的管理上并没有设立相应的负责部门,也没有制定统一的文化政策和发展计划,其主要对公益性强、弱势族群等文化进行扶持和协助。美国联邦政府于1997年成立了"政府主管的国家交流培训项目跨部门管理工作小组",协调涉及42个联邦政府部门或机构、年度经费10亿美元以上的政府文化交流项目。在旅游服务方面,美国内务部国家公园服务局,负责管理全国30多家国家公园,向公众提供旅游服务和相关教育项目。在文化艺术方面,联邦政府为大量文化组织机构和组织的运行提供支持,其中包括博物馆图书馆科学学会、史密森学会、国家植物园等。此外,美国州和地方政府一般都设有艺术理事会,作为其直属办事机构,负责审批文化拨款项目,保证艺术家、艺术组织和公众在计划实施过程中的广泛参与。

根据美国垄断法的要求,美国版权集体管理组织采取竞争型分散的管理模式,一个领域内有多个机构相互竞争。从组织性质来说,主要分为两种类型:①非营利性组织,以美国作曲家、作词家和出版商协会(American Society of Composers, Authors and Publishers, ASCAP)和版权结算中心(Copyright Clearance Center, CCC)等为代表;②营利性组织,以广播音乐公司(Broadcast Music Incorporated, BMI)和欧洲戏剧作家与作曲家团体(简称SESAC)等为代表。各团体为了在自由竞争体制下求生存,往往采取最有效的运作方式,以吸引更多权利人的加入,并减少成本支出,从而使得著作权人利益得到最大保障。

二、美国版权产业价值创造生态系统概览

(一) 创意人才

根据 2013 年发布的《美国经济中的版权产业》报告数据显示,2009 年美国核心版权产业就业人数 5178100 人,占全美就业总人口的 3.96%。到 2012 年,这个数字上升了 221000 人,到达了 5399100 人,占全美就业总人口的 4.04%。2009 年美国版权产业总就业人口超过 108 万人,到 2012 年这一数字达到 111.7 万人,上升 2.8%。同一时期,全美就业人数由 2009 年的 13085 万人增加到 2012 年的 13373 万人,上升 2.1%。可以看出,版权产业的就业人数呈现不断上升的态势,并且上升的速度快于就业总人口的上升速度(见表 5-1)。

表 5-1 2009~2012 年美国(核心)版权产业就业人数及比例

年份	2009	2010	2011	2012
核心版权产业就业人数(千人)	5178.10	5202.90	5296.90	5399.10
美国总就业人数(千人)	130859.00	129911.10	131499.80	133736.20
比例(%)	3.96	4.00	4.03	4.04
年份	2009	2010	2011	2012
版权产业就业人数(千人)	10818.50	10776.90	10944.10	11170.90
美国总就业人数(千人)	130859.00	129911.10	131499.80	133736.20
比例(%)	8.27	8.30	8.32	8.35

资料来源:Copyright Industries in the U.S. Economy: The 2013 Report is the fourteenth report on the U.S. copyright industries prepared for the International Intellectual Property Alliance (IIPA) since 1990. 以下表 5-3,图 5-1,图 5-2,图 5-3 资料来源同此。

从版权业人才的薪酬上来看,2009~2012 年核心及整体版权业从业人员薪资均处于上升状态。2012 年核心版权产业就业人员平均年薪资达到 85643.9 美元,比美国平均年薪高近 33%;整体上版权产业就业人员平均年薪达到 75925.9 美元,比美国平均年薪高近 18%。实际上,这样的高薪资比例从 2009~2012 年基本稳定(见表 5-2)。

表 5-2 2009~2012 年美国(核心)版权产业就业人员薪资水平

年份	2009	2010	2011	2012
核心版权产业薪资($)	78199.80	80102.70	82950.50	85643.90
全美薪资($)	59661.00	61360.20	63143.00	64593.60
比例(%)	1.31	1.31	1.31	1.33

续表

年份	2009	2010	2011	2012
版权产业薪资（$）	69600.30	71426.30	73929.00	75925.90
全美薪资（$）	59661.00	61360.20	63143.00	64593.60
比例	1.17	1.16	1.17	1.18

同时，美国非常重视创意人才的培养和吸纳，以保障产业后劲。美国文化创意产业界千方百计培养吸纳和重用来自全球的文化艺术人才。除文化艺术门类教育之外，全美已有30所大学开办了艺术管理专业，建立拥有本科生、硕士生和博士生在内的文化创意人才培养机制。

（二）创意生产

2002~2013年，除受2008~2009年金融危机影响，版权产业增加值有所下降外，其余均呈逐年上升之势。美国核心版权产业的增加值从2002年的6686.7亿美元增至2012年的10156亿美元，每年核心版权产业增加值所占GDP比重的平均值为6.39%。美国全部版权产业的增加值从2002年的11579.1亿美元增至2012年的17650亿美元，版权产业增加值占GDP比重的平均值为11.08%（见图5-1）。

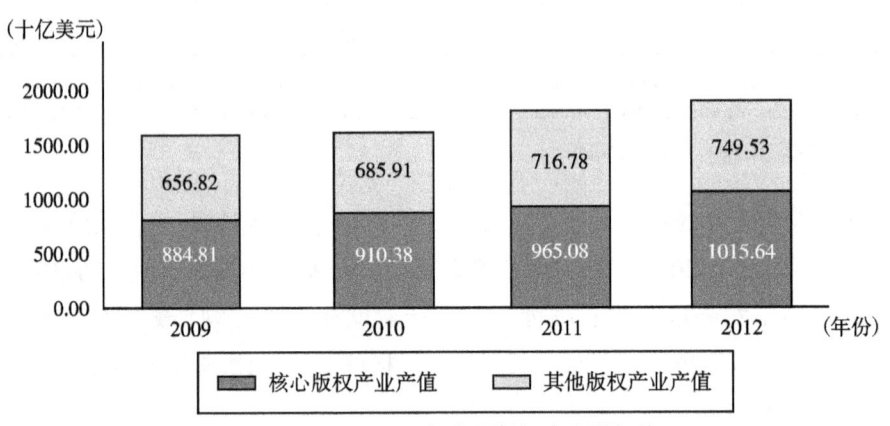

图5-1　2009~2012年美国版权产业增加值

四类版权产业的增加值比例不同。就2012年数据来说，核心版权产业增加值为10156亿美元，占整个版权产业增加值的57.5%；非专用支持版权业增加值为3602亿美元，占整体的20.4%；依赖性版权产业增加值为3514亿美元，占整体的20%；部分版权产业增加值为379亿美元，仅占整体的2.1%（见图5-2）。

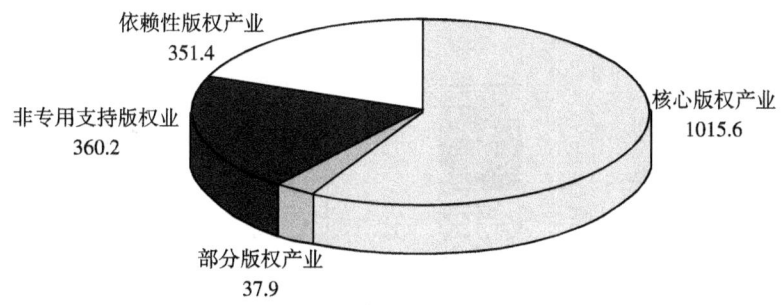

图 5-2 四类版权产业增加值（Billion $）

版权产业增加值与同时期的其他行业相比具有明显的优势。例如，2012 年版权产业总产业增加值为 17652 亿美元，是建筑产业增加值（5587 亿美元）的 3 倍，比金融与保险业增加值（12423 亿美元）高约 40%（见表 5-3）。

表 5-3　2011~2012 年版权产业与其他产业增加值比较（Billion $）

年份	2011	2012
核心版权产业增值	965.10	1015.60
版权产业增加值	1681.90	1765.20
联邦政府增加值	658.10	668.30
州及地区政府增加值	1335.80	1357.90
建筑业增加值	529.50	558.70
健康与社会保障增加值	1136.90	1164.80
金融与保险业增加值	1159.30	1242.30

（三）创意消费

美国的创意产品和服务消费主要面对的是国际市场，所以版权产品的国际消费就成为其最重要的组成部分。以报纸书籍等出版物、音乐、电视广播与电影以及计算机软件四类为例，2009 年四类版权产品的国际消费收入约为 1292 亿美元，2012 年上升到 1420 亿美元，消费增长约 10%。其中计算机软件的消费比例最大（见图 5-3）。

（四）营销市场

美国作为市场经济发展的最前锋，其营销市场在模式和合理念上引领着世界营销模式潮流。美国自 1900 年至今经历了 7 次营销模式改革浪潮，从营销网络、定制营销、绿色营销、纯粹营销、政治营销、营销决策支持系统等营销模式，到互联网兴起后数据库营销、知识营销等新概念的提出，无一不体现了美国在营销

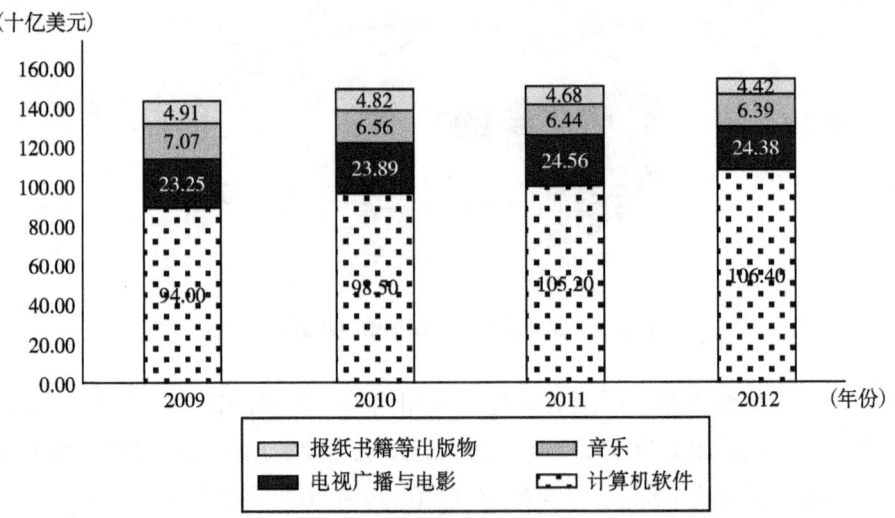

图 5-3 2009~2012 年美国四类主要版权产品国际消费额

市场上的不断发展。

美国在营销体量上也相对发达。举例来说，2013 年 10 月，美国经季节调整后的月零售业（含汽车，不含餐饮业）总额为 3827.0 亿美元，比危机以来最低值（2009 年 4 月，2947 亿美元）上升 29.8%。2008 年 7 月危机爆发以来，美零售业受到重大冲击，但恢复迅速，于 2011 年 4 月（3422 亿美元）已恢复到危机前最高（2007 年 11 月，3406 亿美元）水平；2013 年 10 月，美国经季节调整后的月批发业（含库存，不含制造厂商及其机构销售）总额为 4353 亿美元，比危机以来最低值（2009 年 3 月，2977 亿美元）上升 46.2%。2008 年 7 月危机爆发以来，美国批发业受到重大冲击，但恢复迅速，于 2011 年 5 月（3888 亿美元）已恢复到危机前最高（2008 年 6 月，3872 亿美元）水平[①]。

（五）媒体中介

美国传媒行业经历了三大发展阶段：1935~1945 年这一阶段广播电台的蓬勃发展，报纸业被挤压；随后 1951~2000 年，广播电视产业的发展导致了广播电台和报纸市场份额的持续下跌；进入 2000 年以后，互联网和有线电视等新媒介显然以更快的速度崛起，2006 年报纸在整体媒介市场地位雪崩，互联网媒介发展速度急速上升。

---

① 资料来源：中华人民共和国商务部网站，http://www.mofcom.gov.cn/article/i/dxfw/nbgz/201312/20131200437389.shtml。

据《2013全球传媒发展报告》数据指出，目前美国传播业的各个行业均位居全球之首，其中电信收入近2979亿美元，超过其他国家整个传播业的收入。同时，美国其他产业收入也是最高的，电视为1601亿美元，遥遥领先于其他国家。在数字新闻的获取上，国内新闻仍是数字新闻消费的主要内容，并且美国人更喜欢商业和经济类新闻；此外，在数字新闻消费平台的选择上，美国网民使用互联网消费新闻的比重已超过电视。

三、美国创意产业价值创造生态系统外部环境概览

（一）经济基础

美国是当今世界最大的经济体，2013年国内生产总值为16.2万亿美元，居世界第一位，约占世界经济GDP总量的1/4。美国是世界第二大贸易国，世界第二大出口国，世界最大进口国。美国经济呈现出显著的混合经济体特征：大多数微观经济决策由公司和私人企业做出；政府则以法律法规、财税政策、货币政策等方式对经济进行干预或宏观调控，并在基础研究、教育、社会安全保障等领域提供资助或服务。

美国的服务业，特别是金融业、航运业、保险业以及商业服务业占GDP的比重最大，全国3/4的劳力从事服务业，而且处于世界领导地位。纽约不仅是美国第一大城市和经济中心，更是世界数一数二的金融、航运和服务中心。教育是美国最重要的经济产业之一，每年吸引不少来自世界各地的留学生慕名前来求学，也为此吸纳了不少人才。

（二）文化氛围

美国是个移民国家，决定了包容性成为其文化的重要特点。美国开放性的移民文化为各种文化观念的撞击创造了条件，包容性反过来成为文化促进创新的重要条件。开放包容的文化氛围，以及人才类型丰富、学术氛围浓厚的大学及科研机构为美国经济注入了源源不断的创新动力。

此外，美国文化强调个人价值，追求民主自由，崇尚开拓和竞争，讲求理性和实用。美国公民普遍认为个人进步是自我价值实现的主要标志。个人主义有利于创新精神的弘扬，它给人以机会，赋予自由，鼓励多样性，从而推动和促进了美国科技创新的发展。科研创造性活动及创造性成果的出现，也体现了他们个人价值的实现。

在以开放、多元、冒险、包容的文化特征在全球吸引大批创新精英的同时，

美国数量众多、各具特色的文化艺术机构为普通公民提供了丰富的精神大餐，也成为了文化创意产业的活跃力量。除了百老汇的音乐剧团等少量团体属于商业机构外，美国文化艺术业大都属于非营利性机构。据统计，这些非营利性文化艺术产业每年直接或间接拉动的经济效益为369亿美元，提供130万个就业机会。另外，美国50个州被划分为六大地区，每个地区都有一个非营利性的跨州艺术组织，包括美国西部艺术联合会、美国中部艺术联盟、美国中西部艺术联盟、新英格兰艺术基金会、大西洋中部艺术基金会和美国南部艺术联合会。各艺术组织实施的项目有所不同，但目标都是为了繁荣本地区的文化艺术事业和扩大同地区外的交流。

以美国的表演艺术市场为例，演出活动主要是在演出经纪公司、表演团体或个人、剧场或演出协会三方之间形成的。演出经纪公司是美国演出市场的重要枢纽。据统计，全美共有演出经纪公司千余个，哥伦比亚艺术家经纪公司、ICM艺术家经纪公司等大公司占据了主要的演出市场。另外，美国约有1400个交响乐团，洛杉矶一市就有20个之多。最著名的乐团有纽约交响乐团、波士顿交响乐团、芝加哥交响乐团、华盛顿国家交响乐团、克利夫兰交响乐团、旧金山交响乐团等。美国有星罗棋布的剧场和演艺中心。据不完全统计，美国全国有大大小小的文化中心、艺术中心、演艺中心、戏剧中心、娱乐中心等可供演出的场所多达2000个，著名的有肯尼迪演艺中心、林肯演艺中心、迪斯尼世界和迪斯尼乐园等。美国许多大学的剧场也具备演出的条件，且设备完善。这些不同类型的文化单位共同组建成美国的创意产品与服务的营销市场。

（三）法律环境

在美国，对知识产权的法律保护由来已久。1789年开始实施的《宪法》第一章第八条第八款指出，国会有权"保障著作家和发明人对各自的著作和发明在一定的期限内的专有权利，以促进科学和实用艺术的进步"。此后，美国又先后制订了《专利法》、《商标法》、《版权法》、《反不正当竞争法》、《互联网法》和《软件专利》。目前，美国已经建立了全球最完善的版权保护体系。

除健全的法律体系外，美国联邦政府设置了涉及诸多机构的管理体系，其主要职能是负责知识产权的事务性工作以及新技术的推广和转让。例如，按照功能分类，联邦知识产权管理机构分两类，第一类是行政主管机关，如美国专利商标局负责专利和商标的受理、审查、注册或授权、公开等；美国著作权局负责著作权的登记和管理；美国商务部负责国有专利的推广。其他政府机构也拥有各自的专利管理部门，有权以本机构的名义从事专利的申请、维护以及许可转让等工作。此外，国家技术转让中心作为联邦政府支持的、规模最大的知识产权管理服务机构，负责协调知识产权的相关资讯和促进技术转让事务。第二类是特别设立的、与科技法律有关的机构，如国会研究服务署、会计署、科技评估室、国会预算室。另外，美国各地有数百名专利代理人，他们对新技术进行认证并在潜在的买卖双方之间充当桥梁作用，以促进技术转让。

美国是把知识产权保护与文化产业发展紧密结合起来并取得巨大成功的典型代表。凭借健康的法制环境、健全的法律机制，美国在文化产业发展的知识产权保护上，不断根据发展的需要，持续优化现有的《版权法》和《专利法》。知识产权保护的法律体系演进呈现如下四个特征：首先，保护范围越来越广，如相继出台了适应时代发展的《跨世纪数字版权法》、《电子盗版禁止法》，并把版权保护意识延伸到国外，积极推动全球知识产权保护的 TRIPS 协议，保护美国版权在全球的竞争能力。其次，保护程度越来越严，如制定出《优化知识产权法案》等。再次，保护期限不断延长，个人著作权保护期从死后 50 年延长至 70 年，然后又延至 75 年。公司版权保护期从 75 年延长到 95 年。最后，修改频率越来越高，以《版权法》为例，美国根据现实情况不断优化完善，修改了近 50 次。

（四）信息技术

美国是全球电子信息产业和技术的领导者，拥有一批诸如微软、IBM、英特尔、甲骨文、思科、苹果、谷歌、戴尔等知名企业。美国在软件和集成电路行业长期处于垄断地位，在操作系统、数据库、开发工具等核心软件在全球市场的占有率高达 80%。在通用处理器、高端网络芯片、高端模拟芯片和可编程逻辑芯片、半导体加工设备等集成电路产品和设备全球市场中处于领先地位。2011 年，美国电子信息产业发货金额为 4899.4 亿美元，同比增长 2.2%，占美国制造业发货金额的 9.1%。

（五）政策环境

美国在版权保护和版权产业的发展方面创造了良好的政策环境。主要表现在：其一，版权保护范围不断扩大。如最初的版权保护仅限于书籍、地图、海图、期刊，1978 年扩大到所有通过智力劳动所创作出的、具有独创性的作品，20 世纪 90 年代，为顺应信息技术、网络技术发展的要求，美国进一步将版权的保护范围扩大到数字作品、网络作品。其二，版权保护的期限不断延长。最初的版权保护期限是从作品发表之日起 14 年，之后经过多次政策修改，到 1998 年，美国已把版权期限延长至作者死后 70 年。其三，对版权侵权的刑事处罚力度不断加大。从 1897 年首次引入版权侵权的刑事处罚，发展到 20 世纪 90 年代，版权侵权范围已扩大到某些重罪范围。其四，逐步融入国际主流版权保护体系。例如，在美国的推动下，联合国教科文组织出面组织起草了《世界版权公约》，1952 年获得通过。1955 年美国加入了《世界版权公约》，1989 年正式加入《伯尔尼公约》；并且，美国在版权保护方面主导全球版权保护立法，扩大保护范围，提高保护标准，以顺应美国版权产业海外扩张需要。例如，1994 年签订的《与贸易有关的知识产权协议》（TRIPS）为国际贸易中的知识产权保护确立了新的标准，将全球版权保护提高到了一个新水平。此外，为顺应信息技术和网络技术迅速发展的需要，美国主导和推动世界知识产权组织在 1996 年通过了《世界知识产权组织版权条约》和《世界知识产权组织表演和录音条约》，目的在于确保美国版权产业能在 21 世纪继续繁荣发展。

第二节　英国创意产业价值创造生态概览

一、英国创意产业发展概况

（一）发展沿革

英国是工业革命的故乡，一度成为以制造业为主的"世界工厂"，19 世纪时其制造业居世界首位。从 20 世纪初开始，特别是"二战"以后，由于受到国内市场规模及人口数量的制约以及外国同行的激烈竞争，英国的传统工业，如制造、加工等产业日趋萎缩，开始走下坡路。英国经济增长乏力，产生了被称为世界经济中的"英国病"现象，1998 年制造业居经济合作与发展组织国家的第五位。经济上的衰落，引起英国国内政局动荡，劳资纠纷、罢工运动此起彼伏。为了改变这种困境，1997 年英国新工党执政后，时任英国首相布莱尔在《文化与创新：未来十年的规划》序言中开宗明义："本届政府意识到，文化与创新对于这个国家是至关重要的"，随后政府创设英国文化、媒体和体育部（DCMS），内设英国创意产业特别工作小组（CITF），并第一次正式提出创意产业（Creative Industries）概念。

1998 年和 2001 年，英国文体部两次发表创意产业纲领文件（Creative Industries Mapping Document），提出创意产业发展战略；2005 年，文体部发布《创意经济计划》（The Creative Economy Program），为创意发展产业建立一个更好的政策框架；2006 年文体部又公布《英国创意产业竞争力报告》（《Comparative Analysis of the UK's Creative Industries》），将创意产业分类为三个产业集群：生产性行业（Production Industries）、服务性行业（Service Industries）、艺术品及相关技术行业（Arts and Crafts Industries）。经过 10 多年的努力，如今创意产业在英国已成为与金融服务业相媲美的支柱性产业，并一直为英国经济提供源源不断的强大推动力，为英国的社会发展做出了巨大贡献。

值得注意的是，目前英国将创意经济（The Creative Economy）与创意产业（The Creative Industries）分类进行统计。创意产业的统计口径仅包含其指定为创意行业的部门（见附录 1）；创意经济的统计口径除了包含指定的创意行业部门，还包括一些非创意行业的创意职位（见附录 2）。

（二）主管机构

英国创意产业是典型的政府推动型，其主管机构是 1997 年布莱尔当选英国首相专门成立的"创意产业工作组"，布莱尔亲自担任小组主席。创意产业工作小组下属于英国文化、媒体和体育部（DCMS），其成员包括外交部、文化委员会、财政部、贸易工业部、教育和就业部、北爱尔兰事务部、妇女部、唐宁街 10 号政策研究室、科学和技术部的高级官员以及文化企业公司的负责人和社会知名人士。另外，英国的文体部还专门设立了创意产业分部，通过塑造与提升创意产业的形象，帮助该产业充分挖掘自身经济潜力。1998 年英国成立了创意产业出口推广咨询小组，主要研究政府如何支持从事创意产业的企业开拓出口市场，并就如何改善政府的扶持提出建议。这样就形成了还包括文化媒体体育部、贸易工业部、对外贸易部、文化委员会、地方艺术委员会、地方艺术理事会的管理网络系统，形成了一套全球范围内最完善的文化创意产业体系。

与此同时，英国对创意产业的重视与支持迅速扩散至全国各地，各类专业组织应运而生。艺术机构与地方政府纷纷开展合作，成立了许多专业型组织，包括曼彻斯特的创意产业发展服务局，默西塞德郡的艺术、文化与媒体公司，西约克郡的创意产业发展局，南约克郡的 Inspiral 公司，伦敦哈姆雷特堡的文化产业发展推介中心，以及在康沃尔郡新近成立的创意 Kernow 公司等。这些专业组织在 20 世纪 90 年代末开始向企业开放，在创业、融资、经营、人员培训等方面指导创意企业,帮助创意企业实现快速发展。

二、英国创意产业价值创造生态系统概览

(一) 创意人才

根据DCMS 2014年发布的最新《创意产业经济评估》报告数据显示,2012年,创意产业人才(Creative Industries Employment)达到168万人,占全英就业总人口的5.6%,年增长率达到8.6%,比英国整体的就业增长率高0.7%;而2012年英国创意经济人才(Creative Economy Employment)更是达到255万人,即12个职位中就有1个创意职位。下图能够更清晰地展示创意产业人才与创意经济人才之间的关联和分布(见图5-4)。

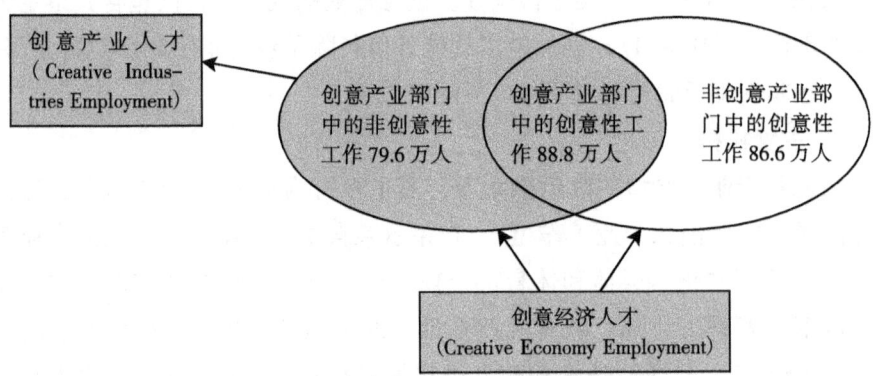

图5-4 创意产业人才与创意经济人才

资料来源:DCMS. Creative Industries Economic Estimates January 2014. 以下表5-4,表5-5,图5-5,图5-6资料来源同此。

在创意经济所有人才中,IT、软件和计算机服务成为创意经济中从业人数最多的部分,约有创意人才79.1万人,占整个创意经济人才的31%;其次广告市场的创意人才约46.5万人,占比约18%;电视电影及广播业、出版业以及音乐表演视觉艺术业从业人员均超过20万人(见表5-4)。

表5-4 2012年英国创意经济各类人才数量

单位:人

创意经济分类	创意产业部门中的支持性工作	创意产业部门中的创意性工作	非创意产业部门中的创意性工作	创意经济人才总数
广告市场	68000	75000	322000	465000

续表

创意经济分类	创意产业部门中的支持性工作	创意产业部门中的创意性工作	非创意产业部门中的创意性工作	创意经济人才总数
建筑	34000	55000	30000	120000
工艺制作	4000	3000	95000	102000
设计：产品、形象与时尚设计	43000	73000	50000	166000
电影、电视、音响、广播与摄影	92000	146000	28000	266000
IT、软件与计算机服务	316000	242000	233000	791000
出版业	104000	119000	32000	255000
博物馆、艺术馆与图书馆	68000	18000	22000	108000
音乐、表演与视觉艺术	66000	158000	53000	277000
职位数合计	796000	888000	866000	2550000
全英职位数合计	—	—	—	30150000
比例	—	—	—	8.5%

（二）创意生产

依据文化媒体体育部历年统计数字，从1997~2004年，英国经济平均每年增长3%，而创意产业平均每年增长5%。有3个行业年增长率超过平均值：软件、电脑游戏和电子出版（9%），广播和电视（8%），艺术品与古玩（7%）；从2008年到2012年，创意产业平均年增长3.9%。除了出版业（1.3%）低于平均增长率外，其他各行业均高于平均增长率，其中设计业（8%）、工艺（6.8%）和广告（6.6%）的增长率较高。

至2012年，创意产业增加值达到714亿英镑，占全英国民增加值的5.2%。比2008年产值总体增长15.6%，是同期英国经济总体增长率（5.4%）的近三倍，是仅次于房地产业的增长最大的行业。2008~2012年各子行业增加值详细如表5-5所示。

表5-5　2008~2012年各子行业增加值

单位：百万英镑

创意经济分类	2008年	2009年	2010年	2011年	2012年
广告市场	8347	6967	6840	8099	10229
建筑	3565	3205	2638	3223	3491
工艺制作	195	218	268	266	248
设计：产品、形象与时尚设计	1856	1886	2049	2504	2491

续表

创意经济分类	2008年	2009年	2010年	2011年	2012年
电影、电视、音响、广播与摄影	8801	6923	7973	9979	9752
IT、软件与计算机服务	26018	26403	26991	27939	30904
出版业	9255	8968	9580	9228	9706
博物馆、艺术馆与图书馆	—	—	—	—	—
音乐、表演与视觉艺术	3740	3779	3434	4039	4574
合计	61784	58391	59825	65277	71395
全英产业增加值	1312112	1280261	1327923	1360925	1383082
比例	4.71%	4.56%	4.51%	4.80%	5.16%

从企业规模来看，英国创意产业中绝大多数是中小型企业。2009年创意产业中规模在1~10人的企业占94%，规模在11~49人的企业占4%，规模在200人以上的只占1%。中小型企业是创意产业发展的主力军。

另外，英国的创意产业生产也呈现明显的产业聚集特征。基本聚集在三个地区，分别位于伦敦、曼彻斯特和格拉斯哥。其中，伦敦和曼彻斯特已成为欧洲最大的两个创意中心，成为英国经济的重要推动力。伦敦是英国创意产业的中心，是世界创意之都，有超过50万人从事创意产业，是20多个全球设计、汽车制造和电脑游戏产业的中心。伦敦东区聚集了500多家创意企业和大量优秀的创意人才，是世界著名的创意产业园区；曼彻斯特是英国的老工业区，如今已成为英国和欧洲第二大创意产业中心，为英国西北部经济结构的调整及高速发展做出了重要贡献；格拉斯哥地区有英国重要的电子工业园区，并集中了英国大量软件企业，这里的创意产业具有与软件和电子产品结合的特点。

（三）创意消费

创意产品与服务的国际消费是英国创意产业的主要消费构成。2011年英国创意产业的国外消费额达到155亿英镑，比2009年增长了16.1%，这一增长率比同一时期英国服务业的总体增长率（11.5%）高近5个百分点。其中IT、软件和计算机服务的国际消费额约72.1亿英镑，占到总体的46.5%；另外，电影、电视和广播行业的国际消费约43亿英镑，占总国际消费额比例仅次于IT等行业（见图5-5）。

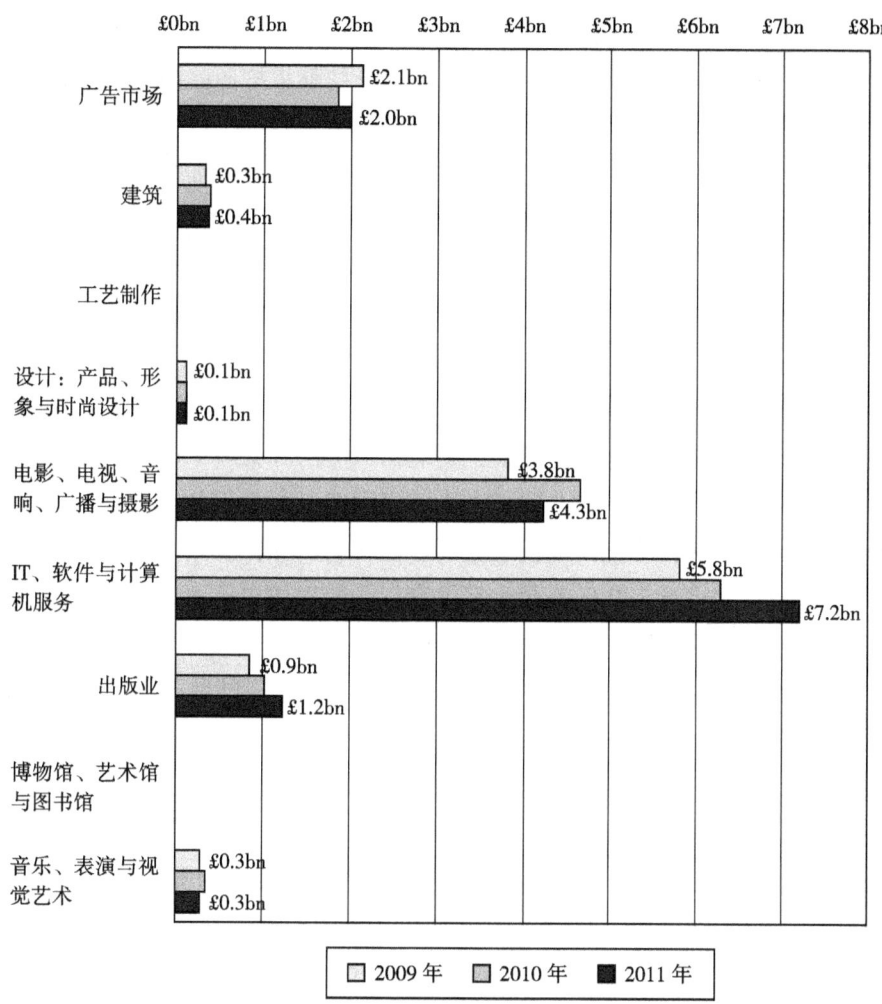

图 5-5 2009~2011 年英国创意产品与服务国际消费额（十亿英镑）

（四）营销市场

英国作为重商主义和世界工业革命的发源地，以及世界第一个实现工业化的国家，营销与市场流通在国民经济发展中占有非常重要的地位。2012 年，英国批发、零售、旅馆业总产值为 9618 亿英镑，占国民生产总值的比重为 46%。

实际上，英国在长期的市场经济发展过程中，已经形成了一套完善的市场营销和流通组织系统，主要包括以下四类：一是从事商品采购以供制造业进行大规模的加工或供商业机构进行转卖的采购组织。二是把商品分别向批发组织、零售组织及用户进行批售业务的商品中转组织。三是商品交易所、批发市场和拍卖市场等。英国的商品交易所是世界上历史最悠久、交易品种最多、交易量最大商品交易所之一。四是从采购组织、中转组织和生产商那里把商品向零售组织进行批发、向消费者进行零售的配销组织。

随着现代电子信息技术的深化，英国政府及其有关部门加强了其营销与流通现代化的建设。例如，英国电子商务蓬勃发展，2012年英国3200万用户通过电子商务消费1170亿美元，平均每个用户消费1800美元。英国电子商务销售自2008年起保持13%的平均增长率，2011年销售总额为4830亿英镑，占社会销售总额的19%。

（五）媒体中介

英国媒体行业非常发达，并且由于英语在当今国际交流中的主导地位，英国的新闻产品和英文节目跨越和占据了世界传媒版图上的大部分角落，并享有着不可撼动的地位。有数据称，英国传媒业的产值占GDP的5%，雇用了100万劳动力，每年创造财富将近330亿美元。其传媒行业的架构主要由通讯社、电视广播媒体、传统的报纸期刊图书以及新媒体行业组成。

英国共有三家通讯社。1850年成立的路透社目前是世界上最重要通讯社之一，在158个国家和地区设有分支机构，拥有1930名记者。1868年创办的新闻联合社，专门为英国和加拿大的企业提供公关和投资信息。AFX新闻有限公司由法新社和《金融时报》联合经营，向欧洲的金融业及企业界提供信息服务，在欧洲各国、美国及日本设有分支机构；英国有包括BBC在内的多家广播电视公司。其中英国广播公司（BBC）迄今保持着统治力量，收听率达到了英国人口的56%，其节目产出占所有广播节目的30%。另外，还有商业独立电视公司ITV、SKY、BSB等电视台；英国现有1400余种报纸，其全国性的报纸12家，7000余种杂志，2400家出版社，年出版图书40种以上的出版社只有380家；信息时代来临后，英国加速了新媒体行业的发展。1995年，英国政府颁布的《关于数字地面电视的政府建议》被看作电视数字化进程的正式开端。2009年6月，英国政府公布了《数字英国》（Digital Britain）白皮书，宣布将在2012年建成覆盖所有人口的宽带网络，同时国家资助敷设高速光纤网络。在广播上，在今后几年全面升级数字广播（DAB），把模拟信号广播留给小区域电台。目前，英国数字电视转换的速度和渗透率都居世界前列。在2010年6月，92.7%的英国家庭已经使用数字电视，许多家庭不仅拥有一台可接收数字电视的电视机，而且在将自己的第二台电视机数字化，在所有的电视机中，80%已经实现了数字电视的接收。按照英国数字电视监管机构 OFCOM 的估计，2012 年，英国电视的数字化进程即可全面完成。总体而言，从以上数据可以看出英国传媒业是一个具有国际影响力的、强劲完整的网络。

三、英国创意产业价值创造生态系统外部环境概览

（一）经济基础

英国作为一个重要的贸易实体、经济强国以及金融中心，2013 年国民生产总值 2.53 万亿美元，是世界第六大经济体系，也是全球最富裕、经济最发达和生活水平最高的国家之一。

英国是世界上最先发生工业革命的地方，这也使得英国在发展工业上具有很大优势，工业发展早，资本雄厚。工业是英国国民经济的支柱产业，包括冶金、汽车、航空、石油机械等都是英国重要的工业部门。近年来，英国致力于发展具有创新力和竞争力的产品，生物制药和武器研发取得重大进展。英国的农业高度集中，高度机械化，并且效益较高：1% 的劳动人口能够满足大约 60% 的食品需要。英国拥有大量的煤、天然气和石油等能源储备，主要能源生产大约占总 GDP 的 10%。服务业，特别是银行业、金融业、航运业、保险业以及商业服务业占 GDP 的比重最大，而且处于世界领导地位，首都伦敦更是世界数一数二的金融、航运和服务中心。

（二）文化氛围

英国是世界上高等教育最发达的国家，拥有世界最顶尖的高等教育水平，是近现代高等教育体制的发源地。英国不仅拥有以剑桥大学为代表的世界上最古老、最顶尖的高等学府，也拥有一大批以培养创意人才而闻名的高等学府。英国斯特拉福德艾文学院是英国创意产业委员会最初五个学院之一，师资均为既有学术理论专业资质又有从业实际阅历的人员。学院除培养音乐、艺术、媒体等专业学生，还接受相关专业的从业人员到学院进行继续教育培训与实习，一般每周至少 1~2 次实习。学院以理论学习与实践训练相结合而闻名英国，也吸引了大量的海外学子。英国不仅有大量的专业学院培养专业人才，而且英国文化媒体体育部还专门成立创意产业高等教育论坛，将高校与创意业界聚集在一起，共同培育培训创意人才。

英国拥有众多的博物馆、艺术中心、剧院等公共文化设施，均为文化创意的营销提供了宽广的市场环境。例如，英国共有 1848 所博物馆，从英国博物馆协

会（MUSEUMS ASSOCIATION）的材料中看到，如果加上具有收藏展览功能的画廊、展厅和历史建筑，博物馆已经超过 3000 家；另外，英国拥有艺术演出场所 1300 多个，规模从 40 人的小剧场到可容纳 22000 人的伦敦伯爵展览艺术中心等大剧院不等。例如，著名的伦敦西区，是与美国纽约百老汇齐名的世界两大戏剧中心之一，也是英国表演艺术产业的代名词。伦敦共有剧院约 100 个，西区拥有 49 个。这 49 个剧院除少数剧院以外，大多数集中在夏夫茨伯里和黑马克两个街区，方圆不足 1 平方英里，在商业和娱乐业高度发达的市中心形成了一个剧院区。大量的、高密度文化设施为伦敦的文化繁荣创设了有利条件，也为文化消费提供了可能。

英国群众参与文化活动的积极性也非常高。例如，从 2002~2012 年，英国 17 个博物馆的参观人数从 3360 万人次增长到 4450 万人次，增长了 32%（见图 5-6）。至 2013 年，全年参观博物馆和艺术馆的人数达 4880 万人次，比 2012 年增长 3.9%。

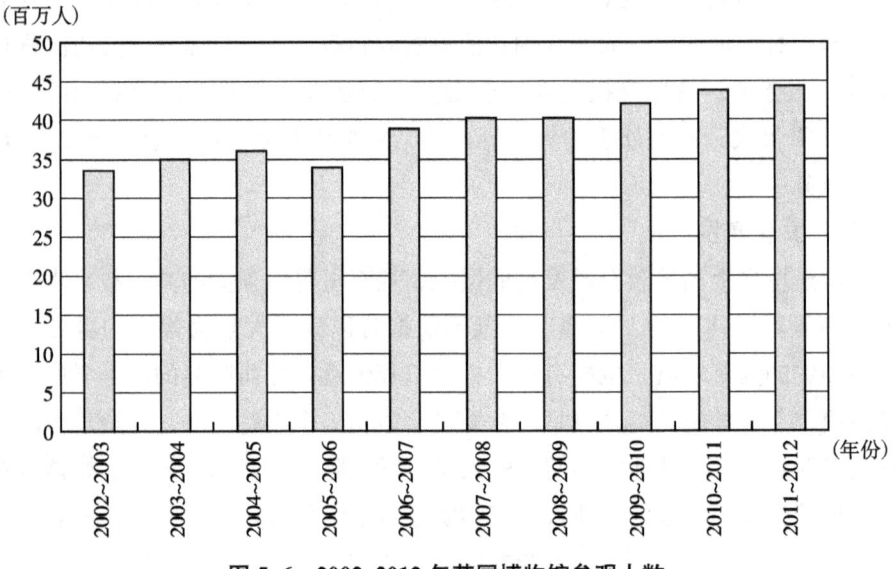

图 5-6　2002~2012 年英国博物馆参观人数

（三）法律环境

英国是世界上最早颁布法律来保护知识产权的国家，其于 1623 年颁布的《垄断权条例》是世界上第一部正式而完整的专利法，1709 年颁布的《安娜女王法令》是世界上第一部具有现代意义的著作权法。这两部法律的颁布为英国奠定了世界知识产权保护制度鼻祖的地位，也对后来资本主义各国的知识产权立法产生了重要影响。1875 年，英国皇家委员会建议把《安娜女王法令》改进和强化成英美政府间的双边协议，对英美作者实行互惠保护。英国在完善自身知识产权制度的同时，也在不断推动世界知识产权保护制度的发展。

英国知识产权局在鼓励创新、推动技术成果转化方面也起着非常重要的作用。在英国，申请专利和商标、注册设计十分方便。官方网站向所有人开放，各种申请程序、表格以及收费标准都可以查到，在审批和保护程序方面也非常公开透明。近几年，英国扩大了知识产权的保护范围，如音乐、戏剧、录音、计算机软件等都在保护的范围之内，但是前提条件必须是原创作品。另外，植物新品种、地理标志、基因、蛋白质、数据库、有艺术创意的广告、翻译过来的国外作品等等，也都被列为英国知识产权保护的范围。英国保护知识产权的目的很明确，就是保证创新者为自己的劳动获得经济回报，鼓励人们进一步创新，同时也让所有人受益。保护范围的不断扩大虽然引起种种争议，但却实实在在地激发了全社会的创造积极性，促进整个国家更广泛和最大限度地利用这些成果，使之迅速转化为生产力和其他社会效益，推动了社会经济和文化的发展。

2013 年，英国已经公布了一项改革英国外观设计权制度并能使英国执行《统一专利法院协议》的《知识产权法案》。此外，规定了大量版权法改革举措的《企业与管理改革法案 2013》（ERRA）已获得皇室批准。

（四）信息技术

英国蓬勃发展的信息技术产业为其经济的强劲、持续成长注入了源源不断的活力。据 ONS 年度商业调查（ONS Annual Business Survey，ABS）数据，2011 年英国信息经济营业收入达到 1450 亿英镑，相关费用投入为 730 亿英镑。信息经济增加值总额（Gross Value Added，GVA）达到 720 亿英镑，占英国经济增加值的 5%；同比增速达到 5%，是 2010~2011 年增长速度的两倍；人均增加值达到 99000 英镑，是英国总体工业人均增加值（47000 英镑）的两倍以上。

此外，英国在数据科学方面占有优势。一方面，英国在运算法则方面已有长足的发展，大学里有计算机科学方面的顶尖研究人才。另一方面，英国拥有许多世界上最全面的历史数据集，如从 1880 年开始的气象局数据、社会保健服务数据等。

同时，英国在数据开放方面引领世界。英国政府认为由政府提供的数据应当是免费的、电子版的，以及方便被公众阅读的。在可检索的 data.gov.uk 门户网站上汇集了9000个数据集；同时，世界第一个开放数据机构（ODI）也以通过公开数据创造更多的价值为目标。开放数据带来的好处在于透明度和问责制的提升、数据连接方面的创新，以及经济价值的创造。

在英国政府网站公布的《信息经济战略2013》报告中，英国政府表示，目前英国信息经济已掌握多项核心技术，成为实现经济转型最有潜力的国家之一。

（五）政策环境

1998年和2001年，英国文体部两次发表创意产业纲领文件（Creative Industries Mapping Document），提出创意产业发展战略，政策措施包括：在组织管理、人才培养、资金支持等方面加强机制建设，对文化产品的研发、制作、经销、出口等实施系统性扶持，逐步建立完整的创意产业财务支持系统，包括以奖励投资、成立风险基金、提供贷款及区域财务论坛等作为对创意产业的财务支持。

为促进文化创意产业发展，英国政府提供了相当大的政策空间，其要点包括：①培养消费市场。强调艺术产品面向大众，鼓励和保障民众积极参加文化活动。政府每年向文化艺术领域投入大额指导性投资，明显倾向于公益性文化。②扶助优秀、提倡创造，支持文化艺术门类的产业发展。对与公共生活密切相关的重点文化单位和艺术品种追加拨款，用以带动提高公众对文化以经济价值的认识。③指导文化企业主体吸引金融机构或政府投资，鼓励向文化企业捐赠或资助，成立风险基金，激励创业。④保证文化艺术成为教育服务体系的组成部分。⑤保护知识产权，推动地方自主权。这样形成了国际上产业架构最完整的文化创意产业政策。

第三节 澳大利亚内容产业价值创造生态概览

一、澳大利亚创意产业发展概况

（一）发展沿革

澳大利亚事实上是第一个提出建设创意国家（Creative Nation）理念的国家，澳政府1994年发布第一个国家文化发展战略，力推创意产业概念，认为文化创意将通过创新、市场和设计等创造财富和价值,对国家是否能适应新经济体系产生本质影响[119];2001年,澳大利亚劳工党(Australian Labor Party)将建设知识国家(Knowledge Nation)作为政策选择;2001年8月,澳大利亚联邦政府通信、信息科技暨艺术部(DCITA)开始进行"创意产业与群聚策略研究"(Creative Industrices Cluster Study),作为制定创意数字产业发展政策的依据。此项研究从2001年底持续到2003年,分为三个阶段,主要对澳大利亚创意企业策略、创意数字产业价值链内容和提升策略进行了研究。在完成三阶段的创意产业与群聚策略研究基础上,2004年6月8日宣布成立产业策略领导团队,其主要任务为提供发展数码内容产业的策略。

由于澳大利亚早期为英国殖民地,1901年才正式成立联邦政府,加之澳大利亚原住民的艺术文化一直受到压制,因此澳大利亚并没有独特的文化特色。这样的文化和历史背景使澳大利亚的创意产业明显侧重发展以"数字内容与应用"为导向,并结合新科技的创意数字产业。澳大利亚目前对创意产业内容的界定主要有三种:2001年,澳大利亚传播、信息科技暨艺术部与信息经济国家办公室("Australian Government Department of Communications, Information Technology and the Arts" and "The National Office for the Information Economy")认为澳大利亚创意产业是以展现信息与交流的特色和创意为目的而生产具有知识产权属性的数字内容和应用项目,并可以通过网络与非网络的媒体传播。创意产业内容包括电影制作及后期制作、广播服务、音频/音乐出版、图书出版、报纸和杂志出版、游戏出版、付费电视服务、在线广播、新媒体传播、在线服务、信息目录、电子商务、广告、建筑及设计服务、健康教育、视觉艺术、表演艺术[120]。其次,昆士兰科技大学(Queensland University of Technology, QUT)将澳大利亚的创意产业力量(Capability)明确定义为建筑设计、设计及视觉艺术(Architecture, Design and Visual Arts)、音乐与表演艺术(Music and Performing Arts)、电影、广播、电视(Film, Radio and Television)、写作出版(Writing and Publishing)、广告营销(Advertising and Marketing)以及创新软件应用(Creative Software Applications)六大门类。另外,澳大利亚环境、水资源、遗产和艺术部(Department of the Environment, Water, Heritage and the Arts)定义创意产业为源自个人创造、技能和天赋,具有通过创造和运用知识产权从而创造财富和就业的潜力的产业。认为创意产业涵盖音乐、表演艺术、电影、电视、广播、广告、游戏和互动式内容(Games and Interactive Content)、文学创作、出版、建筑设计、设计以及视觉艺术等内容。

根据澳大利亚统计局（Australian Bureau of Statistics，ABS）2009年最新公布的数据显示，澳大利亚1999年创意产业已占GDP的3.3%，就业人数34.5万人，占就业人口总数的3.7%；2006年创意产业就业人口达到总雇用人口的4.8%。2004~2005年澳大利亚文化服务及产品产值就高达420.85亿澳元（约合2440亿人民币），总产值增长率为3.4%；2007~2008年创意产业成为澳大利亚第十二大产业部门，总产值增长率为2.8%。从1995~1996年到2007~2008年长期来看，创意产业增长率达到5.6%，明显高于同期总体经济增长率3.6%[121]。

（二）主管机构

澳大利亚主管创意产业发展的主要机构为澳大利亚传播、信息科技暨艺术部会，包括传播、信息科技暨艺术部，以及其他15个提供政策建议并推展宣传执行方案的相关部门与机构。该部会的两个行政主管单位是传播、信息科技暨艺术部以及信息经济国家办公室（National Office for the Information Economy，NOIE）。其所执掌范围包括电信、广播（含电子广播和发放执照相关事宜）、电影和新媒体（含电影产业发展、教育和训练）、信息科技、信息经济、知识产权、表演艺术和文学、运动和反麻药注射、国家档案、历史、图书和视听对象的集结以及科学、科技和古迹历史的策划活动和展示。例如，澳大利亚政府2002~2003年传播、信息科技暨艺术部会总预算额度约为21亿美元，其中最高的为澳大利亚广播公司，占这个部会总预算的34.6%，最低的为澳大利亚运动药物代办处，占0.2%。

二、澳大利亚创意产业价值创造生态系统概览

（一）创意人才

澳大利亚从事创意产业与创意工作的人才已经成为澳大利亚就业人员中表现最好的部分。从2006~2011年，澳大利亚创意人才保持年2.8%的增长率，比澳大利亚整体就业增长率高出40%。截至2011年，澳大利亚创意人才总数达到531000人，比2006年增长了近70000人，占澳大利亚所有就业人员的5.3%。

按照昆士兰科技大学的创意产业中心（CCI）提出的创意三角法（Creative Trident Methodology），澳大利亚将创意人才分为两类：一类是创意产业从业人才，其工作属于创意产业范畴行业，但是不从事创意性工作（如光碟店的售货员、剧院的售票员或艺术表演公司的会计）；另一类是创意职位人才，其工作为创意性质，但不在创意产业范畴行业（如银行的网页设计人员、学校的音乐老师等）（见图5-7）。

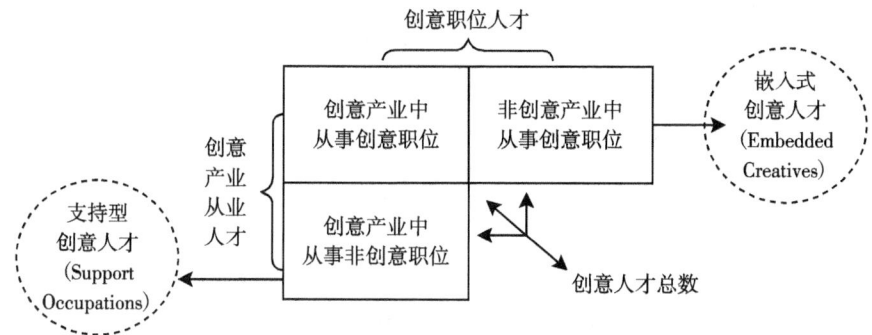

图 5-7 创意人才的三角分类

资料来源：根据 Higgs, Cunningham 和 Pagan，2007 年及 2010 年澳大利亚文化与艺术统计报告整理。

按照这样的分类标准，2006 年澳大利亚创意行业中雇员有 345950 人，其中 157191 人（45.4%）从事创意职位；而总的从事创意职位的人数有 284791 人，其中 127600（44.8%）人都不属于创意行业。所以，创意人才总数应为 473550 人，其中 157191 人属于创意专业人才，127600 人属于嵌入式创意人才，还有 188759 人为创意行业的支持性人才。按照三角法对 2006 年澳大利亚创意人才的估计，比 CCI 依此方法对其 2001 年的估计（436933 人），创意人才上升了高于澳大利亚政府测定的创意人才比例 3.4%（271467/7984323）[122~124]。

2011 年澳大利亚创意产业从业人才约 370000 人，创意职位人才 221684 人，其中嵌入式创意人才 161000 人。2006~2011 年，具体各类人才的增长幅度如表 5-6 所示。

表 5-6 2006~2011 年澳大利亚各类创意人才增幅

单位：%

2006~2011 年每年人才增长率		创意产业			嵌入式创意人才	合计	三角法合计
		文化产品产业	创意服务产业	创意产业合计			
创意职位	文化产品职位	2.6	3.5	2.7	-0.8	1.4	
	创意服务职位	1.7	4.8	4.5	2.5	3.3	
	创意职位合计	2.5	4.7	3.8	1.8	2.7	
支持性职位		-0.2	4.3	2.8			
合计		1.0	4.5	3.2		2.0	2.8

资料来源：ARC Centre of Excellence for Creative Industries and Innovation（CCI），Australian Creative Economy Report Card 2013.

(二)创意生产

从 2004~2012 年,澳大利亚的创意产业产值呈现比较稳定的增长态势,年产值增加值大概稳定在 320 亿~370 亿澳元。2011 年澳大利亚创意产业增加值为 328.26 亿美元,对 GDP 增长的贡献率约 2.8%。其中,音乐和表演艺术行业在 2004~2012 年 7 年间的平均增长率最高(4%),而写作出版和印刷的增长率为负值(-4%)(见表 5-7)。

表 5-7 2004~2012 年澳大利亚创意产业产值增长率

单位:澳元

年份 创意产业类型	2004~2005	2005~2006	2006~2007	2007~2008	2008~2009	2009~2010	2010~2011	2011~2012	7年年增长率(%)
音乐表演艺术	744	808	892	869	868	911	941	1000	4
电影、电视与广播	5516	5504	5105	4883	4418	4463	4327	4419	-3
广告市场	778	779	793	806	805	784	768	767	0
软件与交互式内容	14500	15373	17000	16876	14931	15053	15286	15708	1
写作、出版与印刷媒体	7776	7748	7750	7660	7031	6936	6200	5644	-4
建筑、设计与视觉艺术	4547	4917	5413	5785	5725	5576	5432	5289	2
合计	33860	35129	36953	36878	33779	33722	32954	32826	0

资料来源:Creative Industries Innovation Centre, Valuing Australia's Creative Industries Final Report, 2013.11. 以下表 5-8,图 5-8 资料来源同此。

澳大利亚在创意产品和服务的生产方面还非常重视对中小企业的扶持和培育。例如,2005 年 9 月,澳政府设立了澳大利亚研究委员会创意产业创新研究中心。这是世界上最早设立的有关创意产业研究与成果利用的机构之一。该中心在 2009~2013 年将获得政府总计 600 万澳元资助,并依据研究成果制定"创意企业标准",帮助从事创意产业的企业从中了解全澳同类企业的经营情况,了解行业发展动态与趋势，以促进自身的发展。另外，澳大利亚政府对创意产业创新中心还特别提供了 1700 万澳元资助，以帮助创意产业的中小企业提高生产力，提高开发创新内容与创新服务的能力。针对位于偏远地区的创意产业，政府提供额外的 1000 万澳元资助。此外，创意产业的从业者还可以通过其他相关的政府项目获得资助，如小企业顾问服务（政府资助 4600 万澳元）、澳大利亚商业艺术基金等。政府还设立了小企业在线服务，帮助小企业提高上网能力、完善上网设施，降低运营成本，更好地利用数字技术带来的机遇。2003~2011 年澳大利亚创意企业数量保持在 10 万~12 万个（见表 5-8）。

表 5-8 2003~2011 年澳大利亚创意企业数量

单位：千家

创意产业类型 \ 年份	2003	2004	2005	2006	2007	2008	2009	2010	2011	年增长率（%）
音乐表演艺术	10.9	10.2	9.9	9.8	10.1	3.6	3.4	3.3	3.3	-14
电影、电视与广播	6.5	6.3	6.3	6.4	6.5	6.3	6.4	6.7	6.8	0.5
广告市场	9.4	9.7	9.9	10	10.3	10.9	10.6	11.3	11.3	2.3
软件与交互式内容	37.2	36	35.5	35.6	37.7	45.1	44.7	48.3	49.8	3.7
写作、出版与印刷媒体	3.6	3.7	3.6	3.5	3.7	3.1	3.1	3.0	3.1	-2
建筑、设计与视觉艺术	38.3	37.5	37	36.7	38.2	48.5	46.9	49.9	49.8	3.3
创意产业合计	106	103.4	102.2	102.1	106.5	117.5	115	122.4	124.1	2
全产业合计	1870.1	1911.5	1940	1964.9	2011.9	2070.9	2015.2	2124.8	2132.4	1.7

（三）创意消费

澳大利亚作为发达国家，且人口基数不大，消费者实力相对较强，2007~2008 年家庭可支配收入达到每周 811 澳元。另外，从贸易角度看，澳大利亚的创意产品与服务的国内消费一般大于出口消费。从 2004~2012 年，其创意产业的净进口消费额在 18 亿~20 亿美元浮动，其中 2009 年净进口额最大（20.35 亿美元），2011 年净进口额最小（18.12 亿美元）（见图 5-8）。

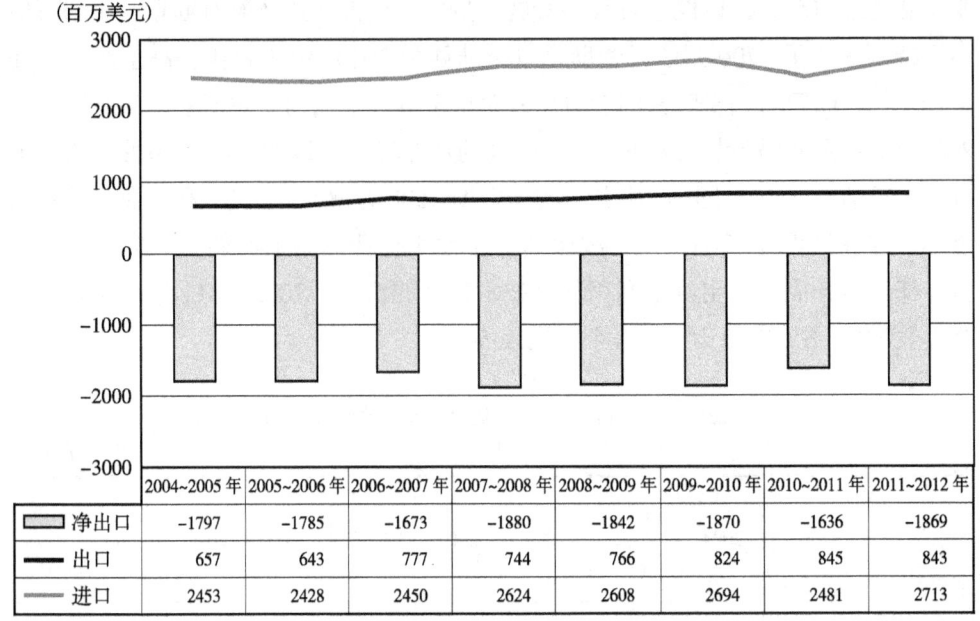

图 5-8　2004~2012 年澳大利亚创意产业国内外消费额

（四）营销市场

澳大利亚的市场营销机构在分布上主要集中于东部沿海的几大城市，特别是在创意产业方面的营销机构多集中于此。在营销与流通领域，澳大利亚政府在资源性行业，如粮食、羊毛、糖等主要农副产品一直实行高度垄断经营政策，在外资进入方面实行限制政策，鼓励国内市场展开竞争，故澳大利亚最大的两家商业连锁企业 Coles Myer、Woolworhts 虽都曾与美国企业合资，但由于澳大利亚对外资的严格限制政策使美方最终退出；另外，推行国有企业经营的民营化、缩小企业规模、鼓励企业竞争等一系列促进经济自由化发展的政策有助于营销市场的多样化发展。

（五）媒体中介

由于网络与数字技术的发展，澳大利亚传统的大众传播媒体（Mass Communications Media）已逐渐向融合性社会新媒体（Convergent Social Media）发展，并且使媒体渠道、产品、力量、内容、生产消费关系以及商业模式方面产生了显著变化。实际上，原先的媒体渠道大都为大型的垄断企业控制，而网络的发展打破了这一壁垒，通过网页技术使个人或小企业得以生产原先复杂的媒体产品，从而打破了传统媒体单方面输出信息的不对称格局，使用者和受众与媒体之间更具互动性以及选择权，媒体内容也更具个性化，并且其产生的长尾经济效应使媒体市场细分更丰富，利润更大，商业模式也更加复杂[125]（见表5-9）。

表5-9 传统媒体与创意新媒体区别

	大众传播媒体 (Mass Communications Media)	融合性社会新媒体 (Convergent Social Media)
媒体渠道	大规模渠道，进入壁垒高	网络使用降低了渠道壁垒
媒体产品	复杂分工，专业技术人才	简单易用的Web 2.0技术使个人和小组有机会成为媒体产品生产者
媒体力量	单向信息传播的力量不对称性	使用者和受众在互动与媒体选择上更具力量
媒体内容	标准化内容以实现最大收视率，基于不同产品的有限市场细分	长尾经济促使媒体潜在利润扩大，丰富的市场细分
生产与消费关系	生产与消费个人基本无关，匿名与商品行为	用户社区和用户创造内容使其更具个性化
商业模式	通过产品购买、广告和政府支持盈利	复杂的商业模式，部分由于消费者对在线免费内容的期待

三、澳大利亚创意产业价值创造生态系统外部环境概览

（一）经济基础

澳大利亚是一个后起的工业化国家，根据世界银行的统计数据，后金融危机时代，澳大利亚经济增速逐年平稳增长，2012年实现国内生产总值15206.08亿美元，居全球第12位；人均国内生产总值为67983美元，居全球第5位。

同时，由于澳大利亚本身矿产资源丰富，农畜业现代化程度高，素有"骑在羊背上的国家"和"坐在矿车上的国家"之称，是世界重要的矿产品生产和出口国。农牧业、采矿业为传统产业，是世界最大的羊毛和牛肉出口国，最大的铝矾土、氧化铝、钻石、铅、钽生产国，最大的烟煤、铝矾土、氧化铝、铅、钻石、锌及精矿出口国。

另外，澳大利亚的教育业出口发展迅猛。故其整体经济呈现倚重矿产、农畜产品以及教育产品出口的重要特征，所以促使在其他新兴产业上的政府补贴和经济支持增多。加之近年来澳元快速增值，不利于大量外国投资进入当地一些媒体产业，例如电影产业。在目前澳大利亚制造业等大规模转移海外的情况下，创意产业迎来了较好的发展机遇。特别是昆士兰州和西澳地区矿产资源丰富，这种资源经济带来的天然经济保障和经济支持的倾斜更加明显。但是，这种经济特征也使一些人认为（如Donald Horne）天然资源优势使得澳大利亚人生活过于安逸，

失去了努力发展自身其他产业和人力资源的动力。

(二) 文化氛围

澳大利亚隶属于英联邦国家，是"大英文化在另一个世界演绎"（A New Britannia in Another World）。澳大利亚人口中有70%是英国及爱尔兰后裔，之后又有来自世界120个国家、140个民族的移民共同组成了这个拥有多元文化的移民国家，被社会学家誉为"民族的拼盘"。同时，为了摆脱之前白澳政策实施形成的封闭的社会体系影响，和所谓单纯的英国"奉承文化"（Cultural Cringe）（菲利普 A.A.Phillips）的阴影，尤其是在文化创意国家政策提出后，澳大利亚开始积极寻求具有自我特色的文化精神，如强调其原住民独特的文化特色，认为托雷斯海峡的土著居民（Aboriginal and Torres Strait Islander People）文化是世界上最古老最伟大的文化遗产之一，是丰富当代澳大利亚文化的重要精髓。

澳大利亚的很多城市都在文化氛围的建设上取得了成就。例如，维多利亚州的首府墨尔本于2008年8月被纳入联合国教科文组织的"创意城市网络"项目，其分为设计、文学、音乐、民间艺术、电影、媒体艺术、烹饪美食七个主题，墨尔本被命名为"文学之都"；而悉尼在2000年奥运会后呈现经济衰退，并受到墨尔本和布里斯班、黄金海岸等地区的挑战，但其本身拥有雄厚的媒体资本，其在创意人员从业数量、新媒体发展水平以及创意城市的建设上都具有非常强的实力。

(三) 法律环境

澳大利亚具有相对完备统一、高效且现代化的知识产权保护体系，其先进程度位居亚太地区之首。澳大利亚共有版权局和知识产权局两个独立单位对不同类型知识产权进行管理。版权局主要负责版权管理，属于澳大利亚司法部（Attorney-General's Department）下三个分支机构——信息局（Information Law Branch）、版权局（Copyright LawBranch）和人权局（Human Rights Branch）之一。版权局主要负责版权法事务管理，为政策立法提供建议，向公众普及版权知识，并不涉及具体的版权侵权查处。另下设联邦版权管理处（Commonwealth-Copyright Administration）具体负责版权的强制许可申请的批准；澳大利亚知识产权局（IP Australia）隶属于澳大利亚联邦工业、旅游和资源部，负责专利、商标、外观设计和植物品种的管理。它是一个独立运作的机构，其工作直接向部长汇报。主要负责管理知识产权（包括专利、商标、外观设计、植物新品种以及PCT国际检索和初步审查）、其他领域的立法（如1987年奥林匹克标识保护法案)、宣传知识产权、提供有关知识产权的咨询、国际交流和地区合作、制定国家有关知识产权政策法律和规章以及管理专利和商标代理机构[126]。另外，在具体的法律执行上，澳大利亚联邦立法规定了诸如版权、商标、专利和工业设计等知识产权的登记和保护，按照公司法和州商业名录法管辖公司名字和商号的注册。澳大利亚还是《保护文学作品和艺术作品的伯尔尼公约》和国际版《保护工业产权巴黎公约》等的成员国，为国际范畴的知识产权起到有力保护作用。

另外，为进一步完善知识产权立法、改进知识产权制度，进而鼓励对澳大利亚科研领域的投资，加大对创新和贸易的支持，澳大利亚政府于2011年3月公布了《知识产权法修订（提升标准）（Raising the Bar）法案》。该法案修订内容涉及澳大利亚现行的《专利法》、《商标法》、《版权法》、《外观设计法》和《植物育种者权利法》，其中对《专利法》的修订尤为显著。

（四）信息技术

澳大利亚整体信息与通信技术水平相对比较发达，2006~2007年澳大利亚信息与通信产业总产值达到977.53亿澳元；2009~2010年澳大利亚所有产业中信息与通信技术支持人才占21%，其中艺术与娱乐服务业的信息与通信支持性人才占25%，高于平均水平；2009~2010年澳大利亚所有行业互联网普及率达到90.1%，具备网页支持系统的达到40%。其中艺术与娱乐服务业的互联网普及率达到95.3%，超过平均水平，网页支持率达到64.9%，为全行业最高。实际上，澳大利亚联邦政府已经基于2005~2007年澳大利亚本地数据，采用交叉制表（Cross-tabulation）和相关性分析方法（Correlation Analysis）证明了信息通信技术水平和商业创新之间存在很强的相关性（见图5-9）。拥有高信息技术水平的商业（约60%）在接下来几年内会有五个以上创新行为，而信息技术水平不是很高的商业（约40%）仅有0~2个创新行为[127]。

（五）政策环境

澳大利亚在文化管理理念上实行"一臂间隔"原则。在文化政策的通行术语中，分权化（Decentralization）的文化管理理念被形象地描述为"一臂间隔"原则（Arm's length）。所谓一臂间隔原指人在队列中与前后左右伙伴保持相同距离，原用于经济领域。当一臂间隔原则被引入到文化政策领域后，指国家对文化拨款的间接管理模式，对文化采取一种分权式的行政管理体制。"一臂间隔"原则具有"垂直"和"水平"两种分权向度。所谓"垂直分权"向度就是指中央政府与所属行政部门和各级地方政府的纵向分权关系。比如，澳大利亚中央政府将文

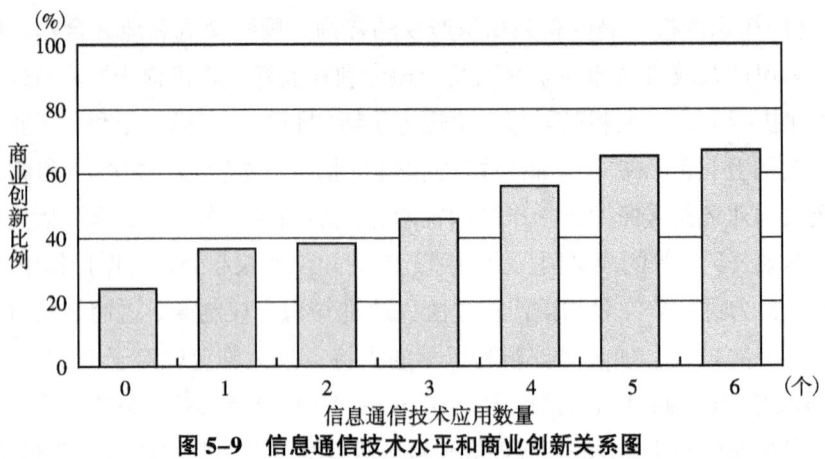

图 5-9　信息通信技术水平和商业创新关系图

资料来源：Business Innovation and the Use of Information and Communications Technology, Mar 2011.

化政策的制定和实施的主要权力以及部分文化拨款的责任赋予其所属的文化主管部门——澳大利亚通信、信息技术与艺术部，这就是典型的垂直分权向度。同时，地方各级政府也行使相应的权力或承担相关的责任。所谓"水平分权"向度是指各级政府与文化方面的非政府组织（Non-department Public Bodies）的横向分权关系。这类组织属于介于政府与具体文化单位之间的中介机构，通常由文化艺术方面专家组成，受政府文化部门的委托为其提供必要的文化政策、评估、论证、咨询，甚至负责政府的部分文化拨款落实，但同时其仍能独立履行职能，避免受到过多政府党派干预和影响，从而其能在一定程度上保持相对的公正性和客观性。例如，澳大利亚著名的文化背景非政府组织——澳大利亚理事会，在贯彻"一臂间隔"原则，促进政府水平分权，落实文化政策的实施等方面发挥了积极的作用[128]。

在具体的支持性政策上，澳大利亚政府积极借助直接拨款、税制奖励或减免等激励机制来为创意产业创造良好的发展环境。例如，2009~2010 年澳大利亚各级政府对文化产业的总拨款额达到 66.581 亿澳元，是 2000~2010 年拨款额的 1.5 倍。其中澳大利亚国家政府拨款额为 24.57 亿澳元，约占 36.9%，州及领地政府共拨款 30.033 亿澳元，约占 45.1%①；政府还出资建立了一些重要的文化创意研究机构，如布里斯班创意产业研究中心就是澳大利亚联邦政府直接支持的国家级创意产业振兴机构。由昆士兰科技大学牵头建立的创意产业中心（Creative

---

① 4183.0 - Cultural Funding by Government，Australia，2009-10.

Industries and Innovation，CCI）在保守党执政时期以及劳工党执政期间均得到了其大力的资金及政策支持，这种两党意见统一的情况表达了澳大利亚政府对创意产业的经济贡献性的肯定；澳大利亚政府在 1991 年便出台了文化组织登记制度规定，即任何企业和个人如果向已登记的文化组织（目前约 1000 多个）提供赞助，即可免纳相应数额的收入所得税；针对某些特定的重要创意产业，澳大利亚特别规定了相关税收减免政策。例如，2007 年澳大利亚联邦议会通过"澳大利亚影视制作激励机制"法案，在 4 年中投入超过 2.8 亿美元来扶持影视传媒产业，另外规定了一些税收激励政策，如制作澳大利亚电影减收 40% 的税额，制作其他视听节目减收 20% 的税额，对将澳大利亚作为外景拍摄地的将减收 15% 的税额，凡超过 500 万美元的数码和视听产品的制作减收 15% 的税额，等等。无疑澳大利亚政府资金支持和优惠政策的实行对创意产业发展起到了积极作用。

第四节　中国文化创意产业价值创造生态概览

一、中国创意产业发展概况

（一）中国创意产业发展沿革

中国创意产业发展的历史与文化产业政策的沿革息息相关。自 20 世纪 80 年代中国实行改革开放以来，经济生活水平逐渐得到改善，提升人民精神生活层次的需求促使中国文化产业开始发展，并在完善建立社会主义市场经济体制和推进第三产业发展的 20 世纪 90 年代逐渐发展壮大。进入 21 世纪，在国外正式提出文化创意产业概念，全球文化建设逐渐兴盛的影响下，中国在 2000 年党的十五届五中全会将文化产业正式列入中国国民经济和社会发展战略的重要组成部分，并经过 2003 年、2004 年两年文化体制改革试点工作后，2005 年末中共中央国务院发布了深化文化体制改革的纲领性文件《关于深化文化体制改革的若干意见》，极大地推动了一批重点文化产业发展，并形成了一批文化创意产业基地及园区，使文化创意产业建设进入了一个更加有序规范的新阶段。2006 年《国家"十一五"时期文化发展规划纲要》发布，首次在官方文件中提出"创意产业"的字眼，创意产业在中国获得了前所未有的关注，此后文化创意产业得到快速发展，达到了空前繁荣的状态。

"十一五"期间，中国文化产业增加值平均增速高于同期国内生产总值的平均增速；电影产量由 2003 年的 100 部以下上升到 2010 年的 526 部，成为世界第三大电影生产国和第一大电视剧生产国，电影票房增速连续 6 年保持 30%以上，票房过亿的国产电影达 43 部，2010 年电影票房超过 100 亿元，改变了进口大片主导我国电影市场的格局；影视动画产量从 2005 年的 4.2 万分钟增加到 2010 年的 22 万分钟，增长了 4 倍以上，扭转了进口片占主导的局面。新闻出版业总资产、总产出、总销售比"十五"时期翻了一番，印刷业翻了两番；2010 年文化产业中长期贷款累计新增 276 亿元，中央和各地安排文化产业发展专项资金达 52 亿元；到目前为止，7 个省市成立了文化产业投资基金或投资公司，资金量达到百亿元。26 家文化企业在 A 股市场和 H 股市场上市，仅去年就实现融资额 104 亿元等[129]。在此过程中，创意产业概念伴随文化政策的推出和发展逐渐清晰独立，并开始确定自有理论及统计体系。例如，北京、上海已根据自身特点确立自有创意产业统计口径，据统计北京 2008 年 1~11 月创意产业实现收入 4773.1 亿元，比 2007 年同期增长 17.4%，高于同期第三产业整体增幅 2 个百分点；上海创意产业增长 22.8%，高于其经济增长率 13.3%等。

（二）主管机构

中国目前还没有专门主管创意产业的专门机构。其主要的管理形式有以下两种：一种是创意产业涵盖的行业所涉及的相关部门均参与了管理，即实行专业部门管理方式，如科技部管理设计产业，旅游局管理旅游文化创意，国家版权局管理出版创意业，文化部管理文化创意基地，如 2004 年文化部命名了 42 个文化产业示范基地，2006 年又批准了 33 家文化产业示范基地；另一种是一些创意产业涉及多部门协作，如为了促进动漫产业的发展，由文化部牵头，财政部、教育部、科技部、工业和信息化部、商务部、税务总局、工商总局、国家新闻出版广电总局共同参加形成部际联席会议制度，主要负责动漫产业政策思路的管理推进工作。

各级地方政府将创意产业发展放置在某个政府职能部门下管理，如上海、重庆等地由经济信息委员会管理，主要职责是搭建创意产业的公共服务平台，促进企业研发机构和技术中心的建设，指导创意企业及创意产业集聚区的对外招商、行业统计等工作；北京、杭州等地由宣传部管理出台创意产业相关规定和政策。同时，北京、上海等地还成立了创意产业中心机构，如上海创意产业中心于

2004年11月6日成立，于2005年1月8日正式挂牌运行，是经上海市经济信息委员会、上海市社团局批准设立，从事推动上海创意产业发展的专门机构。北京市文化创意产业促进中心，经市委、市政府批准，于2006年11月成立，是北京市文化创意产业领导小组及领导小组办公室的常设机构，专门从事推动北京市文化创意产业发展的相关工作。

二、中国创意产业价值创造生态系统概览

（一）创意人才

改革开放以来，中国在主要培养创意人才的高等艺术教育事业上取得巨大发展，基本形成了音乐、美术、戏剧、广播影视、舞蹈、艺术设计（工艺美术）六大门类。根据《2013艺术教育行业分析报告》显示，除传统的艺术类本科院校外，许多综合性大学也设立了艺术学院，民办高校设立艺术类高职专业则更多。据统计，从2002~2013年，全国设置艺术类专业的高校从597所增加至1679所，艺术类考生人数从3.2万人增加至近100万人，10年间，艺术类高校增加1082所，艺术类考生增加近97万人，增长30多倍。

即便近年来中国从事文化、创意与艺术学习与工作的人才已有极大的增长，部分城市的创意人才就业人数如表5-10所示，但总体来看，文化创意产业对中国的总体就业贡献微乎其微。由上海交通大学国家文化产业创新与发展研究基地、中国文化发展指数研究中心《2013中国文化产业发展指数报告》统计数据表明，2006~2011年中国文化产业从业人员占社会就业人员比从1.51%上升至1.69%，仅增长0.18%，同期中国第二产业、第三产业占社会就业人员比重分别增长了4.2%和3.5%。实际上，这组数据也从一个侧面凸显了目前中国在创意人才的储备和培育上存在的困境与缺陷。

首先，中国在创意人才培养方面的差距体现在数量上。发达国家创意产业所吸纳的就业人数往往在总就业人数中占有很高的比例。在美国纽约，创意产业的从业人员占所有工作人口总数的12%；在伦敦是14%；而在东京，这一比例更高达15%。相比之下，目前文化创意产业发展最好的中国城市上海，创意从业人员占总就业人口的比例还不到10%，中国总体的创意产业从业人员的比例更小，在总的就业人口中所占比例不过1‰。

其次，中国的创意人才结构存在失衡。如相对广告传媒行业，动漫和游戏行业人才比较缺乏；而相对于中低端技术类人才，创意产业所需的高端复合型人才

十分紧缺，呈现出"企鹅式"的人才结构。仍以动漫业为例，中国动漫业原创型人才紧缺已经成为不争的事实。目前中国包括美编在内的专业动漫设计制作人员只有不到3000人，而市场对这类人才的需求量是60万人。目前，虽然全国已有170多家高校设立了动漫专业。但这些院系的培养方向大多是动漫技术方面，极少有动漫创意人才和营销人才；而大部分从事动漫业的人都是从动漫"发烧友"成长起来的，整体的专业素质较低。创造型人才的匮乏，加上缺乏完整的产业链，使我国大多数的动漫企业都沦为"代工"企业，成为欧、美、日、韩等国的加工厂，甚至在动漫业扮演着"世界动画加工车间"的角色。这一现象在诸多创意行业内都普遍存在。

最后，创意人才的主要培养力量——中国艺术教育的发展也存在一些困境。如学生学习艺术的社会资源有限，中国幼儿园、小学、中学的学生有在美术馆欣赏艺术作品经历的人数比例仅为1%；城市和农村之间的艺术教育差距明显，农村孩子没有任何去美术馆、博物馆、剧院等艺术类场所欣赏艺术作品的机会，传统文化与现代艺术教育的联系割裂，缺乏历史厚重感。在大量引进现代西方艺术教育方式方法的同时，未注重与传统文化结合，使得现代艺术教育缺乏历史厚重感。让传统文化发展与现代艺术教育呈现"上下两层皮，中间无关联"的局面[1]。

目前政府及学界已经认识到中国创意人才所呈现的数量短缺、结构不均衡以及培育体系不完善等问题，并已经开始积极采取各方面推进措施进行创意人才的扶持。例如，2014年文化部印发的《关于贯彻落实〈国务院关于推进文化创意和设计服务与相关产业融合发展的若干意见〉的实施意见》指出，文化部将于5年内重点扶持5000名青年创业创意人才，提出应积极实施文化产业创业创意人才扶持计划、培养创意人才，以文化产业的品质效益提升，带动国民经济相关产业转型升级。根据意见，文化部将制订人才选拔条件，建设创业创意人才库。以文化会展、画廊、竞技比赛等为平台，通过提供交易机会、奖励、补助等形式对创意人才予以支持。依托文化产业园区基地和各类支持平台，建设文化产业创业创意人才扶持计划实践基地。

（二）创意生产

经过多年发展，中国创意产业发展迅速，发展范围从最初的全国几个著名大城市辐射到全国主要的大城市，创意生产规模越来越大，创意企业数量不断增

---

[1] 引自《2013艺术教育行业分析报告》，http://edu.china.com.cn/2013-05/28/content_28954071.htm。

多,创意产业产值在不断增加。据中国行业咨询网研究数据显示,2009年中国创意产业产值达9876亿元,占GDP总量的近3%。到2011年,创意产业产值超过3.9万亿元,占GDP比重超过3%。另根据统计,2012~2014年,排队上市的文化产业公司众多,如小马奔腾、海润影视、中影集团、万达院线、优扬传媒、星美传媒、慈文影视、北京新影联、上海新文化传媒集团、北京大唐辉煌影业、长城影视等很多。2012年中国部分城市创意企业资产总额、数量、营业收入、增加值占GDP比重如表5-10所示。可以看出,按照资产总额来看,北京、上海、深圳、武汉和广州五个城市名列前茅;按企业数量来看,杭州取代武汉列入前五位。

表5-10 2012年中国部分城市创意产业生产相关数据

城市	资产总额（亿元）	营业收入（亿元）	企业数量（个）	就业人数（人）	增加值（亿元）	占GDP比重（%）
北京	54670	8865	127339	9980000	2189.2	12.3
上海	26954	5466	81827	1282744	2269.76	11.29
深圳	16490	2402	27194	638910	531.3	6.84
武汉	9693	836	18681	343190	303.2	5.5
广州	9481	2803	31872	640644	880.1	8.3
杭州	6788	1275	23581	380286	702	11.8
天津	6142	582	19047	301761	340	4.5
南京	4629	909	12356	248246	365	4.3
成都	3946	1311	14352	375585	136	4.8
昆明	3333	387	8203	153254	153.92	8.51
重庆	3279	747	20532	332099	238.75	3
青岛	1913	611	15993	251186	463.3	7.7
长沙	1834	493	6264	177159	453.84	10
大连	1742	425	14943	191655	140	3.2
西安	1320	531	8368	247702	151.02	5.54
厦门	1069	259	7285	130709	145	7
海口	771	94	4334	58665	43.2	2.6
南昌	493	242	3315	108047	72.3	3.3
南宁	481	49	1461	33932	7.9	1.7

资料来源:张京成.中国创意产业发展报告(2013)[M].北京:中国经济出版社,2013.

另外，中国的创意生产企业呈现明显的园区集聚特点。如张京成等通过对创意产业就业人数、企业数量、资产总额、营业收入四项重要统计指标的关键数据进行分析处理，认为中国60个主要城市的创意产业发展情况呈现出四个梯队的金字塔状分布：北京和上海为第一梯队，创意企业数量都超过5万个，就业人数超过100万人，资产总额超过1.5万亿元，营业收入均在5000亿元以上，遥遥领先于其他城市；广州、深圳、杭州等11个城市的创意企业数量均在10000个以上，就业人数在200000人以上，资产总额在1500亿元以上，营业收入在500亿元以上。其创意产业已经具有较为明显的优势，正处于稳步发展阶段，构成第二梯队；大连、福州、沈阳等17个城市具备一定的基础，具有较大的增长潜力，构成梯队；石家庄、乌鲁木齐、绍兴、珠海等其余30个城市为第四梯队[130]。另有观点将中国创意产业分为京津冀地区、长三角地区、珠三角地区和中西部地区以及若干城市，其中各个区域都拥有若干代表性的创意集聚区。例如，京津冀地区的中关村创意产业先导基地、798艺术区；长三角地区的上海春明艺术产业园、八号桥、同乐坊、田子坊等；珠三角地区的中国香港数码港、广佛创意岛、深圳文化创意产业园、南方文化产业园等；中西部地区以及若干城市的华山创意文化园区、"西"创意社区、江通动画产业基地、武汉光谷创意产业园等。并且各区域发展的创意行业侧重点不同：京津冀地区把影视文化类、电信软件类、设计服务、展演出版类、咨询策划类和科研教育类作为创意产业区域发展重点；长三角地区把影视文化类、电信软件类、工艺时尚类、展演出版类、咨询策划类、休闲娱乐作为创意产业区域发展重点；珠三角地区把影视文化类、电信软件类、工艺时尚、展演出版类、休闲娱乐类作为创意产业区域发展重点；中西部地区把影视文化、工艺时尚类、展演出版类、休闲娱乐类作为创意产业区域发展重点[131]。

从数据上看，截至2011年中国各省市共建立具有一定规模的创意产业园区、示范基地350个，其中国家级创意产业示范园区6家、试验园区4家、示范基地204家。在区域分布上，国家级创意产业示范园区、试验园区、示范基地主要集中在东部地区，共89家，占总数41.6%；中部地区共47家，占总数的21.9%；西部地区共56家，占2%；东北地区分布最少，共22家，占比10.3%。从城市范畴来看，北京、上海两地集中了我国多数创意产业园区和企业示范基地，广州、深圳、长沙、天津等地也有一定数量的分布（见图5-10）。

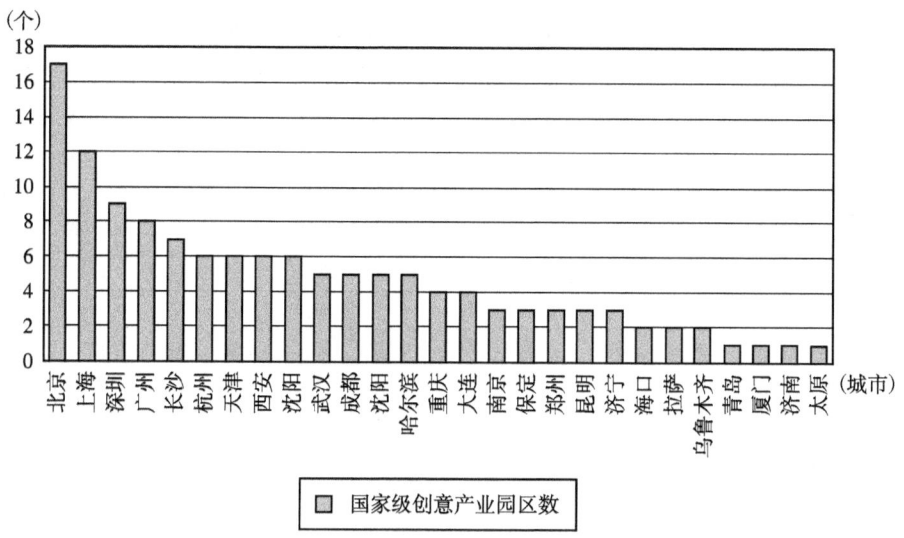

图 5-10 中国国家级创意产业园区区域分布图

进一步通过中国各省市主要文化创意产业园区名单（见附录3）可以看出，北京、上海、浙江、广东、江苏、山东和天津等地的创意产业园区数量最多。在行业的分布上，动漫、软件设计、数字娱乐等相关行业的创意产业园区主要集中在北京、上海、南京、济南、广州等东部经济发达城市，以及重庆、西安、成都等少数几个西部城市。大部分西部城市的创意产业园区主要还是以文化旅游、艺术表演及传统手工艺品制作等科技融合度较低的行业为主。

(三) 创意消费

根据测算，在人均GDP达到1600美元水平时，对文化与创意产品的消费应占收入的20%。但根据文化部、文化产业司和中国人民大学联合发布的《中国文化消费指数（2013）》报告数据，中国目前实际的文化消费规模大约是1.038万亿元，占居民消费总支出的6.6%，因而中国目前对文化产品的消费满足度不到1/3。另据调查显示，中国文化消费的潜在规模是4.7万亿元，应该占居民消费总支出的30%，大概存在着3.66万亿元的文化消费的缺口。目前各省市的文化消费环境、意愿、能力、水平和满意度以及综合指数排名如表5-11所示。并且，较2012年的文化消费指数平均值基本呈现正增长的态势，年平均增长率为1.09%。

表 5-11　2013 年中国文化消费指数得分与排名

排名	综合指数		文化消费环境		文化消费意愿		文化消费能力		文化消费水平		文化消费满意度	
1	上海	86.0	北京	93.7	重庆	80.2	上海	99.3	广东	93.2	山西	96.2
2	北京	84.5	上海	85.6	福建	80.1	江苏	85.4	山东	90.5	天津	93.5
3	天津	80.5	浙江	74.8	湖南	78.3	北京	82.2	四川	85.6	北京	87.9
4	广东	80.3	广东	70.4	浙江	76.8	天津	81.5	北京	84.6	江苏	85.5
5	江苏	79.9	天津	69.3	河北	76.8	安徽	80.7	山西	84.0	广西	85.2
6	山东	79.5	江苏	68.1	天津	75.5	广东	80.4	河北	82.8	贵州	84.4
7	山西	79.4	福建	67.3	上海	74.9	四川	80.1	安徽	82.8	浙江	84.2
8	浙江	78.6	山东	63.9	江西	74.9	江西	79.7	上海	82.4	陕西	83.9
9	四川	77.8	重庆	63.7	四川	74.6	山东	79.5	重庆	82.3	甘肃	83.8
10	重庆	77.3	湖北	63.5	山东	74.6	浙江	78.7	江西	81.6	海南	82.8

资料来源：中国文化消费指数（2013），http://www.ccdy.cn/zhuanti/2013zt/wenhuachina/xiaofei/.

总体来说，当前中国居民的文化与创意产品的消费水平整体偏低，近一半受访者年文化消费支出低于 2000 元，文化消费支出占可支配收入的比重是低于 12%，超过一半的受访者每天用于文化消费的时间大概是 1~3 个小时。在城乡差异方面，城镇居民的文化消费水平明显高于农村的居民，约为农村居民 3.4 倍；区域差异方面，东部地区的居民人均消费支出是 5197.3 元，占可支配收入的 20.6%，这两项指数均高于中部地区和西部地区；从消费结构看，我国居民十大偏好文化产品分别是报纸杂志、游戏、文化器材、电视、设计、电影、图书、广播、艺术品收藏和娱乐活动；在国内外的产品消费偏好方面，电影、动漫、游戏、演艺四类文化产品中，喜欢国外电影和动漫作品的国人比喜欢国内同类产品的国人高出 10%，而国内游戏演艺产品比国外同类产品更受欢迎，特别是演艺产品，喜欢国内演艺产品的人数比国外的同类产品人数高出近 20%。

近年来，中国对外文化贸易的规模不断扩大，结构逐步优化。2013 年中国文化产品进出口总额达 274.1 亿美元，是 2006 年的 2.6 倍，主要以视觉艺术品（工艺品等）、新型媒介（游戏机等）、印刷品、乐器为主。2013 年中国文化服务进出口 95.6 亿美元。其中出口 51.3 亿美元，是 2006 年的 3.2 倍。文化服务主要以广告宣传服务为主。

（四）营销市场

中国在 1978 年以前实行的是计划经济市场运营体制，而 1978 年以后为了提高资源配置效率建立了市场经济运营体制，建立了现代商品市场体系，努力构建包括劳动力、技术、信息、金融、房地产等要素的市场体系。经过30多年的市场经济发展，中国的营销市场取得了长足的进步。2013年，中国市场营销销售值平稳较快增长。全年社会消费品零售总额237810亿元，比上年增长13.1%，扣除价格因素，实际增长11.5%。按经营地统计，城镇消费品零售额205858亿元，增长12.9%；乡村消费品零售额31952亿元，增长14.6%。按消费形态统计，商品零售额212241亿元，增长13.6%；餐饮收入额25569亿元，增长9.0%。

目前规模以上商品批发市场已达到9万多家，其中年成交额亿元以上的商品市场达到4121个，年成交总额超过4.4万亿元，市场摊位数达到268万个，营业面积达到1.98亿平方米。商品批发市场不仅较好地发挥了商品交易、物流集散、价格形成、信息发布、资金结算的功能，而且在促进地方经济发展、增加就业机会、提供政府税收、推动新农村建设和城市化进程等方面发挥了积极的作用。许多批发市场功能不断升级，从商品经营向资产经营发展，从国内市场向国际市场发展，成为地方经济发展的重要窗口。

（五）媒体中介

伴随着电子通信技术的迅猛发展和广泛应用，中国的传媒行业与国际传媒产业一样正在经历空前的挑战和转型。目前中国传媒行业的发展已经呈现由传统媒体（包括报纸、杂志、电视、广播等）向新兴媒体（主要指国际互联网、多媒体等）转移的态势。据清华大学联合国内外学术界多位专家学者共同发布的《中国传媒产业发展报告（2014）》中数据，2013年中国传媒产业总体规模达8902.4亿元，同比增长16.2%，超过GDP增长率一倍以上，较2012年上涨近4个百分点，产业总体规模较2008年上涨一倍（见图5-11）。电视、互联网及移动媒体已经成为增长的主要支柱。

目前中国传媒行业的主要特点是，新媒体的崛起成为传媒产业超越GDP快速增长的重要驱动力——移动互联网使传播渠道碎片化，营销模式不断创新，形成新经济增长点；网络游戏平台逐步体现媒体价值；社交媒体、网络视频、OTT TV、数据库等新的商业模式层出不穷，市场规模逐步扩大。另外，传统媒体呈现两极分化的发展趋势，一方面电视媒体的领先优势继续扩大，电视广告基本保持两位数以上的增长，电影票房和植入式广告推动电影产业加速前进；另一方面，广播和期刊增长率市场衰退加剧，报业集团开始寻求转型革新的模式。

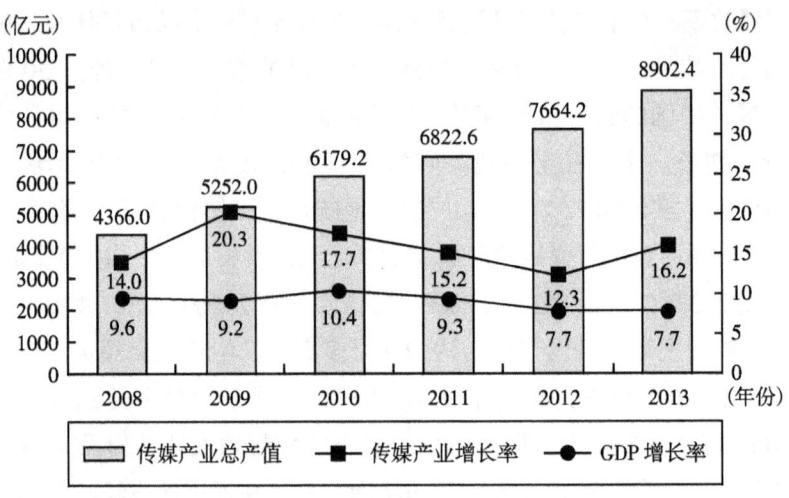

图 5-11 2008~2013 年中国传媒业总产值及增长率

资料来源:《中国传媒产业发展报告 (2014)》, http://www.china.com.cn/news/txt/2014-04/19/content_32147521.htm.

三、中国创意产业价值创造生态系统外部环境概览

(一) 经济基础

中国经济在经历 30 多年的改革开放后,总体实现了国民经济的平稳较快增长。截至 2013 年,全年国内生产总值 568845 亿元,比上年增长 7.7%,比 2009 年国民生产总值 (340903 亿元) 增长近 67% (见图 5-12)。2013 年第一产业增加值 56957 亿元,增长 4.0%;第二产业增加值 249684 亿元,增长 7.8%;第三产业增加值 262204 亿元,增长 8.3%。第一产业增加值占国内生产总值的比重为 10.0%,第二产业增加值比重为 43.9%,第三产业增加值比重为 46.1%,第三产业增加值占比首次超过第二产业。

另外,人民生活水平在经济增长的同时也得到了很好的改善。截至 2012 年,人均国内生产总值达到 38459.47 元,是 2000 年 (7857.68 元) 的近 4 倍。居民消费水平由 2000 年 3632 元上升到 2012 年的 14098 元。

(二) 文化氛围

中国的文化市场氛围总体处于向上发展的态势。截至 2011 年底,全国共有文化市场经营单位 25.6 万家,从业人员 157.3 万人,演出、娱乐、艺术品、网

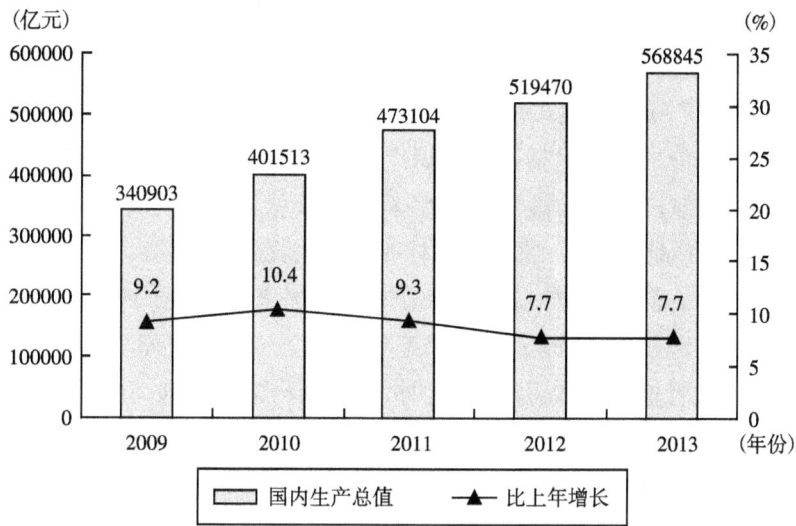

图 5-12 2009~2013 年中国国内生产总值及增长速度

资料来源：《2013 年国民经济和社会发展统计公报》，国家统计局。

吧、网络音乐、网络游戏六大市场总规模达到 4155 亿元，成为人民群众文化消费的主渠道。

2011 年全国演出市场规模达 233 亿元，演出与旅游、网络、动漫等领域跨界融合趋势日益明显，演艺集聚区建设出现热潮，演出市场国际化趋势开始显现；在娱乐市场方面，2011 年全国歌舞娱乐场所有 5.4 万家，游戏游艺娱乐场所有 3.6 万家，市场规模达到 566 亿元，娱乐场所转型升级蔚然成风，大众型消费场所成为市场主流；艺术品市场发展迅猛，2011 年我国艺术品市场交易总额为 1959 亿元，艺术品市场的快速发展，带动了社会资本及普通民众参与艺术品投资、收藏的热潮，促进了优秀文化的传承和艺术创新发展，画廊经营实力增强。

另外，特别是以网吧、网络音乐、网络游戏等为代表的新兴市场也异军突起，发展势头迅猛，2011 年市场规模达到 1397 亿元。目前，网吧已成为低收入人群主要文化消费场所，全国现有网吧 14.6 万家，市场规模达 619 亿元，全国网吧连锁率已近 40%；2011 年网络音乐总体市场规模达 309 亿元，其中服务和内容提供商收入 27.8 亿元。网络音乐带动音乐产业转型升级，2011 年，网络音乐相关企业达 452 家；网络游戏市场规模也不断扩大，2011 年达到 468.5 亿元，现有网络游戏运营企业 1293 家，网络游戏虚拟货币交易服务企业 37 家，客户端游戏扁平化、网页游戏移动化、移动游戏规范化成为网络游戏的主要发展趋势。

（三）法律环境

中国的知识产权保护模式采用"行政保护和司法保护"两种途径。主要履行保护知识产权职能的部门包括国家知识产权局（专利权）、国家工商行政管理总局（商标权和类似权利）、国家版权局和新闻出版总署（版权）、国家质量监督检验检疫总局（原产地名称）、农业部和林业局（植物新品种权）、工业和信息化部（互联网域名权）、海关总署（边境知识产权）、国家保护知识产权工作组（涉及知识产权保护各部门的协调）、文化部等数家单位，以及最高人民法院、最高人民检察院的司法管辖权。知识产权保护执法包括行政执法和司法审判两个方面，其中行政执法的有关部门主要是著作权行政管理机关、专利行政管理机关、工商行政管理机关、公安机关、海关执法机关等。此外，各地的城管监督部门也可在查处、遏制盗版活动中发挥重要作用。中国自1983年就开始实行《商标法》，在专利权和商标权的保护上实行先申请登记先保护的制度，而著作权和商业秘密权的保护则是自动取得[132]；国务院修订的《专利法实施细则》和文化部出台的《全国文化市场知识产权保护专项执法行动方案》起到了加强创意产业知识产权保护的作用。总之，中国初步具备了知识产权保护环境，在基本的商标注册申请、审查、注册等多方面的原则与国际上通行的原则取得了一致，但整体执行水平不高，体系尚不完善，知识产权保护的整体意识有待提高。

（四）信息技术

作为关系国计民生的战略性新兴产业，中国信息技术产业近年来保持了良好的发展势头。

在科研创新方面，电子信息产业核心技术不断突破。2012年，我国采用国产处理器和软件的神威蓝光千万亿次计算机技术水平跨入国际先进行列；自主开发的8Gb DDRII存储器芯片出货量超过430万片；自主研发的智能手机浏览器用户超过3亿；国产智能终端芯片销售量超过4000万颗。数字视听领域，产业链各环节实现协调发展和良性互动，广州、杭州等数字家庭应用示范工程用户达到50万户。新型显示领域，生产线、相关材料及设备的研发和产业化步伐加快，液晶面板全球市场占有率超过10%，国内电视面板供应自给率突破20%。

同时，信息产业对社会的经济贡献不断增强。2012年，我国规模以上电子信息制造业从业人员规模突破千万大关，达到1001万人，比上年增长6.5%，占全国城镇就业人员比重达到2.8%；电子信息产品进出口总额达11868亿美元，占全国外贸进出口总额的 30.7%。

(五) 政策环境

中国政府从 2006 年《国家"十一五"时期文化发展规划纲要》发布，并首次在官方文件中提出"创意产业"，到 2009 年国务院通过《文化产业振兴规划》，2010 年《"十二五"时期文化产业倍增计划》，创意产业所处的政策环境日臻完善。另外，针对创意产业的一些重点行业领域的最新发展情况，出台了众多专项政策。例如国务院办公厅出台了《关于促进电影产业繁荣发展的指导意见》，文化部出台了《网络游戏管理暂行办法》、《关于加强文化产业园区基地管理、促进文化产业健康发展的通知》、《国家级文化产业示范园区管理办法（试行）的通知》，新闻出版总署出台了《关于进一步推动新闻出版产业发展的指导意见》，国家广播电影电视总局《电视剧内容管理规定》、《互联网视听节目服务业务分类目录（试行）》、《关于进一步加强广播电视广告审查和监管工作的通知》、《关于印发〈广播影视知识产权战略实施意见〉的通知》，并与国家档案局联合出台《电影艺术档案管理规定》，基本上覆盖了创意产业的三大传统行业和部分热门新兴行业[133]。

第五节 创意产业价值创造生态体系的国际比较

一、创意产业发展及管理方式的国际比较

通过以上对美国、英国、澳大利亚、中国四个国家的创意产业发展沿革的分析，可以发现四个地区在创意产业的发展上时间不一。澳大利亚 1994 年发布第一个国家文化发展战略，是第一个提出建设创意国家（Creative Nation）理念的国家；英国 1997 年首次明确提出"创意产业"概念，也是第一个成立专门政府机构用于推动创意产业发展的国家；美国虽然未提出"创意产业"概念，但其对相似概念"版权产业"早在 20 世纪六七十年代就开始加以重视和调研，故美国实际上是首先关注创意产业的国家。相比其他三个国家，中国的创意产业发展比较晚，大约在 20 世纪初才受到国外创意产业发展影响，进行了文化事业与文化产业的分离，开始重视并推动文化创意产业发展。

在创意产业的管理方式上，美国、英国、澳大利亚、中国四个国家秉承的理

念不同，管理方式特征也有所不同（见表5-12）。英国与澳大利亚均设立了专门负责创意产业工作的政府机构，秉承"一臂间隔"原则，采用政府主导和社会团体参与负责的管理模式进行文化管理。不同的是，英国国家政府在创意产业的推动力度上较大，而澳大利亚的各州级政府根据自身特色对创意产业的推动力度较大。美国与中国均未设立统一的创意产业或版权产业管理机构。但不同的是美国之所以未设立专门的管理机构，其用意是采用竞争式的分散管理模式，其拥有众多成熟的营利与非营利文化管理组织共同竞争合作，形成了良好的竞争管理生态。而中国未设立专门管理机构主要由于文化创意产业的管理形式还未完全理顺，故只能分割入不同的部门进行管理。

表5-12 创意产业管理方式的国际比较

	美国	英国	澳大利亚	中国
创意产业管理机构	未设统一管理机构；分散型管理机构由社会非营利性组织和营利性组织组成	英国文化、媒体和体育部（DCMS），下设"创意产业工作组"负责文化政策制定等；各社会团体协助管理参与	澳大利亚传播、信息科技暨艺术部会负责文化政策的制定、文化拨款等事务；地方各级政府也行使相应的权力或承担相关的责任	未设立统一管理机构，管理权分散隶属于相关政府部门，其中部分由社会团体协助管理
管理方式特征	竞争型分散管理模式	"一臂间隔"原则下的国家政府推动管理模式	"一臂间隔"原则下的国家政府与地方政府联合推动模式	政府部门分散管理模式

二、创意产业价值生态系统内部生态位国际比较

第一，在创意人才方面，英国和澳大利亚均按照"创意经济人才"和"创意产业人才"进行分类，即区分创意产业中是否从事创意职位、非创意产业中是否从事创意职位。这样的划分方式使创意人才的认定更细致化。两个国家的创意人才数量均增长速度较快，所占比例较高；美国显然是创意人才的储备大国，其创意就业比例逐步上升，创意人才薪资显著高于普通薪资水平；相比来说，中国的创意人才数量相对短缺，存在人才结构失衡，缺乏高端原创型人才等问题。由于各个国家统计口径不一，整体上的比较可以从联合国开发计划署2013年发布的《创意经济报告》数据窥见一斑。英国、美国和澳大利亚创意人才占总就业人口比例均处于国际较高水平（见图5-13），而由前文数据可知，中国的创意人才占就业人员比例（2013年，1.69%）不到他们的一半。

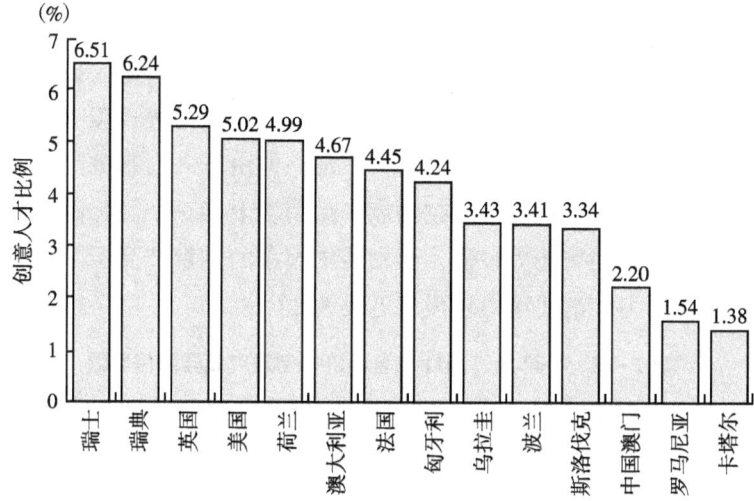

图 5–13　全球创意人才占就业总人口比例国际比较

第二，在创意生产方面，美国、英国、澳大利亚、中国四个国家近年来创意产业实现产业增加值均相对较高，对 GDP 的贡献率也均呈逐年上升的趋势。同样从联合国开发计划署 2013 年发布的《创意经济报告》数据来看，美国的版权产业对 GDP 的贡献率高居世界第一位，澳大利亚和中国的数据也超过了世界平均水平。图中虽未标出英国数据，但从英国实际发展来看，其创意产业的 GDP 贡献值应在前列（见图 5–14）。另外，各个国家均出现了创意生产区域集聚的现象，也涌现出一些创意产业发展著名城市，如美国的纽约、洛杉矶等，英国的伦敦、曼切斯特等，澳大利亚的墨尔本、布里斯班等，以及中国的上海、北京、中国香港等。

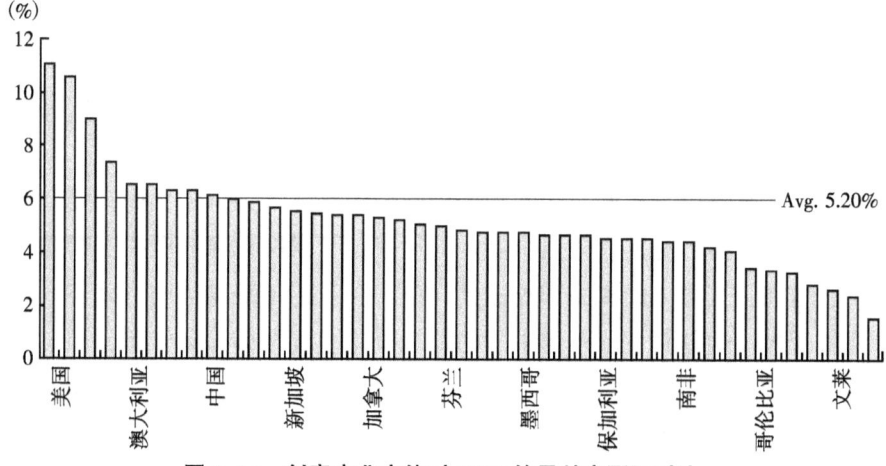

图 5–14　创意产业产值对 GDP 的贡献率国际对比

第三，在创意消费方面，美国和英国均是创意产品和服务的出口大国，其产品的国外消费能力较强；澳大利亚的文化创意进口大于出口额，显示出较强的国内消费能力；而中国近年来文化创意出口有所上升，但与美、英等发达国家比较还有一定的差距。并且国内创意消费能力不足，但由于人口基数巨大未来消费潜力巨大。实际上，这也反映出当前在创意产品消费上的一个国际倾向，即发达国家的创意产品的国际消费能力较强，而发展中国家的创意产品国际消费能力相对较差，但其消费实力和消费潜力较强（见表5-13）。

表 5-13 2002 年、2011 年各经济体创意产品国际消费额

单位：百万美元

	全球		发展中国家		发达国家		转型期国家	
	2002年	2011年	2002年	2011年	2002年	2011年	2002年	2011年
所有创意产品	198240	454019	73890	227867	123169	222597	1181	3555
艺术品	17503	34209	9201	23383	8256	10653	45	172
录影带	455	492	35	90	417	400	3	2
设计	114694	301262	53362	172223	60970	127239	362	1800
新媒体	17506	43744	4412	14607	13071	28918	23	219
表演艺术	2754	—	250	—	2478	—	26	—
出版	29908	43077	3157	8106	26061	33650	690	1321
视觉艺术	15421	31127	3474	9456	11916	21631	31	40

第四，在营销市场方面，美国和英国作为最先进的发达国家，其营销市场体制已经非常成熟，市场开放度很高，市场流通体量较大；澳大利亚作为发达国家之一，其营销市场体制也相对成熟，但在体制上比较保护国内营销机构，故国外营销机构在澳大利亚本国竞争实力偏弱；而中国作为发展中国家，其市场的健全程度与发达国家还有一定差距，但其营销市场结构正在逐步完善，开放度也在逐渐加大。

第五，在媒体中介方面，美国和英国的传统媒体实力最强，拥有完整的媒体网络，对世界媒体行业具有较强影响。近年来，互联网和有线电视等新媒介快速崛起，更增强了其媒体的实力和先进性；澳大利亚的传统媒体网络完整，近年来非常注重新媒体的创新发展；而中国的传统媒体呈现两极分化状态，即电视媒体的领先优势继续扩大，广播和期刊增长率市场衰退加剧，同时网络等新媒体迅速崛起。可以看出，四个国家在媒体实力上存在明显差异，但共同点是新媒体均为目前发展的重心。

表 5-14 创意产业价值生态各生态位国际比较

	美国	英国	澳大利亚	中国
创意人才	创意人才储备充足，创意就业比例逐步上升，创意人才薪资显著高于普通薪资水平	创意人才比例高，增长快速；按照创意经济人才和创意产业人才分类	创意人才增长速度较快，所占比例较高；按照创意经济人才和创意产业人才分类	创意人才数量相对短缺；人才结构失衡，缺乏高端原创型人才
创意生产	创意生产产值稳中有增，产业增加值对GDP贡献率与其他行业相比较高	创意生产产值增长较快，对GDP贡献率仅次于房地产业	创意产业产值呈现比较稳定的增长态势，对GDP贡献率稳定	创意产业产值与规模不断扩大；对GDP贡献率不断上升
创意消费	文化创意出口不断上升，国外消费额上升	文化创意出口不断上升，国外消费额上升	文化创意进口大于出口，国内消费能力较强	文化创意出口有所上升，国内创意消费能力不足，但消费潜力巨大
营销市场	营销市场体制成熟，开放度高，市场流通体量较大	营销市场体制成熟，开放度高，市场流通体量较大	营销市场体制相对成熟，保护国内营销机构	营销市场正在逐步完善，开放度逐渐加大
媒体中介	传统媒体实力强，互联网和有线电视等新媒介快速崛起	传统媒体实力较强，数字化媒体发展迅速	传统媒体网络完整，重视新媒体的发展	传统媒体两极分化，新媒体迅速崛起

三、创意产业价值生态系统外部环境国际比较

在影响创意产业价值生态系统发展的五大外部环境上，美国、英国、澳大利亚、中国四个国家各具特征（见表 5-15）。

表 5-15 创意产业价值生态系统外部环境国际比较

	美国	英国	澳大利亚	中国
经济基础	世界第一大经济体，人均GDP位于世界前列（2013/11）	传统资本主义强国，人均GDP位于世界前列（2013/25）	发达国家，人均GDP位于世界前列（2013/5）	世界第二大经济体，但人均GDP较低（2013/86）
文化氛围	典型移民国家文化，文化氛围开放、多元、冒险、包容	老牌资本主义国家文化，文化氛围浓郁、优雅	移民文化与本土文化的结合，文化氛围多样化、开放	传统中庸文化，近代文化出现断层，目前文化氛围逐渐增强
法律环境	知识产权体系先进健全完善	知识产权保护最早，体系完善鼓励创新	相对完备统一，高效且现代化	行政保护和司法保护并举，但整体执行水平不高，体系尚不完善
信息技术	全球电子信息产业和技术的领导者	信息技术先进，在数据开放方面引领世界	信息与通信技术水平相对比较发达	信息技术水平较发达国家稍有差距，保持上升态势

续表

	美国	英国	澳大利亚	中国
政策环境	注重版权规则的制定，回避以政府政策推动版权产业发展	重视国家政府的政策推动作用，政策环境宽松	重视国家政府和州级政府的政策推动作用	重视政府政策推动作用，政策环境逐渐宽松完善

在经济基础上，美国、中国、英国和澳大利亚的经济整体实力依次由高到低，但从人均经济实力上来看，中国虽为第二大经济体，但其人均经济量非常低，而澳大利亚人均经济量反而最高。

在文化氛围上，美国属于典型的移民国家国家，开放的文化姿态使之吸引了大量创意人才。但与同样是资本主义强国的英国相比，英国的文化氛围更加具有老牌资本主义国家的传统文化底蕴。同样是移民国家的澳大利亚在文化氛围上也具有开放性特征，但同时也注重了一定的本土土著文化的发展。中国相比其他三个西方国家，文化氛围具有特殊性，并且由于近代的文化断层，当前的文化氛围处于逐渐回升的态势。

在法律环境上，英国是最早实现知识产权立法的国家，但目前知识产权方面的法律体系完备先进程度还应属美国。澳大利亚隶属英联邦国家，在知识产权体系的建立上相对完备高效。相比来说，中国的知识产权保护体系还不完善，执行水平不高，实行行政保护和司法保护并举的互补措施。

在信息技术上，美国无疑是全球电子信息产业和技术的领导者，拥有目前世界上最先进的信息技术。英国和澳大利亚的信息与通信技术水平相对比较发达。中国相较发达国家的信息技术稍有逊色，但目前总体保持快速发展态势。

在政策环境上，美国注重对版权规则的制定政策，但回避以国家行政政策推动版权产业发展。英国、澳大利亚和中国都相对注重政府政策推动创意产业发展。

总体来看，除了在政策环境方面美国和英国、澳大利亚、中国的侧重不同外，在经济基础、文化氛围、法律环境和信息技术四个方面，美国、英国、澳大利亚、中国实力依次由强到弱，符合发达国家与发展中国家的发展轨迹与特征。

第六章
生态隐喻视角下的创意产业价值创造能力评价

在以价值生态为基础构建了创意产业价值创造生态系统概念模型后,为了进一步实现对创意产业价值创造能力的具体衡量,本章将借鉴创意指数及相近指数体系构建的思路和方法,构建基于价值生态的创意产业价值创造能力评价模型,为后文的价值创造影响因素的识别和评价方法的选取提供依据和借鉴。然后以创意产业价值创造生态系统为基础,并结合综述结果,分析主要影响创意产业价值创造能力的影响因素。最后选取适当指标和结构,构建基于价值生态的创意产业价值创造能力评价体系,并结合体系特点选取适当的评价方法构建评价模型。

第一节 创意产业价值创造能力评价体系综述

创意指数(Creative Index)可以很好地衡量创意产业这种新兴的经济形态的价值创造能力。实际上,指数体系是以简化的形式反映原本复杂的信息,为决策者的行为、评估、测量以及影响力的监测等提供一个评估指导[134]。在意识到传统的衡量经济环境和发展的工具,如国民生产总值、年经济增长、外汇储备、失业率等不能很好地揭示创意经济发展所依赖的驱动力——知识、信息和创意等无形资产,并对创意产业价值创造能力的解释力有限后,创意指数由卡内基·梅隆大学教授、区域经济发展研究专家 Richard Florida 在 2002 年的著作《创意阶层之兴起》中首次提出。目前较成熟的创意指数主要包括：Florida 教授提出的"3Ts"指数，及以此为基础扩展形成的欧洲及全球创意指数；欧洲的 KEA 创意指数，Charles Landry 的创意城市规模等级理论；亚洲地区的中国香港、上海、中国台湾和新加坡等地均提出了本区域的创意指数体系。另外，由于创意、创新概念的相近性，创意产业与竞争力的联系性，一些成熟的竞争力指标体系和创新指数同样具有借鉴意义。本节将从指数基本内容、指数结构以及评价方法三方面对目前 20 个指标体系进行综述比较，提取其中反映主要影响创意产业发展和价值创造的因素，了解目前常用的评价方法。

一、创意指数及相近概念指数体系内容比较

（一）创意指数（Creative Index）

根据创意指数适用的地域性差别，本文按照美洲、欧洲、亚洲及全球四个地域对现有的主要创意指数体系进行了初步归纳，主要包括指数体系的研究机构或个人、一级、二级指标个数、主要的构建框架特点以及其实际评价应用的范围（见表 6-1）。

表 6-1　主要创意指数、创新指数及竞争力指数基本内容

指数类别	地区	指数体系	指数研究机构	指标个数（一级/二级）	构建框架	应用对象
创意指数	美洲	Florida 3T 指数	Florida	3/8	3T 要素	美国 50 万人口以上的 81 个大都市区和 50 个州；澳大利亚部分地区评价；英国新经济基金会应用（40 个城市）
		美国创意指数	Arthur L. Adiarte and Dr. Kevin Stolarick	4/4	3T 要素	美国 50 个州
		创意社区指数	硅谷文化启动项目组	4/11	文化生态要素	硅谷地区
	欧洲	ECI 欧洲创意指数	Florida and Irene Tinagli	3/9	3T 要素	欧洲 14 个国家
		KEA 欧洲创意产业指数	文化对创意的贡献研究课题（欧洲委员会支持）	6/11	要素（5）-结果（1）	欧洲应用分析
		创意城市等级	Charles Landry	4 纬度/9 指标	交叉型	无

续表

指数类别	地区	指数体系	指数研究机构	指标个数（一级/二级）	构建框架	应用对象
创意指数	亚洲	5C中国香港创意指数	香港大学文化政策研究中心	5/88	要素（4）-结果（1）（5C要素）	中国香港本地应用
		上海城市创意指数	上海创意经济中心，上海统计局	5/35	五要素驱动	上海本地应用
		新加坡创意标准指数	新加坡信息、交流与艺术创意产业策略组	3/9	三功能要素	五个国家（地区）比较（澳大利亚、中国香港、新加坡、英国、美国）
		新加坡ASAT创意指标体系	新加坡知识产权研究所	4/11	创意生态要素	八个国家（地区）比较（冰岛、美国、中国香港、丹麦、澳大利亚、芬兰、瑞士、新加坡）
		中国台湾创意绩效指标系统	中国台湾"中华经济研究院"	8/33	八因素驱动	中国台湾本地应用
	全球	GCI全球创意指数	Florida	3/7	3T要素	测算了45个国家包括绝大多数欧洲国家、经合组织成员国、主要的亚洲国家如中国及印度的创意指数
		CICE创意经济综合指数	Flemish	3/9	3T要素	9个区域（Baden-Württemberg, Catalonia, Flanders, Lombardy, Maryland, Quebec, Rhône-Alpes, Scotland, Nord-Pas-De-Calais）
创新指数		EIS欧洲创新记分牌	欧洲理事会	5/25	创新驱动	欧盟各国创新表现
		GIS全球创新记分牌	欧洲理事会	5/12	创新驱动	比较欧盟25个国家与其他R&D支出表现较好（R&D支出占全球总量的0.1%以上）的国家或地区的创新绩效

续表

指数类别	地区	指数体系	指数研究机构	指标个数（一级/二级）	构建框架	应用对象
竞争力指数		WEF全球发展竞争力指数	世界经济论坛（WEF）	3/7	两类国家（核心/非核心创新国家）	各国家竞争力排名
		WEF全球竞争力指数	世界经济论坛（WEF）与哥伦比亚大学专家泽维尔·沙利-伊-马丁教授合作	9/16	三发展阶段理（要素、率、创新驱动）	各国家竞争力排名
		IMD国际竞争力指数	IMD瑞士洛桑管理学院	4/20	竞争力理论、要素驱动	各国家竞争力排名
		全球城市竞争力指数	全球城市竞争力项目组（美国、中国、加拿大、意大利等八国学者合作）	7/75	显示性指标+解释性指标	全球110个城市排名
		世界知识竞争力指数（WKCI）	英国罗伯特·哈金斯协会（RHA）	5/19	知识经济基准点	125个地区（北美（美国、加拿大）55个，欧洲45个、亚太地区25个）

Florida 提出的 3T 因素，即认为技术（Technology）、人才（Talent）、宽容度（Tolerance）是影响创意经济发展的关键衡量因素，并以此形成的 3T 指数体系是美国地区创意指数研究的代表[135]。实际上，美国创意指数体系、欧洲 ECI 创意指数，以及全球范围的 GCI 全球创意指数和 CICE 创意经济综合指数，均是以 3T 理论为基础的延伸；美国硅谷地区创立的创意社区指数在确立三个影响文化生态健康的因素——文化素养、文化参与和专业的文化产品与服务的基础上，通过大量的调研和访谈确立了包括创意效果（Outcomes）、艺术与文化参与（Participation）、创意资本（Assets）及创意杠杆（Cultural Levers）的创意社区指数框架[136]。从构建框架特点上来看，新加坡 ASAT 创意指标体系的构建与其有相似之处。ASAT 从创意生态系统动力角度，构建了资源可用性、可持续性、对改变的适应性以及持久性四个方面指标[137]。

KEA 欧洲创意产业指数采用了要素与结果结合的框架结构来构建指数体系，包括 1 个显示性指标创意产出与 5 个解释性指标，即人力资本、技术、机构环境、社会环境、开放度和多样性[138]。属于亚洲地区的中国香港 5C 创意指数采用了同样的结构，即认为 4 个解释性指标社会资本、文化资本、人力资本及结构或机构资本影响和互动的结果表现为创意成果或创意效益[139]；英国学者 Landry 提出了涉及经济、社会、环境以及文化 4 个纬度中的 9 项创意指标——关键群体

（Critical Mass）、多样性（Diversity）、便利性（Accessibility）、安全和保障（Safety and Security）、身份认同与差异化（Identity and Distinctiveness）、创新（Innovation）、联系和协同性（Linkage and Synergy）、竞争力（Competitiveness）和组织能力（Organizational Capacity）。9项指标在4个纬度中各有不同的体现，每个纬度不一定完全包括所有指标，属于交叉型指标结构。在此基础上 Landry 将创意城市分为10个等级。这种指标结构为指标构建提供了一种新的视角并为创意城市的特征界定提供了一定标准，但不具备实际评价操作性。

亚洲地区的上海城市创意指数、新加坡创意标准指数和中国台湾创意绩效指标系统均属于要素驱动型结构，为借鉴欧美、中国香港等发达国家和地区的经验，并结合本地域特点而设立。例如，上海城市创意指数由产业规模、科技研发、文化环境、人力资源、社会环境五方面构成。

（二）创新指数（Innovation Index）

创新指数体系的代表为欧盟理事会发布的欧洲创新记分牌（EIS）和全球创新记分牌（GIS）。两者指标结构相似，均采用了创新驱动力（人力资本）、科技研发、技术应用和知识产权对创新的重要影响。区别在于 EIS 比 GIS 更加重视企业创新指标的影响。另外，由于数据收集的难度，GIS 仅采用12个评价指标，少于 EIS 指标（25个）。GIS 和 EIS 评价结果高度相关。

直观比较创新指数与创意指数可以发现，创新指数相对更加重视技术、研发以及其中的知识产权问题对创新的影响。实际上，这也可以看作创意与创新概念差别的表现。创意是一种"对原有数据、感觉或者物质进行加工处理，生成新而有用的东西的能力"[9]，而创新为一种"新的产品、生产方式、新市场、新的材料供应源或新工业组织等引起的新生产函数的建立"[7]。创新比创意更加强调在生产、技术及竞争上的客观性，而创意相对具有一定的主观倾向[140]。

（三）竞争力指数（Competitive Index）

竞争力指数是由竞争力优势理论发展而来的指数衡量体系，体现了一个国家可以维持产业竞争优势的因素，其目的是解释一国的经济环境、组织、机构与政策在产业竞争优势中所扮演的角色，并以此为基础对其竞争力进行评价。当代国际竞争力指数研究中最具代表性的组织包括世界经济论坛（WEF）、瑞士洛桑管理学院（IMD）。其中，WEF 发布的全球发展竞争力指数将被评价国家分成核心创新国家和非核心创新国家；其发布的全球竞争力指数则将被评价国家从指标性质角度分为要素驱动、效率驱动以及创新驱动三个发展阶段；IMD 国际竞争力指数包括四大要素指标,即经济运行竞争力、政府效率竞争力、企业效率竞争力和基础设施竞争力,分别包涵5个子要素指标。另外,由中国社会科学院和美国巴克内尔大学为主,美国、中国、加拿大、意大利等八国学者合作组成的全球城市竞争力项目组发布的全球城市竞争力指数,对全球110个城市的综合竞争力进行了评价,明确将指标分为包括显示性指标和解释性指标两类各7个;英国罗伯特·哈金斯协会(RHA)发布的世界知识竞争力指数(WKCI)与知识经济紧密相关,从人力资本(Human Capital Components)、金融资本(Financial Capital Components)、知识资本(Knowledge Capital Components)、地区经济产出(Regional Economy Outputs)、知识的可持续性(Knowledge Sustainability)5大因素的19个"知识经济基准点"对一个地区的知识竞争力进行了评价[141]。

直观比较竞争力指数与创意指数发现,竞争力指数相对比较宏观,指标涵盖范围较广。但由于创意产业体现了产业竞争力的一个特殊方面,所以创意指数和竞争力指数在一些基本指标的选取上,如人力资源、技术、基础设施等存在相似之处。实际上,目前竞争力指数体系已具有相对权威的研究机构和成熟的体系架构,故构建创意指数时考虑对竞争力指数的借鉴是非常有意义的。

二、创意指数及相关指数体系指标结构比较

(一)主要一级指标提取及权重分析

为了进一步对不同的指标体系所包含的指标进行对比分析,并找到不同指标体系的内在特征,本书将19个指标系统中出现频率高的一级指标进行了同类项的提取,共提取人力资本、技术水平、创新、宽容度或多样性、知识产权、文化环境或资本、创意成果或效益、制度政策和政府环境、社会基础设施环境以及宏观经济发展水平10项指标。同时,为了明确提取的同类项指标所反映的各指标体系的信息的概率,以及遗漏信息的概率,本书根据各指标体系确定指标权重的方法,表示出提取的各主要指标在系统中所占的权重,以及未包含指标的权重(见表6-2)。

表 6-2 主要指标提取及权重分析表

指数类型	指数所属地区	指数体系	权重确定方式	微观基础指标				创意产业特有指标			宏观基础指标			未包含指标信息	未包含指标权重
				人力资本	技术水平	创新	宽容度或多样性	知识产权	文化环境或资本	创意成果或效益	制度、政策、政府环境	社会基础设施环境	宏观经济发展水平		
第一类：微观基础+创意特有	美	Florida 3T	等权重	1/3	1/3	技术	1/3								0
	美	美创指	等权重	1/4	1/4	1/4	1/4								0
	欧/全球	ECI/GCI	等权重	1/3	1/3	技术	1/3								0
	全球	CICE	内源加权	12/23		62/125	36/67	创新							0
	创新指数	EIS	等权重	1/5	2/5	1/5		1/5							0
	创新指数	GIS	部分指定，其余等权重	1/6	1/2			1/6						信息传播	1/6
第二类：宏观基础+创意特有	美	创意社区	无规定/等						1/4	1/4	1/6	1/16		创意投资本/创意杠杆	13/48
第三类：微观基础+宏观基础	竞争力指数	WKCI	数据包络	y	y			科研				y	y	金融资本	1/5
	竞争力指数	IMD	等权重	1/20	企业效率						1/4	1/4	1/4	企业效率	1/5

续表

指数类型	指数所属地区	指数体系	权重确定方式	微观基础指标				创意产业特有指标			宏观基础指标			未包含指标信息	未包含指标权重
				人力资本	技术水平	创新	宽容度或多样性	知识产权	文化环境或资本	创意成果或效益	制度、政策、政府环境	社会基础设施环境	宏观经济发展水平		
第三类：微观基础+宏观基础	欧	全球城市	模糊因素	y		y					y	y	y	企业本体/生活环境/商务环境	0
	欧	WEF发展	分类指定		1/2	技术					1/4		1/4		0
					1/3						1/3	1/3	1/3		47/120
		WEF竞争力	分阶段指定	1/10	1/6	1/10					1/10	1/10	1/10	要素驱动/效率驱动	13/30
					2/15	3/10					3/40	3/40	3/40		41/120
第四类：微观基础+创意特有+宏观基础	欧	Landry	无规定等	1/9		1/9	2/9				y	1/3	y	竞争力/组织能力	2/9
	欧	KEA	无规定等	1/6	1/6	1/6	1/6	1/12	1/6	1/6				管理激励	1/12
	亚	中国香港	主成分分析	y		y			y	y	y	制度		社会资本	

续表

指数类型	指数所属地区	指数体系	权重确定方式	微观基础指标				创意产业特有指标			宏观基础指标			未包含指标信息	未包含指标权重
				人力资本	技术水平	创新	宽容度或多样性	知识产权	文化环境或资本	创意成果或效益	制度、政策、政府环境	社会基础设施环境	宏观经济发展水平		
第四类：微观基础+创意特有+宏观基础	亚	上海	指定	3/20	1/5			科研	1/5	3/20		3/20	3/20		0
	亚	新加坡	等权重	1/3		人才	人才				1/3	1/9	1/9	市场	2/9
	亚	新ASAT	指定	1/12	1/12		3/10				7/60	1/12	7/120	资源可持续性	11/40
	亚	中国台湾	无规定/等	1/8	1/8			科研	1/8	1/8	1/8	1/16	1/4	市场化	1/16

通过分析19个指标体系在10项主要指标上的体现及对应的权重比例，发现其中8个指标体系的指标信息全部被覆盖；11个指标体系存在信息遗漏，未包含指标信息如表6-2中所示。未包含指标平均权重为24%，其中未包含指标权重最大的为WEF全球竞争力指数，约占43%（13/30）；最小的为中国台湾创意指数，约占6%（1/16）。由此可知，提取的10项主要指标反映了20个指标体系中绝大部分的指标信息。

（二）创意及相关指数结构类型分析

根据10项主要指标的含义和性质，本书将其分为三类：微观基础指标，包括人力资本、技术水平和创新3项；创意产业特有指标，包括宽容度或多样性、知识产权、文化环境或资本、创意成果或效益4项；宏观基础指标，包括制度政策和政府环境、社会基础设施环境以及宏观经济发展水平3项。观察20个指标体系在10项主要指标上的分布情况，可以发现各指标体系在不同类型指标上的分布密度明显不同，即各指标体系在指标选取具有不同的侧重点。据此可将20个指标体系分为四类（见表6-2）：

第一类，侧重选取微观基础指标及创意特有指标，包括创意指数中美国地区的Florida 3T指数，美国创意指数，欧洲创意指数ECI，两个全球创意指数GCI、CICE，以及创新指数中的欧洲/全球创新记分牌。实际上，此对照结果再次从指标层面证实上述五个创意指数体系均是以3T理论为基础的延伸，与前文对指标框架的直观观察结果一致。另外，由于两个创新记分牌与其具有相似指标结构，说明以3T为基础的系列创意指数在构建时借鉴了创新指数的结构，但区别在于3T系列指数在创意特有指标层面提出了"宽容度和多样性"指标，具体衡量的指标采用了"同性恋指数"、"态度指数"等。事实上，这一指标是Florida 3T理论中最具创新性的内容，但也是遭受质疑最多的观点[142]。

第二类，侧重选取宏观基础指标及创意特有指标，美国硅谷的创意社区理论是这个类型的代表。创意社区指数的构建理论基础认为，多个创意层级的参与均影响艺术与文化的发展动力，创意层级活动的同时生成创意资本，这些创意资本反过来为艺术与文化的参与活动提供条件，最后创意活动的参与将以创意成果的形式衡量。据此构建的创意效果、艺术与文化参与、创意资本及创意杠杆四项指标，侧重衡量社区整体的宏观环境，及创意特有的表现形式与文化对硅谷商业和技术创新的贡献。另外，由于创意社区指数构建框架的特殊性，创意资本指标中的公民审美特征、创意教育，以及创意杠杆指标中的投资等没有被有效地概括入

10 项主要指标中。

第三类，侧重选取微观基础指标及宏观基础指标，五个竞争力指数均属于此类型。实际上，竞争力指标体系的目的就在于从微观和宏观角度全面衡量国家或产业整体的竞争优势，这与指标结构的对照结论一致。

第四类，全面选取微观基础指标、宏观基础指标以及创意特有指标，包括亚洲的五个创意指数中国香港、上海、新加坡标准及 ASAT 和中国台湾，以及两个欧洲创意指数 KEA 和 Landry 的创意城市等级。这类指标体系中除 Landry 提出的城市创意等级思想外，大多属于亚洲国家且提出较晚，在构建时较多地综合了以 3T 为代表的第一类指标体系和竞争力指标体系构建的思想，所以形成了较为全面的指标衡量体系。

总体而言，通过对指数结构类型的划分，发现了各指数体系选取指标的不同侧重点及其原因。并且发现创意指数的地域性差别与指数结构类型差别存在一定的联系性，例如美洲地区创意指数衡量主要为注重微观和创意特殊性的第一种类型；亚洲地区均为综合指数类型；而欧洲大部分延续了美 3T 指数思想，部分在此基础上加强了对创意特有指数和宏观基础指数的重视。

三、创意指数体系评价方法比较

实现指数体系的综合评价过程中主要涉及三个关键步骤：确定适当的指标权重，规范化原始指标数据，以及选用适当的综合评价方法进行指标评价。各个步骤采用的具体方法不同。

（一）指标权重确定

目前指标权重的确定方法可分为两大类：一类是主观赋权法，即由专家根据经验判断各评价指标的相对重要程度处理获得指标权重。例如，层次分析法（AHP 法）、德尔菲法等。另一类是客观赋权法，即直接依据各被评对象指标属性值数列的离散程度确定各指标权重。如离差最大化法、均方差方法、主成分分析法等。创意指数体系指标权重确定方法可以据此分为两种：

1. 主观指定权重

部分指数体系指定各指标为等权重，如 Florida 3T、美国创指、ECI/GCI、EIS、IMD、新加坡标准创意指数；部分指数体系根据专家意见为各指标指定不同权重，如全球城市竞争力指数在模糊因素评价中采用了德尔菲法确定指标权重。GIS 指定商业研发指标是其他指标的两倍，其他指标等权重。上海创意指数指定一级指标产业规模占 30%，科技和文化各占 20%，人力与社会各占 15%。新加坡 ASAT 指标体系指定资源可用性指标占 25%，资源的可持续性占 35%，对改变的适应性占 30%，持久性占 10%；另有部分指标体系分类别指定权重，如 WEF 发展竞争力指数分别为核心创新国家和非核心创新国家的评估指定了不同的权重。WEF 竞争力指数将被评价国家从指标性质角度分为要素驱动、效率驱动以及创新驱动三个发展阶段，以确定不同国家在不同发展阶段的指标权重。

2. 评价方法客观决定权重

中国香港创意指数权重由主成分分析法中综合因子的贡献率的大小确定；WKCI 由于采用数据包络法（DEA）进行评价，故事先不用主观确定指标权重，其与 CICE 采用的指标权重均属于内生权重（Endogenous Weight）。

（二）数据规范化处理

数据规范化方法一般有三种：线性转换法、标准差法和功效系数法。

1. 线性转换法

欧洲创意指数 ECI 和全球创意指数 GCI 在数据规范上采用线性转换法。一般表达式为：

$$v_{ij} = \frac{x_{ij}}{\max x_j}$$

，属于上限效果测度，适用于要求越大越好的指标，如效益型指标；

$$v_{ij} = \frac{\min x_j}{x_{ij}}$$

，属于下限效果测度，适用于要求越小越好的指标，如成本型指标。

其中，v_{ij} 是对象 i 在指标 j 上的评分，x_{ij} 是对象 i 在指标 j 上的表现，即原始值，$\max x_j$ 表示某个指标上最大的值，$\min x_j$ 表示某个指标上最小的值。

2. 标准差法

新加坡创意标准指数、GIS 全球创新记分牌、全球城市竞争力指数部分均采用标准差法进行数据规范。其一般表达式为：

$$v_{ij} = \frac{x_{ij} - \bar{x}_j}{s_j}, \text{其中}, s_j = \sqrt{\frac{1}{n-1} \sum_{j=1}^{n} (x_j - \bar{x}_j)^2}, \bar{x}_j = \frac{1}{N} \sum_{i=1}^{N} x_{ij}$$

其中，v_{ij}、x_{ij} 含义同前，$\bar{x}_j$ 为指标 j 的平均表现，s_j 为 j 指标上的标准差。

3. 功效系数法

又称 0-1 转换法。新加坡 ASAT 创意指标体系、CICE 创意经济综合指数、

EIS 欧洲创新记分牌、WEF 全球竞争力指数和部分 WEF 全球发展竞争力指数均采用此种方法进行数据规范。一般表达式为：

$v_{ij} = \dfrac{x_{ij} - \min x_j}{\max x_j - \min x_j}$，属于上限效果测度，适用于要求越大越好的指标；

$v_{ij} = \dfrac{\max x_j - x_{ij}}{\max x_j - \min x_j}$，属于下限效果测度，适用于要求越小越好的指标。

其中，v_{ij}、x_{ij}、$\max x_j$、$\min x_j$ 含义均同前。

（三）综合评价方法

创意指数及相近指数体系综合评分用到的方法主要为简单加权法，个别指数体系采用了其他综合评价方法。

1. 简单加权法

计算以不同的方法确定的评价指标的规范值与其对应权重的乘积之和，得出综合评价分值的方法。欧洲创意指数 ECI、全球创意指数 GCI、上海创意指数、EIS 欧洲创新记分牌、GIS 全球创新记分牌、WEF 全球发展竞争力指数、IMD 国际竞争力指数均使用简单加权法进行最后的指标综合评分。

其基本表达式为：

$v_i = \sum_{j=1}^{n} v_{ij} w_{ij}$，其中 $\sum_{j=1}^{n} w_{ij} = 100$

上述表达式中，v_i 表示第 i 个被评对象的综合评价分值，v_{ij} 是对象 i 在指标 j 上的评分，w_{ij} 表示被评对象 i 在第 j 个评价指标的权重值。

2. 其他

例如，中国香港创意指数综合评价采用了主成分分析法，世界知识竞争力指数 WKCI 采用了数据包络法。主成分分析法将给定的一组相关变量通过线性变换转成另一组不相关的变量，从而可以结合指标特征对确定新的指标含义。其中新指标的权重根据综合因子的贡献率的大小确定，这使其在权重确定的客观性上具备了一定优势；数据包络法（DEA）是根据多项投入指标和多项产出指标，利用线性规划的方法，对具有可比性的同类型单位进行相对有效性评价的一种数量分析方法。运用 DEA 方法进行多指标评价的优势在于不需要事先人为主观确定权重，并无须对输入输出指标进行无量纲化处理。

四、小结

总体而言，本节主要对13个创意指数、2个创新指数以及5个竞争力指数体系基本内容、指标构成、评价方法三个方面进行了比较分析。首先，在初步比较了各指标体系基本内容后，发现创意指数的构建借鉴了相对比较成熟的创新指数及竞争力指数体系的指标内容和理念。其次，在指标权重保证绝大部分指标信息覆盖的情况下，提取了创意指数体系共有的10项主要指标，将其分为3类：微观基础指标，包括人力资本、技术水平和创新3项；创意产业特有指标，包括宽容度或多样性、知识产权、文化环境或资本、创意成果或效益4项；宏观基础指标，包括制度政策和政府环境、社会基础设施环境以及宏观经济发展水平3项。并据此将20个指标体系从指标结构层面进行了分类。从而进一步说明创新指数为创意指数提供了较多的微观基础指标借鉴，竞争力指数的宏观基础指标为创意指数，尤其是亚洲创意指数的构建提供了借鉴。最后，指标评价方法的比较总结了现有创意指标及相近指标体系目前所运用的主要权重确定、规范化以及综合评分方法。

以上综述结论为创意产业价值创造能力衡量体系构建的重要考虑因素、评价方法的选择等提供了积极参考。但同时还应注意到，不同指标体系共有的同类一级指标在具体的二级甚至三级指标的衡量中仍存在差别。例如，ECI中衡量人力资本采用了人力资本分指数（学士学位以上人群比例）、创意阶层分指数（创意从业人数比例）以及科技人才分指数（科学家或工程师比例）来衡量[143]。而中国香港创意指数的人力资本则采用了研发与教育支出、创意从业人口、人力资本的移动作为其具体二级指标。所以，在构建创意产业价值创造能力衡量体系时，应结合价值生态概念模型进一步分析确定具体衡量指标。另外，由于目前各地区的创意产业范畴不完全统一，所以各指标体系即使采用了同一衡量指标，但在数值选取上仍可能存在不一致。例如，ECI和中国香港创意指数均选用了创意从业人数指标，但由于欧洲与中国香港对创意从业者的认定范畴不一致，所以两个指标数值构成也不一致。因此，如果仅构建针对特定区域的创意指数体系，应首先明确评价范围及评价对象特质。如果构建用于横向比较多个地区创意水平的创意指标体系，还应考虑创意产业概念范畴的统一性以及评价对象的可比性。

第二节　生态隐喻视角下的创意产业价值创造
影响因素概念模型

一、影响因素概念模型

本节首先以创意产业价值创造生态系统中提出的5个生态位、4组生态位互动关系以及5个环境因素为基础，结合上节综述现有的成熟指标体系后提取的10个主要指标因素，构建了主要影响创意产业价值创造能力的影响因素概念模型。总体来说，创意产业价值创造能力的影响因素概念模型采用了因素—结果的结构形式。因素则遵循了综述提取的指标因素分类，分为5类：微观基础因素、微观创意型因素、宏观因素、宏观创意型因素以及创意特质型因素。5种因素之间互相作用，共同决定了创意成果，具体可以分为创意产业规模、创意经济对经济的贡献率两因素（见图6-1）。

二、基于创意产业价值创造生态系统模型的影响因素解构

创意产业价值创造生态系统中的生态位发展影响了微观因素和微观创意型因素的构成：为了保证媒体中介I生态位的发展，应注意到媒体中介水平因素的重要性。具体应从传媒发展程度、评论中介发展水平、新媒体等方面具体衡量；要保证创意营销方M生态位的健康发展应重视市场成熟度因素，具体应从市场流通发达程度方面判断；创意生产者P生态位发展确定科研技术水平因素的重要性，具体应从创新能力、用于科技研发的投入、生产技术水平等方面加以衡量；为保证消费者C生态位的成长应重视创意消费能力因素，具体应从消费创意产品的人群比例、消费支出中创意产品服务比例等方面进行衡量；创意者D生态位确定创意人力资本因素，具体应从创意从业、创意教育等方面进行衡量。其中后两个因素同时重合在创意特有因素中。

环境因素影响了宏观基础因素和宏观创意型因素的构成：经济基础、信息技术、政策环境、法律环境和文化氛围分别构成了5个宏观因素——宏观经济水平、信息化程度、政策制度支持、知识产权保护和文化氛围。其中后两个因素同时重合在创意特有因素中。具体来说，社会经济水平可以从区域经济发达程度、

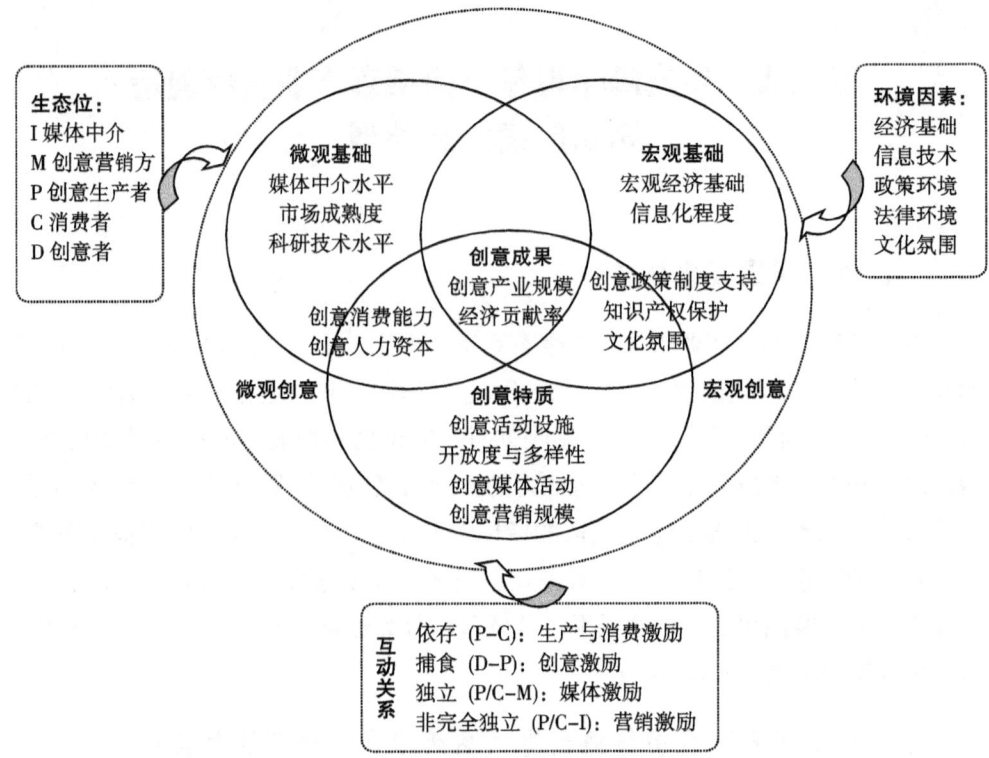

图 6-1 创意产业价值创造影响因素概念模型

基础设施建设程度等来衡量；文化氛围可以从文化设施、受教育程度、文化多样性方面来衡量；知识产权保护主要应从专利申请、盗版保护情况等方面衡量；信息化水平应从新媒体、宽带、通信水平等方面衡量；政策制度支持应从政府投入、制度公平性等方面具体衡量。

生态位的互动关系影响了创意特有因素和部分其他因素的构成：生产者与消费者的依存共生关系（P-C）决定需要进行生产与消费双方面的激励，而这种激励可以通过创意产业规模、创意消费能力、创意活动设施三个因素体现，其中前两个因素包含在创意成果和微观因素中。而创意活动设施可以从剧院、音乐厅、创意园区等的数量和投资额方面具体衡量。生产者/消费者与媒体中介的独立共生关系（P/C-M）决定了需要对媒体进行适当的激励，可以通过媒体中介水平和创意媒体活动因素来体现，其中前者已包含在微观因素中。创意媒体活动可以通过创意活动媒体曝光频率、创意产业研究或新闻期刊发表量来具体衡量。生产者/消费者与创意营销方的非完全独立共生关系（P/C-I）决定了需要对营销方进行激励,可以通过市场成熟度和创意营销规模因素来体现,其中前者已包含在微观因素中。创意营销规模可以通过有关创意产品的营销额、营销机构数量等具体衡量。创意者与生产者的捕食关系(D-P)决定了需要对创意者进行激励,此激励通过创意人力资本因素和开放度与多样性因素体现,其中前者包含在微观因素中。开放度与多样性则具体可以从移民、进出口等方面衡量。

三、各影响因素解析

(一) 微观基础因素

1. 科研技术管理水平

科研技术管理水平指标是针对创意生产者生态位而提出的。创意生产者在创意产业价值创造生态系统中的主要任务是使创意产品的制造和服务成形,将创意的隐藏价值外化,是创意产业价值创造在实物阶段的第一步。所以创意生产者的技术水平、科技研发力量和管理水平等对创意产业的价值创造具有非常重要的作用。结合创意企业的特点,科研技术管理水平指标具体可以从创新能力、生产技术水平、管理能力三方面进行衡量:创新能力是企业技术进步的动力所在,特别是对于创意型企业,创新从技术层面体现了创意的力量。具体可以选用商业科技研发支出 R&D 占 GDP 的比例、中小企业中参与合作及组织创新的比例等指标衡量;生产技术水平指标相对具有一定的普适性,具体可以采用市级以上企业技术中心数、高新技术产品的出口占全部制造业出口的比重等指标进行衡量;管理能力可以采用管理人员中大专以上学历比例等指标进行衡量。

另外,由于创意生产者生态位处于创意产业价值创造生态系统的中心位置,其与上方生态位创意者的捕食互动关系引出对创意激励因素的衡量,其与下方生态位销售方以及媒体中介之间的互动关系引出对营销方激励和媒体激励因素的衡量,由于这些因素的衡量均侧重于对方,所以这三对关系涉及的衡量分别归属到创意激励、营销激励和媒体激励中。创意生产者与消费者之间的依存关系决定了需重视生产与消费的激励,其中与创意生产者相关的指标还有创意产业规模指标,这一指标归属创意成果指标中。创意生产者生态位同样受到包括媒体中介分解出的有价值的创意导向信息影响和周边环境,特别是法律环境的影响,故与其相关的另一个指标为知识产权保护指标,由于其同样属于环境因素的一部分,故归属于宏观基础指标中。

2. 市场成熟度

基于对营销生态位在创意产业价值创造生态系统中的作用的认识，提取市场成熟度指标从微观基础角度对其进行衡量。主要着重从市场购买能力、市场流通程度两方面具体衡量营销市场的成熟度，具体采用指标可选批发零售贸易业商品销售额、商品交易市场成交额、进出口总额、国际性会展举办次数等。

需要说明的是，营销理论已经开始从之前对生产者的重视逐渐转变向对顾客体验的重视，这一点又与创意产业重视顾客价值的特点十分吻合，所以对营销者这一方面能力的考量归属到了与创意特质指标中。另外，营销者与消费者/生产者之间本来就存在非完全独立的共生关系，这要求对创意营销方进行激励。以上两方面理由都说明由营销激励引出的指标衡量——创意营销活动指标包含了部分关于营销方的信息。

3. 媒体中介水平

由于媒体中介生态位对创意产品或服务价值形成起到的重要影响，从微观层面考量媒体中介水平指标应受到重视。具体分别选取年媒体支出额或产值、媒体中介机构数量、人均报纸数量、人均期刊数量等来衡量总体上的媒体中介发展水平。其中可以根据具体衡量地区所侧重的具体媒体行业进行指标的细分，如当前随着电子产业的发展，即时通信工具（QQ、MSN等）、微博、博客、论坛、电子杂志等新媒体，以其出众的互动性和便利性在一些地区逐渐开始占据重要的位置，特别设置新媒体产出或机构指标也是必要的。

另外，因为评论、宣传、品牌等媒体行为通过改变观念价值大小，将在很大程度上影响相关创意产品或服务价值的大小，甚至决定某些体验性创意产品的价值。并且媒体所引导出的舆论、潮流观念等将很大程度上影响创意产品的消费，同时成为新创意产生的重要土壤。所以，媒体中介与创意者、创意生产者和消费者均存在互动关系，互动关系决定需要对媒体中介行为进行适当激励，同时由于这种行为与创意产业本身的特质息息相关，所以对创意媒体活动指标的衡量归属于创意特质指标中。

（二）微观创意型因素

1. 创意人力资本

对创意人力资本指标的衡量主要源于对创意者生态位在创意产业价值创造生态系统中重要作用的认识。创意者处于创意产业链最上游位置，是价值能量源的提供者，所以创意人力资本也成为当代经济最具价值创造能力的资本。对创意人力资本的衡量主要从当前人力资本的规模、素质以及未来潜在发展能力三方面进行：创意人才规模可以选用创意从业人员占全部从业人员比例指标衡量，但在实际运用中的前提是，应先确定评价对象所规定的创意产业范围，因为不同地区如果规定的创意产业范畴不同，那么其统计创意从业人员的标准将不完全一致；人才素质指标侧重衡量包含创意者在内的整体人群素质，故可以选用科技研发人员占从业人员比例、大专以上从业人员比例、政府对教育投资占本地GDP的百分比等指标对其进行具体衡量；潜在创意人力资本增长能力主要体现在创意教育方面，事实上，很多成熟的创意指数都将创意人才的教育纳入到了体系中。具体可选用每百万人艺术学校数量、创意相关专业招生人数占总招生数的比例等指标。同样也应在运用前明确具体的创意专业范畴。

另外，创意者生态位受到市场中的媒体中介分解出的有价值的创意导向信息影响，所以与媒体中介生态位及媒体激励相关指标具有一定的联系性。创意者与下一生态位创意生产者的捕食关系决定创意激励相关的指标开放度与多样性指标也包含与创意者生态位相关的信息。

2. 创意消费能力

基于消费者对创意产业价值实现的关键作用，考虑创意消费能力指标将对创意产业的价值创造具有重要的意义。根据创意社区理论的假设，文化素养、文化参与以及专业的文化产品与服务呈阶梯状关系，所以文化参与者占专业文化产品消费者的绝大多数，专业的文化产品和服务消费是建立在前两者基础上的。故创意消费能力的衡量可以按照这三个层次衡量。其中第一层文化氛围归属于宏观基础指标中；第二层文化的参与将影响创意消费的潜力，可以采用居民参与文化创意活动的时间比例、居民每年拥有的平均闲暇时间等来具体衡量创意消费潜力；第三层专业的文化产品服务消费在创意消费规模中体现，具体采用创意产品与服务年消费额、家庭文化消费占全部消费的百分比来衡量。

另外，由于创意生产者与消费者的依存关系决定了需要对生产者与消费者进行激励，其中对消费者的激励引出的创意活动设施指标也包含创意消费能力的信息，归属于创意特质指标中；消费者与媒体中介、营销方均存在互动关系，将影响媒体激励、营销激励下的指标构成。

（三）宏观经济因素

1. 宏观经济基础

宏观经济基础指标立足于上文对经济基础是影响创意产业发展及其价值创造

能力的首要环境因素的认识：经济基础决定了创意产业发展所能承受的耐受性下限，并且创意产业偏好于在经济基础先进的区域发展体现了经济基础对创意产业的选择性影响。对宏观经济基础的衡量可以从整体经济情况以及基础设施投资两个方面进行：衡量区域整体经济情况的具体指标可选择年国民生产总值GDP，或考虑同期社会从业人员数的全社会劳动生产率。另外消费、对外贸易和投资是拉动经济增长的三大因素，故可采用社会消费品零售总额、年进出口额、年固定资产投资额来衡量；由于基本建设投资是以货币表现的，以扩大生产能力或新增工程效益为主要目的新建、扩建工程及有关的工作量，是反映一定时期内基本建设规模和建设进度的综合性指标，故采用人均或年城市基础设施建设投资额来具体衡量有利于对区域宏观经济基础的把握，另外环保投入占GDP百分比、人均公共绿地面积、每百万人拥有的实行免费开放的公园数等指标也对城市基础设施建设具有一定的衡量作用。根据区域经济的不同特点，可以适当添加其他的经济衡量指标。

2. 信息化环境

信息化环境指标是基于创意产业依赖并受到信息技术环境因素发展的影响而设立的。参考现在国际上六种主要的信息化水平评估体系——韩国"信息化指数"、IDC"信息社会"、澳大利亚"信息经济办公室指数"、哈佛大学与世界经济论坛"网络化准备指数"、英国电子经济评估体系以及俄罗斯联邦各地区信息化建设评估指标体系[144]，本书选用计算机设施、通信设施、网络设施三方面来衡量。具体来说，衡量计算机设施水平可选用每百人PC拥有量、家庭平均PC拥有量、政府和企业中职员平均PC拥有量、学校师生平均PC拥有量等；衡量通信设施可选用每千人拥有固定电话主线数、每千人移动电话拥有量、每百户家庭电视机拥有量、每百户家庭有线电视用户数等；衡量网络设施可选用每千人中互联网用户数/家庭平均互联网用户数、学校中师生平均教育互联网用户数、互联网用户用于电子商务的平均花费等。

（四）宏观创意型因素

1. 创意政策制度支持

创意政策制度支持指标是政策环境因素的直接体现，创意产业对政府政策支持的依赖明显。借鉴已有的指标体系内容，政策制度支持指标可以从制度公平性、政府投入、支持力度三方面衡量：制度公平性主要体现整体政策环境的透明性和公平性，这里可以借鉴中国香港创意产业指数建立的司法制度的独立性等指标；政府投入可以选用媒体、艺术和文化的公共支出、政府在文化创意投入专项资金额等投入总量指标，或者文化事业财政补贴占全部财政支出的比重、人均文化事业财政补贴等指标；支持力度主要通过创意产业方面的政策发布频率来衡量，可选用每年颁布的与文化创意相关的政策数量、每年举行的与文化创意相关的政府会议数量等具体指标。

2. 文化氛围

文化氛围指标是基于文化氛围环境因素对创意价值创造生态系统的重要影响而设立的。对文化氛围的衡量不仅可以从客观可利用的文化设施以及举办的文化活动入手，而且本书认为教育是文化传播的最重要途径，受教育程度体现了区域文化氛围的潜在发展程度。所以，对文化氛围指标可以分为文化设施及活动和文化教育水平两方面具体衡量：文化活动参与可以选用人均借阅图书馆图书的数目、人均参观博物馆的次数、艺术表演场次及观众、群众文化活动机构活动次数等指标；文化教育水平可以选用受过高等教育人口比例、高等教育机构数量等指标来衡量。

3. 知识产权保护

知识产权保护指标不仅是法律环境因素的反映，如前文所述也与创意生产者生态位有一定的关联。由此对知识产权保护指标的衡量可以从知识产权总体水平的专利商标申请量和侧重反映生产者行为的生产中的知识产权两方面衡量：专利商标申请可选用每 10 万人发明专利申请数、每 10 万人专利申请数、每 10 万人新商标注册数等衡量；生产中的知识产权可选用高技术产业自主知识产权拥有率、高技术产业拥有自主知识产权产品实现产值占 GDP 比例等衡量。

（五）创意特质因素

1. 创意活动设施

由于创意生产者与消费者的依存共生关系决定了双方只要存在就将对对方的价值创造具有正向的促进作用，且双方在相互资源供养上没有限制，所以使创意价值创造体系得以稳定的必要条件是对生产方与消费方都进行激励，这些激励可以从创意产业规模指标、创意消费能力指标以及创意活动设施三个指标中体现出来。其中的创意活动设施指标由于其特指创意产业相关信息，归属于创意特质指标中，当然由于这一指标由创意生产者与消费者的依存共生关系引致，故与消费者生态位和创意生产者生态位也有关。

为了衡量创意活动设施，可以选用创意园区等数量、公共图书馆每百万人拥有数、博物馆和纪念馆每百万人拥有数、艺术表演场所（剧院、音乐厅等）每百万人拥有数等具体指标。其中是否采用创意园区的概念取决于被衡量地区的政策导向,因为在一些国家区域不提倡人为建立创意园区,而偏重于引导创意者自发集聚。另外,创意活动设施与文化氛围中的反映文化设施的指标应加以区分。

2. 开放度与多样性

创意者和创意生产者的捕食(D-P)关系要求创意者尽可能地为创意生产者提供创意思想养分,并且只要创意生产者能够给予创意者一定的报酬使其能够保持成长,二者最终将趋向共同繁荣的稳定状态,所以引致对创意激励的必要性。实际上,衡量对创意的激励包括两项指标,创意人力资本和开放度与多样性,其中创意人力资本归属于微观基础指标中,而开放度与多样性指标主要是基于创意产业特性提出的,其特殊性在前文对经典创意指标系统的分析中也有所体现:以Florida 3T 理论为代表的系列指数在创意特有指标层面提出了"宽容度和多样性"指标,具体衡量的指标采用了"同性恋指数"、"态度指数"等,虽然其在代表性和数据可获得性等多方面仍遭受质疑,但仍有必要根据评价对象的实际情况有选择地采用。当然由于这一指标由创意者与创意生产者的捕食关系引致,故与创意者与创意生产者也有关。

对开放度与多样性指标的衡量可以从环境开放性和价值观两方面进行:环境开放性可选用非本国籍或户籍从业人员占比例、每年出入境人口数量、国际旅游入境人数、外省市来本省旅游人数等指标衡量,但需要依据评价对象范围来确定国籍或户籍的使用;根据评价对象数据可获得性等实际情况来决定是否采用体现价值观的一些指标,如表达意见的自由、习惯与价值(对艺术、文化和创意活动的态度)等。

3. 创意媒体活动

由于创意生产者/消费者与媒体中介属于独立共生关系,即互相有益于对方的价值创造能力,但应保持媒体中介在价值创造能力上的相对独立性,同时也应防止创意生产者/消费者的价值创造过分依赖于媒体中介提供的供养资源,因此对媒体的行为应进行适当的激励。当然由于这一指标由其与创意生产者和消费者的独立共生关系引致,故与媒体中介、创意生产者和消费者生态位也有关。同时由于创意者生态位受到市场中的媒体中介分解出的有价值的创意导向信息影响,故创意媒体活动与创意者生态位也存在关系。其中需特别注意的是微观基础指标中的媒体中介水平指标在产业特指上有所区别,即媒体中介水平指标侧重反映媒体整体行业水平,创意媒体活动则应立足于创意产业的特质性,主要说明媒体活动对创意生产和消费影响。例如，按照上海的创意产业分类，电影本身属于创意产业中的文化媒体行业，当一个新电影上映之前，其他传播性媒体如电视、广告、广播等会提前展开电影的宣传，一系列的媒体活动都将不断影响消费者心理，促使其进行走进电影院对电影这一创意产品能进行消费；而电影上映后，报纸杂志等媒体又会根据专业影评人或者首批消费者的反应对其进行评论，这种媒体活动同样将促使具有猎奇心理的消费者继续进入电影院产生新一轮消费行为。所以，选用文化媒体对创意产业的贡献率、创意活动新闻媒体曝光频率、创意产业研究或新闻期刊发表量、媒体活动引致的消费额等具体指标可以反映创意媒体活动指标。

4. 创意营销活动

创意生产者/消费者与创意营销者存在非独立共生关系，即两两互相有益于对方的价值创造能力，如果创意生产者/消费者能积极地配合供养创意营销活动，但同时在自身的价值创造过程中不要过分依赖创意营销，则双方能够达到的最终效益均会大于独立存在所创造的价值。这就引致了对创意营销活动进行激励的必要性，从而促使创意营销活动更好地汲取创意生产者和消费者提供的养分，以达到系统的稳定和各方价值获取的最大化。当然由于这一指标由其与创意生产者和消费者的非独立共生关系引致，故与营销者、创意生产者和消费者生态位也有关。其中需特别注意的是微观基础指标中的市场成熟度指标在产业特指上有所区别，即市场成熟度指标侧重反映整体营销市场水平，创意营销活动则应立足于创意产业的特质性。对创意营销活动指标的衡量可以选用创意产品的年营销额、创意产品营销机构数量、文化事业机构年营业额等指标。

(六) 创意成果

5个因素指标之间互相依存，并共同决定了创意成果。具体可以分为创意产业规模、创意产业的经济贡献率指标衡量。其中创意产业规模指标与创意生产者与消费者的依存共生关系引致的生产激励有一定相关性。具体来说，创意产业规模可以通过年创意产业产值、创意产业增加值占全市增加值的百分比来衡量；创意产业的经济贡献率可以通过创意经济产值占本地GDP的百分比、创意产品贸易占贸易额的比例等指标衡量。值得注意的是，创意成果所包含指标是作为一项直接的成果性指标出现的，其在指标评价运用方面均与前述微观基础指标、宏观基础指标以及创意特质指标具有差别。

整体创意产业价值创造影响因素见表6-3。

表 6-3 创意产业价值创造影响因素

主要因素	因素来源	可选用的具体衡量指标	因素含义	备注
微观基础因素				
科研技术管理水平	创意生产者生态位	商业科技研支出 R&D 占 GDP 的比例、中小企业中参与合作及组织创新的比例（创新指数）	创新能力	
		市级以上企业技术中心数、高新技术产品的出口占全部制造业出口的比重	生产技术水平	
		管理人员中大专以上学历比例	管理能力	
市场成熟度	创意营销	批发零售贸易业商品销售额、商品交易市场成交额	市场购买能力	
		进出口总额、国际性会展	市场流通程度	
媒体中介水平	媒体中介	年媒体支出额或产值、媒体中介机构数量、人均报纸数量、人均期刊数量	媒体中介发展水平	
微观创意型因素				
创意人力资本	创意者生态位、创意激励部分	创意从业人员占全部从业人员比例	创意人才规模	需事先确定评价对象所规定的创意产业范围
		科技研发人员占从业人员比例、大专以上从业人员比例、政府对教育投资占本地 GDP 的百分比	人才素质	
		每百万人艺术学校数量、创意相关专业招生人数占总招生数的比例	潜在创意人力资本增长能力	需事先确定评价对象所规定的创意产业范围
创意消费能力	消费者生态位、生产与消费激励部分	创意产品与服务年消费额、家庭文化消费占全部消费的百分比	创意消费规模	
		居民参与文化创意活动的时间比例、居民每年拥有的平均闲暇时间	创意消费潜力	
宏观经济因素				
宏观经济基础	经济基础	年国民生产总值 GDP、全社会劳动生产率（报告期国内生产总值、报告期社会从业人员平均人数）、宏观经济景气指数、社会消费品零售总额、年进出口额、年固定资产投资额	区域整体经济衡量	可根据具体区域情况选取其中部分
		人均或年城市基础设施建设投资额、环保投入占 GDP 百分比、人均公共绿地面积、每百万人拥有的实行免费开放的公园数	基础设施建设程度	

续表

		宏观经济因素		
信息化环境	信息技术	每百人PC拥有量、家庭平均PC拥有量、政府和企业中职员平均PC拥有量、学校师生平均PC拥有量等	计算机设施	
		每千人拥有固定电话主线数、每千人移动电话拥有量、每百户家庭电视机拥有量、每百户家庭有线电视用户数等	通信设施	
		每千人中互联网用户数、家庭平均互联网用户数、学校中师生平均教育互联网用户数、互联网用户用于电子商务的平均花费等	网络设施	
		宏观创意型因素		
创意政策制度支持	政策环境	司法制度的独立性（中国香港）	制度公平性	
		媒体、艺术和文化的公共支出、政府在文化创意投入专项资金额、文化事业财政补贴占全部财政支出的比重、人均文化事业财政补贴	政府投入	
		每年颁布的与文化创意相关的政策数、每年举行的与文化创意相关的政府会议数量	支持力度	
文化氛围	文化氛围	人均借阅图书馆图书的数目、人均参观博物馆的次数、艺术表演场次及观众、群众文化活动机构活动次数	文化活动参与	
		受过高等教育人口比例、高等教育机构数量	文化教育水平	
知识产权保护	法律环境、创意生产者生态位	每十万人发明专利申请数、每十万人专利申请数、每十万人新商标注册数	专利商标申请	
		高技术产业自主知识产权拥有率、高技术产业拥有自主知识产权产品实现产值占GDP比例	生产中的知识产权	
		创意特质因素		
创意活动设施	依存（P-C）关系引致的生产与消费激励部分、消费者生态位、创意生产者生态位	创意园区等数量、公共图书馆每百万人拥有数、博物馆和纪念馆每百万人拥有数、艺术表演场所（剧院、音乐厅）每百万人拥有数	—	是否采用创意园区的概念取决于被衡量地区政策导向
开放度与多样性	捕食（D-P）关系引致的创意激励部分、创意者生态位、创意生产者生态位	非本国籍或户籍从业人员占比例、每年出入境人口数量、国际旅游入境人数、外省市来沪旅游人数	环境开放性	依据评价对象范围来确定国籍或户籍的使用
		表达意见的自由、习惯与价值（对艺术、文化和创意活动的态度）	价值观	根据评价对象数据可获得性取舍

续表

		创意特质因素	
创意媒体活动	独立（P/C-M）关系引致的媒体激励、媒体中介生态位、创意者生态位、创意生产者生态位、消费者生态位	文化媒体对创意产业的贡献率、创意活动新闻媒体曝光频率、创意产业研究或新闻期刊发表量、媒体活动引致的消费额	—
创意营销活动	非完全独立（P/C-I）关系引致的营销激励、营销者生态位、创意生产者生态位、消费者生态位	创意产品的年营销额、创意产品营销机构数量、文化事业机构年营业额	
		创意成果	
创意产业规模	生产与消费激励部分——创意产业规模+创意消费能力+创意活动设施、创意生产者生态位	年创意产业产值、创意产业增加值占全市增加值的百分比	
经济贡献率		创意经济产值占本地GDP的百分比、创意产品贸易占贸易额的比例	

第三节 基于突变级数法的创意产业价值创造能力评价体系构建

一、突变理论基础

突变理论（Catastrophe Theory）是由法国数学家 Rene Thom 于 1972 年在《结构稳定性和形态发生学》中首次提出并创立，其目的是研究系统中出现的由渐变、量变发展为突变、质变的不连续变化现象，即突变现象。突变理论是在综合微积分、拓扑学、奇点理论和结构稳定性等理论方法的基础上，建立的一门研究跃迁、不连续和突然质变的新兴科学[145]。由 Thom 创立的突变理论主要是研究初等函数的突变现象的，故一般被称为初等突变理论。之后突变理论研究范围被逐渐拓展推广到微积分方程、泛函等中，也称高等突变论。

根据突变系统特征，突变理论已经在很多领域得到了广泛的应用，如物理学、社会学、生态学等。以生态学为例，Norton 和 Costanza 认为生态系统健康具有动态性、相关性、脆弱累积性，即生态系统受到的外界干扰累积达到一定程度或系统某一要素产生的重大干扰超过系统既定临界值后,整个系统将发生突变或崩溃[146]。故突变理论适用于生态学的相关研究。结合前文以生态学为基础提出的创意产业价值创造生态系统特征,本书认为创意产业价值创造生态系统拥有与生态系统相似的动态性、相关性以及脆弱积累性,各创意生态位受到周围环境变化、生态位间的相互作用等影响,其状态可能会出现一种状态到另一种状态的跃变,其构成的价值创造系统也会通过"平衡状态—非平衡状态—动态平衡状态"的过程实现成长,故适用突变理论。首先将突变理论中的几个重要概念阐述如下。

(一) 势函数

势函数是突变理论的研究对象。势是指系统具有某种趋向的能力,由系统各个组成部分以及系统与环境的相互关系和作用共同决定。势函数通过系统状态变量 x 和控制变量 u 来描述系统的行为,势函数可以表示为关于 x 和 u 的光滑函数:

$$V = V(x, u)$$

其中,x 为状态变量,表示系统的行为状态,$x = (x_1, x_2, \cdots, x_n)$。u 为控制变量,表示影响行为状态的各种因素,$u = (u_1, u_2, \cdots, u_m)$。

(二) 平衡曲面、奇点集、分歧点集

对势函数 $V = V(x, u)$ 求一阶导数,可以获得临界点集合平衡曲面。即存在点 $\lambda \in (x_1, x_2, \cdots, x_n)$,可以使 $DV(x) = \frac{dV(x, u)}{dx_1} = \cdots = \frac{dV(x, u)}{dx_n} = 0$,则 λ 称为势函数 V 的临界点,所有临界点 λ 构成的曲面即为平衡曲面。

对势函数再求二阶导数,可以得到奇点集。即存在点 $\gamma \in (x_1, x_2, \cdots, x_n)$ 满足其 Hessen 矩阵 $\Delta H(V) = 0$,即:

$$\Delta H(V) = \begin{vmatrix} \frac{\partial^2 V}{\partial x_1^2} & \frac{\partial^2 V}{\partial x_1 x_2} & \cdots & \frac{\partial^2 V}{\partial x_1 x_n} \\ \frac{\partial^2 V}{\partial x_1 x_2} & \frac{\partial^2 V}{\partial x_2^2} & \cdots & \frac{\partial^2 V}{\partial x_2 x_n} \\ \cdots & \cdots & \cdots & \cdots \\ \frac{\partial^2 V}{\partial x_n x_1} & \frac{\partial^2 V}{\partial x_n x_2} & \cdots & \frac{\partial^2 V}{\partial x_n^2} \end{vmatrix} = 0$$,则 γ 的集合称为奇点集。

将 $DV(x) = 0$ 和 $\Delta H(V) = 0$ 联立求解,即可求得分歧点方程。当系统的控制变量满足分歧点方程的条件时,系统就要发生突变。总之,突变理论就是这样通

过把状态曲面的奇点集映射到控制空间，得到状态变量在控制空间的轨迹——分歧点集，并通过分析分歧点集的性质来对突变现象进行综合评价。

（三）初等突变的种类

按照 Thom 突变理论的分类定理，自然界和社会现象中的大量不连续现象，可由某些特定的几何形状来表示。只要控制因子的个数不超过 5，那么按某种意义的等价性分类，总共有 11 种突变类型。但发生在三维空间和一维时间的 4 个因子控制下的形形色色的初等突变，概括起来只有 7 种性质不同的基本类型，即折迭型突变（Fold Catastrophe）、尖点型突变（Cusp Catastrophe）、燕尾型突变（Swallowtail Catastrophe）、蝴蝶型突变（Butterfly Catastrophe）、椭圆形脐点型突变（Elliptic Umbilic Catastrophe）、双曲型脐点型突变（Hyperbolic Umbilic Catastrophe）和抛物型脐点突变（Parabolic Umbilic Catastrophe）[147]。并根据前述方法求得一个控制因子类型的分歧方程（见表6-4）。

表6-4 初等突变种类及性质

突变类型	状态变量	控制变量	势函数	分歧方程	归一公式
折迭型突变	1	1	$V(x) = x^3 + u_1 x$	$u_1 = -3x^2$	$x_{u_1} = \sqrt{u_1}$
尖点型突变	1	2	$V(x) = x^4 + u_1 x^3 + u_2 x$	$u_1 = -6x^2$ $u_2 = 8x^3$	$x_{u_1} = \sqrt{u_1}$ $x_{u_2} = \sqrt[3]{u_2}$
燕尾型突变	1	3	$V(x) = x^5 + u_1 x^4 + u_2 x^3 + u_3 x$	$u_1 = -6x^2$ $u_2 = 8x^3$ $u_3 = -3x^4$	$x_{u_1} = \sqrt{u_1}$ $x_{u_2} = \sqrt[3]{u_2}$ $x_{u_3} = \sqrt[4]{u_3}$
蝴蝶型突变	1	4	$V(x) = x^6 + tx^4 + ux^3 + vx^2 + wx$	$u_1 = -10x^2$ $u_2 = 20x^3$ $u_3 = -15x^4$ $u_4 = 4x^5$	$x_{u_1} = \sqrt{u_1}$ $x_{u_2} = \sqrt[3]{u_2}$ $x_{u_3} = \sqrt[4]{u_3}$ $x_{u_4} = \sqrt[5]{u_4}$
椭圆形脐点型突变	2	3	$V(x) = \frac{1}{3}x^3 - xy^2 + u_1(x^2 + y^2) - u_2 x + u_3 y$		
双曲型脐点型突变	2	3	$V(x) = x^3 + y^3 + u_1 xy - u_2 x - u_3 y$		
抛物型脐点突变	2	4	$V(x) = y^4 + x^2 y + u_1 x^2 + u_2 y^2 - u_3 x - u_4 y$		

（四）突变级数

为了实现最终评价，需要将分歧方程加以推导，得出归一公式（见表6-4），即使各目标的取值范围限定在 0~1。这样就能把突变数学和模糊数学结合生成突变模糊隶属函数，运用归一公式对分解后的指标体系从下逐级向上计算一级指标值，直到最后归一为一个总的隶属函数以进行决策评价[148]。归一公式又称作突变级数，其把控制变量统一化为状态变量表示的质态实际上是一种多维模糊隶属函数。突变级数法就是以突变理论为基础衍生出的一种用突变数学模型进行多目标或准则评价决策的管理技术。

相比单纯的模糊评价法，突变级数法结合了模糊评价的特征，但允许多级指标评价。另外，突变级数法不需要考虑指标权重问题，但在进行指标排序时需要考虑其重要性程度，虽然不能完全避免主观性，但在一定程度上有所降低。并且考虑到之后进行的实证研究是基于上海和昆士兰两个不同对象的创意产业价值创造生态的比较，本书认为反而可以利用评价指标重要性排序的不同，对两个对象在创意产业发展上的不同重视点加以区分。

二、基于突变级数法的创意产业价值创造能力评价模型构建

根据突变级数法建立创意产业价值创造能力评价模型一般需要以下五步：

第一步，建立创意产业价值创造能力指标评价体系。根据突变级数法的要求，首先需要按照指标重要性程度构建一个多层次的创意产业价值创造能力指标评价体系。其中，重点指标对应突变模型中的主要控制变量，次重点指标对应次要控制变量。同时要求控制变量在 4 个以下。

如果将前文所提取的影响创意产业价值创造能力的 5 方面影响因素直接作为一级指标，则超出了突变级数法对控制变量 4 个以下的要求，故将微观基础因素和微观创意型因素合并为微观因素指标，将宏观环境因素和宏观创意型因素合并为宏观因素指标，加上创意特质指标，共同构成一级指标 A_i（i = 1，2，3）；5 方面影响因素作为二级指标 B_j（j = 1，2，…，5）；其下属的 14 项分因素作为三级指标 C_k（k = 1，2，…，14）；以及下面可能得到衡量数据的具体指标作为四级指标 D_l(l = 1，2，…，n)，其中 n 根据实证对象可获得的指标情况而不同，但不超过 4 个。

这样总体来看，各层级指标个数将最多不超过 4 个，符合突变级数要求。然后就其重要性进行 Delphi 专家打分，并结合理论逻辑性，最终确定各指标重要性的排序。指标序号 i，j，k，l 越小表示指标越重要。在后文的具体对象的实证研究中，由于上海和昆士兰所能获得的数据差别，其具体的四级指标个数或含义或

有所差别。并且由于地区特点差别,将分别对其进行 Delphi 专家打分,两评价对象各级指标的重要性排序也将不同。

第二步,根据各层次指标突变类型确定递级突变模型。由于四级可获得指标个数根据不同实证对象将有所不同,故这里初步构建的一般型创意产业价值创造能力评价递级突变模型,暂考虑创意产业价值创造能力前三个层次的突变类型来。并且暂不表示其指标重要性排序。

一般型创意产业价值创造能力评价递级突变模型由 5 个指标层次组成的倒树形模型(见图 6-2)。第一层为可获得数据指标层。$D_l(l=1, 2, \cdots, n)$根据不同评价对象特点,指标数量会有所不同,故第一层与第二层结合构成的突变类型也会根据指标数量而有所不同,这里暂不予以表示;第二层为基本因素层,$C_k(k=1, 2, \cdots, 14)$,本身作为控制变量,将其上级因素,即第三层因素指标作为状态变量,结合构成 5 个类型突变,其中包括 2 个尖点型突变,2 个燕尾型突变和 1 个蝴蝶型突变;第三层为主要因素层 $B_j(j=1, 2, \cdots, 5)$,本身作为控制变量,将其上级因素,即第二层指标作为状态变量,结合构成 3 个类型突变,包括 2 个尖点型突变和 1 个折迭型突变;第四层为准则层 $A_i(i=1, 2, 3)$,本身作为控制变量,将其最终的目标层,即创意产业价值创造能力隶属度作为状态变量,结合构成燕尾型突变。

第三步,数据无量纲处理。由于各指标原始数据存在不同的量纲,故评价前应首先通过一定的方法将原始指标值转化为评价值,即将数据进行无量纲化处理。这里采用级差变换法,将指标区分为正向效益型指标、负向成本性指标以及适度性指标,采用不同的级差变化公式加以处理,使其取值控制在 0~1。

正向效益型指标,希望其数值越大越好,处理公式为:

$$y = \frac{x - x_{min}}{x_{max} - x_{min}}$$

负向成本性指标,希望其数值越小越好,处理公式为:

$$y = \frac{x_{max} - x}{x_{max} - x_{min}}$$

第四步,利用归一公式从底层开始计算指标得分。首先,从第五层可获取指标开始计算指标得分,方法是将其作为对应第四层上级指标的控制变量,按照其构成的突变类型对应的归一公式进行计算。其次,按照各控制变量指标"互补"则取均值原则,以及"非互补"则大中取小原则。最后,计算得出对应第四层上层指标数值;利用得到的第四层指标数值,按照同样的方法向上一层计算推进,

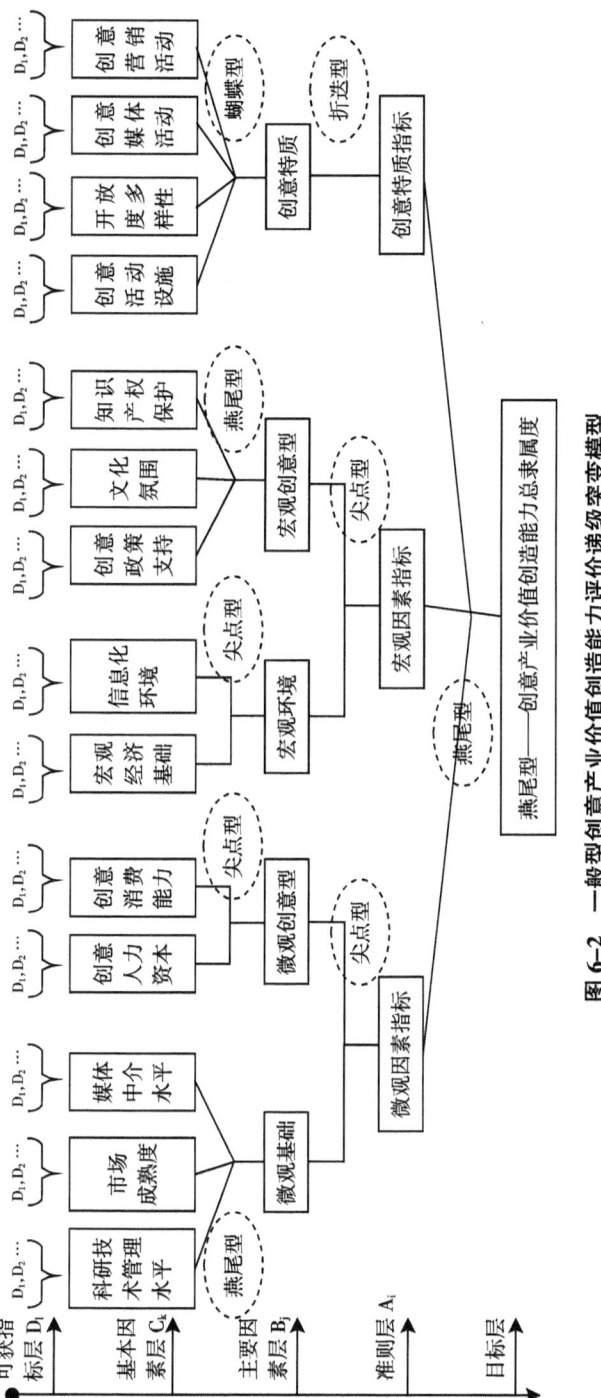

图6-2 一般型创意产业价值创造能力评价递级突变模型

直至得到最高层的突变总隶属函数值。

第五步，设定评价标准，比较得出创意产业价值创造生态系统健康程度。为了对最终得出的突变级数值进行一定的状态判断，本书借鉴生态学以及城市生态学健康标准的相关研究[149]，将创意产业价值创造生态系统分为病态、不健康、亚健康、健康以及非常健康五个标准。并借鉴魏婷对厦门城市生态系统健康评价突变级数评价标准的思路[150]，提出了创意产业价值创造生态系统健康标准。

具体操作方法是，考虑到由于实证对象不同其第五层可获得性数据指标将存在不同，故以第四层14个基本因素指标作为标准底层。将第四层14个指标的相对隶属度，按照5个健康等级进行平均划分，即使 C_k 满足以下条件集合：

$$C_k = \begin{cases} C_k \leq 0.2 = 病态 \\ 0.2 < C_k \leq 4 = 不健康 \\ 0.4 < C_k \leq 0.6 = 亚健康 \\ 0.6 < C_k \leq 0.8 = 健康 \\ C_k > 0.8 = 非常健康 \end{cases}$$

根据 C_k 的不同取值范围，同样按照第四步方法进行突变级数计算，直至得出各个取值标准下的最高层的突变总隶属函数值，即为健康等级标准边界。其中在取值过程中，根据前文理论逻辑对不同因素指标是否具有互补性进行了区分：微观因素下属的第二层指标和第三层指标均来自各创意产业生态位，假设生态位空间没有重叠，应视其为非互补性关系，故取值应遵循大中取小原则；宏观因素下属的第二层指标和第三层指标来自环境影响因子，不同环境因子具有相互作用力，故应视为互补性关系，故取值遵循取均值原则；创意特质性因素来自生态位及相互作用力，本身便具有互补性，故应视为互补性关系，取值同样遵循取均值原则。由上述思路计算得到创意产业价值创造生态系统健康状态的突变级数评价等级标准如表6-5所示。

表6-5 创意产业价值创造生态系统健康状态突变级数评价等级标准

健康等级	C_k 指定边界	突变总隶属度范围	创意特质隶属范围	微观因素隶属范围	宏观因素隶属范围
病态	$C_k \leq 0.2$	[0, 0.89163]	[0, 0.77871]	[0, 0.66874]	[0, 0.77299]
不健康	$0.2 < C_k \leq 4$	[0.89163, 0.93604]	[0.77871, 0.8656]	[0.66874, 0.79527]	[0.77299, 0.86217]
亚健康	$0.4 < C_k \leq 0.6$	[0.93604, 0.96357]	[0.8656, 0.92209]	[0.79527, 0.88011]	[0.86217, 0.92013]

续表

健康等级	C_k 指定边界	突变总隶属度范围	创意特质隶属范围	微观因素隶属范围	宏观因素隶属范围
健康	$0.6 < C_k \leq 0.8$	[0.96357, 0.98384]	[0.92209, 0.96499]	[0.88011, 0.94574]	[0.92013, 0.96412]
非常健康	$C_k > 0.8$	[0.98384, 1]	[0.96499, 1]	[0.94574, 1]	[0.96412, 1]

总之，本章为了构建适应于评价创意产业价值创造能力的模型，进一步对比分析并借鉴创意指数及相近指数体系构建的思路和方法，即从指标内容、指标结构和评价方法三方面比较分析目前比较成熟的创意指数、创新指数和竞争力指数，归纳提取了三大影响创意产业价值创造能力的微观、宏观以及创意特质型因素类别。然后结合前文构建的创意产业价值创造生态系统概念模型，提出了基于价值生态系统的创意产业价值创造能力评价模型，并详细阐述了微观基础因素、微观创意型因素、宏观基础因素、宏观创意型因素以及创意特质型因素的影响力及初步评价思路。最后，结合体系特点本章以突变理论为基础构建了基于突变级数法的创意产业价值创造能力评价模型，为下文中澳典型区域的创意产业价值创造能力的实证评价做出了铺垫。

第七章

创意产业价值创造能力国际比较案例研究——上海 vs 昆士兰

第一节 上海与昆士兰州创意产业发展概况

一、上海创意产业发展概况

上海是中国当代的经济与金融中心，2012年实现GDP达20101.33亿元，列中国大陆各省市第一位。经济的极大丰富使城市居民有能力并倾向于追求商品与服务的消费上附加的观念价值，这为上海率先发展创意产业提供了坚实的物质基础；上海又是近代中国工业的发源地，在20世纪末经济转型的环境下，上海以工业为主的旧式产业结构不再符合现代国际化大都市的定位要求。所以，很多高污染高能耗的传统产业实施了外迁，大量工业建筑历史逐渐空置或废弃，众多具有开放思维的艺术家和创意工作者纷纷租赁改造这些旧厂房，这不仅使城市中优秀的工业文明遗迹得到了保护，而且得以重新以一种崭新的姿态创造价值；同时，在独特的海派文化影响以及上海市经委等政府部门的积极支持推动下，上海创意产业得到了迅速的发展，并取得了丰硕的成果。据统计，2009年上海创意产业总产出达3900亿元，占全市GDP 7.7%。到2012年创意产业总产出达到

7695.36亿元，占全市生产总值比重上升到20.2%。上海目前拥有M50、田子坊等一批国内外知名的创意产业园区，已经形成了一定的创意产业品牌效应和产业优势。特别是在上海2010年成功举办世博会后，为创意产业提供了更加难得的发展机遇。实际上，被誉为"世界创意产业之父"的约翰·霍金斯也曾说过，"如果我有一个'中国最佳创意城市'的奖杯，我会把它交给上海，因为上海最可能成为中国创意产业领导者"。

上海市经委和统计局在借鉴欧美、亚太等地区的分类统计标准，以2002年《国民经济行业分类》标准为依据，结合上海产业发展方向和趋势，确定了上海创意产业发展的范畴，包括研发设计、建筑设计、文化传媒、咨询策划以及时尚消费创意五大类，涉及38个中类行业，55个小类行业。2009年，这五大门类的规模分别达到2069亿元、463.4亿元、129.69亿元、942.28亿元和296.2亿元，增加值分别为566.91亿元、157.69亿元、54.56亿元、290.72亿元、79.11亿元，形成了相互促进、突出重点的发展格局。

2011年上海市文化创意产业推进领导小组办公室、上海市统计局对上海市文化创意产业分类目录进行了进一步调整，划分为包括出版业、艺术业、工业设计、建筑设计、网络信息业、软件与计算机服务业、咨询服务业、广告及会展服务业、休闲娱乐服务和文化创意相关产业在内的十大类（见附录4）。

2012年上海市创意产业实现总产出7695.36亿元，同比增长11.3%；实现增加值2269.76亿元，同比增长10.8%，高于全市GDP增幅3.3个百分点，占全市生产总值的比重为11.29%；对上海经济增长的贡献率达到20.2%。其中，工业设计业总产出527.3亿元，增加至196.5亿元，同比增长15.3%；建筑设计业总产值1235.6亿元，增加值301.9亿元，同比增长11.8%。市级创意产业集聚区共87家，总面积近336万平方米，入驻企业9298家，同比增长10.76%，总营业收入为1104.25亿元，同比增长23%，总税收70.56亿元，同比增长21%。

二、昆士兰州创意产业发展概况

昆士兰州（Queensland）位于澳大利亚大陆的东北部地区，面积172.72万平方公里，为澳大利亚面积第二大州。人口超过400万人，是澳大利亚总人口第三大州。其中一半以上的人口都居住在其首府布里斯班（Brisbane）市及其周边，另外，还有黄金海岸（Gold Coast）、凯恩斯（Cairns）、汤斯维尔（Townsville）等大中城市。昆士兰州气候宜人素有阳光之州之称，风景秀美拥有大堡礁、黄金海岸等多处世界知名的旅游景点，旅游业发达。

昆士兰州首府布里斯班（Brisbane）是澳大利亚仅次于悉尼与墨尔本的第三大城市，其美丽的自然风景和四季如春的气候使之享有阳光之都（Sunshine State）的美称。布里斯班地处澳大利亚东北部港口，北缘阳光海岸，南邻黄金海岸，西通伊普斯威奇（Ipswich）和图旺巴（Toowoomba），周遭卫星城市的经济体系、工商发展以及旅游文化等几乎与布里斯班连为一体，已成为目前澳大利亚经济增长最快地区的中心之一；另外，布里斯班也是众多的国际活动举办地，其中包括悉尼奥运会（部分项目）、1982年英联邦运动会、1988年的世界贸易博览会、亚太城市市长年会和世界杯橄榄球赛等，并通过这些活动的举办进一步提升了城市的国际影响力和文化底蕴。

昆士兰州对创意产业的重视甚至超出了澳大利亚国家政府的重视程度，作为昆士兰的首府布里斯班的创意产业发展无疑得到最大限度的支持和推动，全澳投资最大的昆士兰科技大学创意产业园区（Creative Industries Precinct，CIP）就建在昆士兰州的首府所在地布里斯班。目前，布里斯班创意从业人员占全体从业人员的3.4%，并已经形成了以相对清晰的创意产业集聚区，城市中在1988年世界博览会的地点基础上形成的南岸公园（South Bank）及其相邻的州政府所规划的文化特区（Cultural Centre Precinct）等，均彰显着布里斯班向创意城市发展的潜力和意愿。

昆士兰州在通用的英国和DCITA对创意产业的定义基础上，根据自身特征规定了其创意产业定义和内容：认为创意产业是源自个人创意、技术和才能，并通知识产权的创造、运用和商业交易来创造就业和财富的产业形式（Creative industries have their origin in individual creativity, skill and tanlent. They offer new opportunities for sustained wealth and job creation through the generation, utilization and commercialization of intellectual property）。昆士兰所认为的创意产业内容包括电影、动画和电视、时尚、建筑设计与城市规划、音乐、关联产业（Allied Industries）、产业设计、广告和市场、写作和出版、网络与多媒体、电子游戏和娱乐软件等。其中所包含的关联产业与英国和DCITA的有所不同，并且有些同样的名称下所涵盖的具体内容也有所区别。2003年由布里斯班市政府（Brisbane City Council）授权和支持QUT做了关于布里斯班创意产业的发展报告（BRISBANE'S CREATIVE INDUSTRIES 2003），定义其认定的创意产业具有4个典型的特征：源自于个人创造、技能和天赋的行为；通过知识产权创造财富、增加就业；创意无形投入比制造业创造更多的经济和社会价值；将传统的文化产业（如表演艺术）与高新经济中的信息密集型通信技术相联系的能力（如电子游戏设计）。并在这一内涵基础上以澳大利亚文化和休闲分类（Australian Culture and Leisure Classification，ACLC）为标准，建立了昆士兰创意产业的分类体系（见附录 5），但由于澳大利亚数据统计机构没有以 ACLC 为分类的统计，所以为了获得统计数据的需要，同时标示了各类对应的澳新标准产业分类（ANZSIC）。另外，由于其他文化与休闲类比例很小，故一般将其去除并采用 8 类进行统计研究，即艺术所包含的 7 类和遗址 1 类。

三、初步对比

初步对比昆士兰州和上海的创意产业发展可以发现，两者均具备良好的客观经济文化基础和积极发展创意产业的主观意愿，特别是均在创意产业集聚方面取得了一定的成果，并且布里斯班和上海均成功举办过世博会。但同时，两者显然在经济体制、政策制度、创意产业的发展理念和思路上存在巨大的差异。例如，作为发展中国家的最发达地区上海在总体经济实力上超过布里斯班，但由于人口基数大，故人均 GDP 值仅为布里斯班的 1/3；又如，在创意产业发展理念上，昆士兰所遵循昆士兰模式强调创意的自然集聚和政府的合作性，而上海则由政府主导创意集聚的形成等。所以，将上海和昆士兰州分别作为中澳创意产业发展的典型区域进行对比研究，对两种不同体制和发展模式的创意城市建设均具有重要的参照作用。

上海属于中国的一个直辖市，昆士兰为澳大利亚的一个州，两者在统计口径上为一个级别，生产总值体量上相近。但从城市范畴上来看，昆士兰首府所在地布里斯班与上海的比较更具有一致性，加之昆士兰的创意产业行为大部分集中于布里斯班城市中，故在对比分析中将适当灵活选用昆士兰和布里斯班作为研究对象。

第二节　上海与昆士兰州创意产业价值创造生态系统对比

按照前文创意产业价值创造生态系统的理论分析思路，对上海和昆士兰创意产业的比较将从主要价值创造生态位及其形成的相关互动关系，和影响价值创造的主要环境因素展开。在此基础上才能分别确立适应上海和昆士兰的创意产业价值创造能力评价体系，从纵向角度实现其自身发展的评价和比较。

一、主要价值创造生态位对比

（一）创意人才数量与潜力对比

1. 上海创意者特征

上海的创意者生态位呈现积极良好的发展态势。首先，从目前创意产业的人才总体规模上来看，上海创意者人数呈现逐渐攀升的态势。据 2010 年上海创意产业报告统计数据显示，2006 年上海创意产业从业人员数为 61.27 万人，2007 年为 76.05 万人，2008 年为 87.51 万人，2009 年增至 95 万人。以 2009 年为例，创意产业从业人数占全社会从业人员数（1064.42 万人）比例约为 9%。

其次，上海为了进一步提升创意者的素质，扩充创意者队伍，积极利用高校、研究所等教育机构资源，在同济大学、东华大学、上海戏剧学院、上海工程技术大学、上海大学等十多所大学成立了创意产业相关院系，包括专科职业学校在内有 45 所院校设有创意类专业，据统计 2004~2010 年上海本地约有 4 万（40264 名）名创意类高校毕业生[151]。同时，上海市经济信息委员会在中国浦东干部学院、上海交通大学、同济大学、东华大学和上海亚太地区经济和信息化人才培训中心正式挂牌成立了 5 个创意产业人才培训基地。丰富的教育资源以及积极的教育及培训举措不仅提升了创意者素质，而且从一定程度上显示了上海创意人力资本的增长潜力。

2. 昆士兰创意者特征

按照昆士兰创意产业定义的 8 类创意行业，遗址（Heritage），文学和印刷媒体（Literature and Print Media），表演艺术（Performing Arts），音乐创作和出版（Music Composition and Publishing），视觉艺术和创作（Visual Arts and Crafts），设计（Design），广播、电子媒体和电影（Broadcasting, Electronic Media and Film）和其他艺术（Other Arts）进行数据统计，2006 年初昆士兰创意产业从业人数约 6.7237 万人，占当年全部从业人员数（184.24 万人）的 3.6%，占全澳创意从业人员的 15.3%①。

---

① Enterprise Connect and the Creative Industries Innovation Centre（CIIC），Economic Analysis Creative Industries，2009.6.

另外，昆士兰同样积极利用文化教育资源提升潜在创意人才素质及数量。实际上，布里斯班的昆士兰科技大学建立了世界上第一个创意产业学院（Creative Industries Faculty），设置了设计、舞蹈、视觉艺术、音乐、创意写作、广告、新闻、电视媒体、动画等多个创意专业科系，关于创意产业的研究包含了广告、艺术、新闻、音乐、传播设计、策略性广告、舞蹈教学、数字媒体、艺术管理与创意事业等多个类别。每年约有 11000 人在创意产业学院学习[①]。同时，依托创意产业学院建立了创意产业中心（Center for Creative Industries）进行创意产业的研究和人才培养。2008 年昆士兰州创意艺术高等院校学生 14200 人，占总学生比例约为 7.3%（14.2/193.3）[②]；2009 年昆士兰创意艺术职业教育与培训学生 6800 人，占全体的比例为 13.80%[③]。

3. 两地创意者对比分析

首先，两者对创意人才分类方法的不同。上海和昆士兰对创意人才的认定差异源于两者对创意产业内容划定的不同。上海按照《国民经济行业分类》标准划分出了五大创意行业，布里斯班按照澳大利亚文化和休闲分类（ACLC）和澳新标准产业分类（ANZSIC）划定了主要的八大类创意行业。由于其产业分类标准不同，故两者范围不能进行确切对比。但从大类对比来看，设计类为两种分类同样重视；昆士兰分类中的文学和印刷媒体，广播、电子媒体和电影，遗址类，表演艺术，其他艺术大部分被上海分类中的文化传媒创意涵盖；上海分类还强调了咨询策划、时尚消费，而布里斯班分类强调了视觉艺术和创作，音乐创作和出版。总体来说，上海分类的涵盖面广于昆士兰，所以上海创意人才认定范围也相对较广。

其次，两者创意人才培养机构和方式存在差异。在创意人才的培养上，上海由于城市规模和人口资源的优势，可利用的人才培养资源相对昆士兰要更加丰富，对创意人才的培养也有处处开花的趋势，但目前仍未形成完全专业的创意产业人才培养机构。但是昆士兰在已在 QUT 建立了目前世界一流的专业的创意产业学院，在创意人才培养机构上以质取胜。

---

① http://www.creativeindustries.qut.edu.au/about/kelvin-grove-campus/.
② Source：Department of Education, Employment and Workplace Relations, Students 2008 (full year): Selected Higher Education Statistics.
③ National Centre for Vocational Education Research, Students and Courses 2009.

（二）创意生产规模与集聚特点对比

1. 上海创意生产者特征

从生产规模上来看，2009 年上海创意产业生产总值达到 3900.57 亿元，研发设计、建筑设计、文化传媒、咨询策划、时尚消费的产业规模增加值分别达到了 566.91 亿元、157.69 亿元、54.56 亿元、290.72 亿元和 79.11 亿元[152]。可以看出，研发设计、建筑设计和咨询策划三类占上海市创意产业生产增加值的比重超过 90%，主导了上海创意产业的主要增长方向和产业发展结构；2012 年上海市创意产业实现总产出 7695.36 亿元，按照 2011 年上海对创意产业目录调整后的新的分类方式，其中工业设计业总产出 527.3 亿元，增加值 196.5 亿元，同比增长 15.3%。建筑设计业总产值 1235.6 亿元，增加值 301.9 亿元，同比增长 11.8%，进一步凸显了设计业在上海创意产业中的重要地位。

从生产技术水平上来看，2009 年全年共取得科技成果 2166 项。其中属于国际领先的有 260 项，达到国际先进水平的有 651 项。在已颁布的 2009 年度国家科学技术奖励获奖人选和项目中，上海共有 56 项（人）获奖，占获奖总数的 15%。至 2009 年末，全市共有 38 家国家级企业技术中心和分中心，281 家市级企业技术中心。全年新认定高新技术企业 713 家，全市共认定高新技术企业总数 2500 家，全年新认定高新技术成果转化项目 791 项。其中，电子信息、生物医药、新材料等重点领域的项目占 88.6%；拥有自主知识产权的项目占 100%。至 2009 年末，全市共认定高新技术成果转化项目 6581 项。其中，69% 的项目已实现产业转化。全年共签订各类技术交易合同 2.71 万项，比上年下降 5.6%；合同金额 489.86 亿元，增长 0.9%[153]。

实际上，上海创意生产者具有显著的集聚特色，按照其集聚和形成的方式，大致有三种类型的创意生产者集聚方式：旧厂房旧仓库改造集聚，依托学校、特色资源等集聚和开辟新区。

首先，由旧厂房旧仓库改造而形成的创意生产地已经成为上海创意产业的主要存在形式和特色，此类集聚区约占上海创意产业集聚区总数的 2/3 以上。此类集聚区资源一般所属于拥有可改造的厂房资源的老牌本地国有企业，如上海纺织控股、上海电气、百联集团、上广电等，一般采取自主投资改造、联合其他企业建立专门公司投资改造管理，或直接租赁给专业的创意地产管理团队改造经营，如弘基集团（创邑·金沙谷园区）、时尚生活中心（8 号桥）、红坊集团（半岛 1919）。改造后的创意集聚区会在运营者的管理下引入具体的创意生产企业，所以区内引进的创意企业、资源所属国有企业,甚至包括与国有企业存在合作关系的政府部门共同构成了旧厂房旧仓库改造集聚型的创意生产者。

其次,依托学校、特色资源等集聚一般属于自发集聚性,如"环同济产业带"属于依托同济大学丰富的建筑设计人才资源而形成的建筑设计创意产业带,全长 860 米的道路上集中了 300 多家建筑设计类企业。又如,田子坊的形成即是陈逸飞等众多知名画家在这里改造建立工作室后,逐渐吸引艺术设计类企业进驻,最终促使泰康路周围民居和旧厂房为来自 18 个国家和地区的 162 家企业集聚形成创意社区。故自主经营的创意企业和工作室构成了依托特色资源集聚型的创意生产者(见图 7-1)。

图 7-1 上海田子坊

最后,还有部分为新区开辟性创意集聚区,如著名的由上海实业发展股份有限公司开发的海上海"新文化地产"项目,开辟新区全面建设了一个包括创意商务、创意商业街以及创意生态居住区在内的创意社区。盈利模式以产权销售为主,结合租赁经营。此类型的创意生产者包括社区开发公司以及入驻的创意企业,甚至包括了部分入住的居民。可以看出,无论哪种聚集形式,创意生产的都必须有丰富的科技创新资源、过硬的管理建设水平才能得以健康发展。

2. 昆士兰创意生产者特征

根据 2010 年澳大利亚艺术与文化产业报告，2008~2009 年澳大利亚创意文化产品与服务总收益为 396.87 亿澳元，其中印刷录音媒体行业收益 99.18 亿澳元，所占比例最大，约为 25%；产业增加值为 204.01 亿澳元，其中除去音乐出版的出版行业产业增加值为 95.79 亿澳元，所占比例最大，约占总增加值的 47%[①]。而昆士兰州 1995~1996 年创意产业总产值约为 12.444 亿澳元，其中电视行业产值最大为 5.094 亿澳元[②]。2010 年昆士兰艺术与文化娱乐服务类产值为 13.37 亿澳元，占中产值比例 13.9%。

作者按照昆士兰定义的 8 类创意行业对创意企业数据进行整理，显示 2008 年初共有 28747 家创意企业，2008 年末有 27567 家，占全行业总企业数（419410 家）的 6.6%。其中 2008 年新进入 4276 家，以网络出版与广播、无线网络通信、专业摄影服务等进入最多；退出 5402 家，以图书馆与档案管理、其他娱乐服务、音乐声音录制等退出最多。这一趋势说明目前昆士兰基于现代网络信息技术的创意行业发展快于传统的创意行业。在 2008 年末 27567 家创意企业中，营业额在 5 万澳元以下的有 8469 家，5 万~20 万澳元的有 10058 家，20 万~200 万澳元的有 8062 家，营业额超出 200 万澳元的仅 978 家。说明昆士兰的创意企业主要以中小型企业为主（具体见附录 6）。但根据 2009 年悉尼的"企业合作与创意产业创新中心"（Enterprise Connect and the Creative Industries Innovation Centre，CIIC）按照澳大利亚创意产业分类标准统计，认为昆士兰拥有创意企业 17322 家，占全澳创意企业的 16.2%[③]。造成这种数据不同的根本原因还是在于各地分类标准的不同。本书采用以昆士兰行业标准的自行整理数据。另外，2008~2009 年昆士兰全年用于研究与试验发展（R&D）经费支出达到 38.87494 亿澳元[④]。2007~2008 年澳大利亚所有商业行为中创新性行为比例占 44.9%，其中艺术与娱乐行业创新行为比例为 44.4%[⑤]。

在对创意生产行为的分析上，澳大利亚及昆士兰都比较注重对具体行业的创

[①] Art and Culture in Australia: a Statistical Overview 2010, www.abs.com.au.
[②] Cunningham S., Hearn G., Cox et al. Brisbane's Creative Industries 2003 [R]. Community and Economic Development of Brisbane Council, Brisbane: CIRAC.2003.
[③] Enterprise Connect and the Creative Industries Innovation Centre (CIIC), Creative Industries Economic Analysis Final Report, 30 June, 2009.
[④] 8112.0 - Research and Experimental Development, All Sector Summary, Australia.
[⑤] ABS Summary of IT Use and Innovation in Australian Business (8166.0).

意与非创意部分的细分,这与其对创意者细分创意职位和非创意职位具有异曲同工之处。例如,澳大利亚对创意数字内容生产行为进行分析时,将生产资源投入细分为创意产业提供和一些支持性产业提供,又将生产产出细分为创意数字内容和传统的数字内容(见图 7-2)。这样的创意生产细分有效地区分了创意产业与传统产业、支持产业之间的界限。

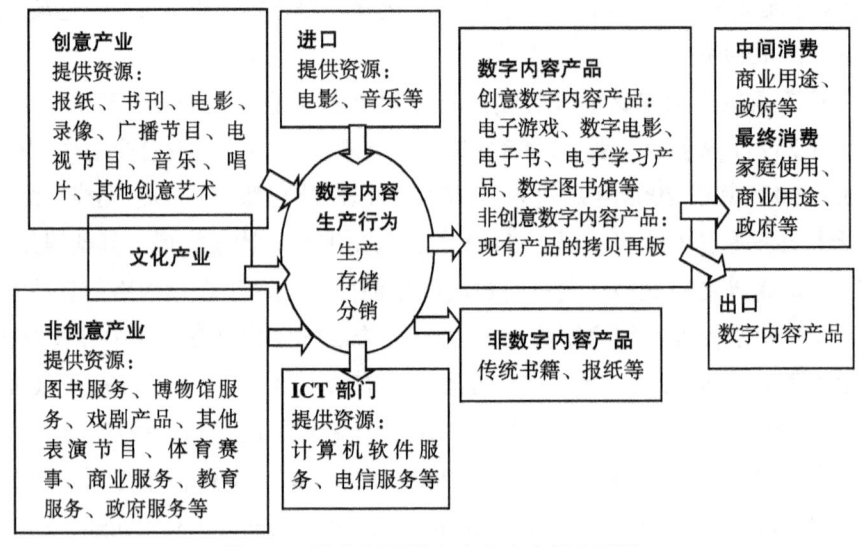

图 7-2 澳大利亚数字内容生产行为图示

资料来源:Creative Industries Cluster Study Volume Ⅱ.

昆士兰的创意产业生产同样具有集聚的特点,这一特点在布里斯班有明确的表现。布里斯班已经围绕工艺设计和视觉艺术、游戏和娱乐软件、音乐、电影和电视以及表演艺术形成了几个集聚热点(Hotspots)。例如,布里斯班 IT 及知识密集型产业(Knowledge-Based Industries)集聚行动计划(Brisbane IT and KBI Clusters Action Plan-Market Potential Report,BCC 2000)中指出,布里斯班已经形成了 3 个热点,即以 Milton 和 Toowong 为中心的"西郊集聚区",此集聚区由于昆士兰科技大学创意产业园区的形成而在数字产业集聚方面得到了进一步加强;以 Southbank 和 West End 为中心的"内城南郊集聚区",多样化的现代艺术设施、公园、剧院、博物馆等形成了以文化设施、传统文化氛围和培训,以及电影和电视制作等为特征的集聚区;以 Fortitude Valley、New Farm、Bowen hills 等为中心的"北部集聚区",新朱迪思赖特在毅力谷中心汇集了创意产业的多元化在北部集聚区内,新落成的朱迪思赖特中心(其中汇集了多个改造的创意园区、艺术文化设施等),新建的 Judith Wright Centre 中有一大批创意产业企事业单位和部门集聚,显著增强了北部地区的创意产业集聚性。另外,在 Edward st. 出现的 Metro 艺术大楼也将成为布市一个创意艺术热点[154]。

3. 两地创意生产者对比分析

首先,两者在具体的创意生产上存在不同侧重。上海相对比较重视设计类创意型行业,表明其创意生产的主要基础在于制造业的创新发展和品质提升;昆士兰更加强调创意数字化内容产业以及新媒体等创意型行业,表明其创意生产的基础在于现代信息化进步带来的新的消费行为和体验。

其次,两者对创意生产行为的细分不同。上海将创意生产行为分为五类,其分类相当于基于原先产业分类的再组合;昆士兰以及澳大利亚对创意生产行为的范畴有更明确的界定,即认为创意生产行为不仅需要创意行业的参与,同样也需要非创意行业提供辅助资源和服务,其生产的产品也同样可以分为创意性产品和普通产品,如电影 DVD 为创意产品,但 DVD 的大量拷贝和复制已经属于普通制造业范畴。

最后,两者均存在创意生产集聚的现象,但集聚形成方式不同。上海和昆士兰的创意生产均存在明显的集聚现象,但由于上海创意聚居区多依托工业改造形成,故上海的集聚特点是以旧工业区域为创意集聚地标;而昆士兰的集聚特点主要是以各种文化艺术设施或者学校为创意集聚地标。

(三) 消费实力与潜力对比

1. 上海创意消费者特征

首先,由于创意产业本身就是对消费者精神诉求的满足而引发的新型产业形式,故创意产品的消费者一般都应具有相对充裕的闲暇时间满足精神文化的追求,同时具备一定的鉴赏能力以领悟潜藏在产品中的文化。截至 2009 年底,上海常住人口达到 1921.32 万人,人口密度达到每平方公里 3030 人。同时,作为中国经济发展水平最高,且文化教育水平最发达的国际化都市之一,上海无疑具备良好的创意产品消费受众和客户基础。

其次,从居民的消费水平来看,从 2000~2009 年,上海年城市居民平均可支配收入从 11718 元上升到了 28838 元,城市居民人均消费支出由 8868 元增加到 20992 元,单在教育文化与娱乐方面的人均消费支出由 1287 元增加到 3139 元,增长幅度均为 2.5 倍。且在 2009 年教育文化与娱乐消费支出占总体消费支出的 14.9%，已成为除食品（2000 年 44.5%~2009 年 35%）和交通通信之后的第三大消费领域。上海城市家庭生活恩格尔系数由 2000 年的 44.5%下降到了 2009 年的 35%，说明上海的消费结构逐渐改变，即保障性生活消费比重逐渐下降，而文化性和享受性消费比重提高，同时也可以说明上海创意消费规模的逐步提升。

最后，伴随着经济实力的提升和消费观念的转变，上海多数消费者开始倾向于在工作之余享受更多的闲暇，希望把更多的时间和金钱投入到能够满足精神需求的行为或产品中去。事实上，这部分消费者的比例代表了创意消费的潜力。这部分人群多由中高收入以上人群组成，据中国社会科学院城市发展与环境研究所发布的《中国城市发展报告 No.4——聚焦民生》，2000~2009 年的 10 年间我国城市中等收入阶层的规模年均增长 3.8%，2009 年上海的中等收入以上阶层规模达到了 38%，中高收入以上人群年平均可支配收入已达到 4.5 万元；另外，上海的休闲水平居中国前列，根据曹新向（2010）等对中国 15 个城市的休闲实力的评价，上海的休闲实力得分为 1.6995，除北京（3.0995）外居第二位[155]。

2. 昆士兰州创意消费者特征

首先，昆士兰州总体的消费者基数不大。截至 2010 年 6 月昆士兰州人口达到 451 万人，约占澳大利亚总人口（2140 万人）的 21%，是除新南威尔士州和维多利亚州之外的人口第三大州。其中 2/3 的人口居住在布里斯班、黄金海岸等城市及周边。其中，布里斯班目前人口已达到 107 万人。从人口密度上来看，昆士兰州 2010 年 6 月前平均人口密度为每平方公里 2.6 人，但同时也存在一些人口密度很大的城市区域，如布里斯班内城聚集地，如 New Farm 人口密度达每平方公里 5900 人，Kangaroo Point 每平方公里 5600 人[①]。可见，昆士兰州在总体消费者基数上不是很大，但由于人口在城市比较集中，故在一些城市区域中还是具备相对较大的消费者基数。

其次，2007~2008 年昆士兰州首府布里斯班家庭人均可支配收入（Disposable Household Income per Week）达到每周 913 澳元。昆士兰州家庭平均每人可支配收入为每周 810 澳元。大部分人的主要收入来源为工资和薪金，此类人群占 62.7%；另外约 22.5%的人群的收入来源于政府退休金与补贴。昆士兰州居民家庭人均消费额为每周 830.13 澳元，其中用于文化娱乐的平均消费支出占 12.1%。

---

① 301.0 – Year Book Australia, 2009–10.

并且随着收入水平的提高,参与文化活动的次数也越高(见表7-1)。另外,据统计澳大利亚2007年恩格尔系数约为21.4%[156]。

最后,昆士兰州居民的收入水平也存在一定差异。统计数据将昆士兰人群收入水平分为五个等级(见表7-1)。从最低收入人群每周家庭人均可支配收入约309澳元,到最高收入阶层收入达到每周1632澳元。累计中等收入以上阶层约达到71%(40.1% + 22.2% + 17.1%/2),平均家庭人均可支配收入达到每周1274澳元(1632 × 40%/71% + 893 × 22.2%/71% + 696 × 8.55%/71%)。可见,其消费潜力巨大。

表 7-1 昆士兰州家庭人均收入、消费支出及人群比例表

	收入/每周 ($)	收入人群所占比例 (%)	总消费支出/每周 ($)	文化娱乐消费比例 (%)	文化活动参与比例 (%)
低收入层次	309	7.6	457.27	8.9	76.3
第二收入层次	523	12.9	834.51	13.4	80.7
第三收入层次	679	17.1	879.13	11.4	89.1
第四收入层次	893	22.2	1043.19	11.8	92.9
高收入层次	1632	40.1	1101.83	14.2	93.4
平均	810	100	830.13	12.1	87

资料来源:由 6523.0 - Household Income and Income Distribution, Australia, 2007-08 和 4114.0 - Attendance at Selected Cultural Venues and Events, Australia, 2009-10 整理。

3. 两地消费者对比分析

首先,两者在消费者市场基数上存在明显差异。由于上海人口基数、人口密度远远大于昆士兰和布里斯班,故在消费者市场基础上,上海具有绝对的优势。但布里斯班城市中也有高人口密度一些聚集区域,这些集聚区很好地弥补了消费者市场基础薄弱的劣势。

其次,两者在个体消费实力上差异明显。从家庭人均可支配收入和消费等数据的统计结果来看,上海在人均收入和消费水平上远远落后于昆士兰州,故用于娱乐和文化消费的绝对额明显偏低,中高收入人群比例也相对较低,故上海在创意产业和服务的家庭或个人消费实力上显然弱于昆士兰州。

(四)市场营销规模对比

1. 上海营销方特征

创意产业相关的营销不仅要求良好的整体市场环境,而且特别注重概念营销、时机营销、组合营销等策略[157]。从整体市场环境上来看,上海各类营销机

构俱全，由各类批发零售店、销售中介、拍卖行以及各种国内外展销会等形成了相对完备的市场营销结构。以珠宝设计为例，上海经销珠宝的企业达到300多家，并与各类珠宝加工、鉴定机构等形成了"城隍庙"、"虹桥国际珍珠城"等多个集聚地，另有50多家典当企业和70多家拍卖行辅助珠宝营销，每年国际珠宝首饰展览会、中外珠宝商贸易洽谈会等都在上海如期举行，为营销创造了良好的国际平台和氛围。总之，上海的市场营销机构组织形式主要以市级大商圈为主，向地区及和社区延伸。目前市级商圈发展比较成熟，现有十大市级商圈：南京东路、南京西路、淮海中路、四川北路、徐家汇、张扬路、豫园商城、五角场、新客站不夜城和中山公园。其他地区级和社区级商圈还在发展中，如截至2010年底，上海已经拥有了21家社区型购物中心，社区型购物中心所占比例从2005年的27.8%上升到了2010年的32%，计划2020年发展为102家社区级商圈。

上海具备较高的市场交易及流通能力。以2009年为例，上海批发和零售贸易业商品销售总额达到31974.39亿元，其中限额以上达到27947.60亿元，限额以上批发贸易业商品销售额达到20223.73亿元，限额以上零售贸易业商品销售额3287.8亿元；另外从特定的商品交易市场统计口径上来看，上海商品交易市场成交额为4986.77亿元。

2. 昆士兰州市场营销方特征

昆士兰州整体商业市场状态运行良好，营销网络发达。昆士兰州目前在布里斯班、黄金海岸、阳光海岸以及其他各区域拥有商业中心共94个，其中仅布里斯班就拥有55个商业中心，占昆州总数的近60%[①]。

昆士兰州的商品交易和流通市场相对发达。根据统计数据2010年昆士兰州批发交易额（Wholesale trade（F）；Total factor income：Current prices）达到108.87亿澳元，其增加值占澳大利亚总增加值的19.9%，比2000年的批发交易额50.59亿澳元上涨一倍；2010年零售交易总额（Retail trade（G）；Total factor income：Current prices）达到115.51亿澳元，其年增加值占澳大利亚总增加值的22.8%[②]。

3. 两地创意营销方对比分析

首先，两地市场体量和营销规模上具有一定差距，上海在总体的商品市场交

---

① http://en.wikipedia.org/wiki/List_of_shopping_centres_in_Australia.
② 5220.0 Australian National Accounts：State Accounts.

易规模上明显大于昆士兰州和布里斯班，上海市场体量相对较大与其城市规模较大密切相关。

其次，上海和昆士兰在市场营销机构的组织形式上也有一定差别。上海比较注重大商圈的发展，而昆士兰州及布里斯班更注重社区级别的商业中心发展。这不仅是两者城市规模差距造成的影响，更是中外城市营销机构发展理念差别所造成的必然结果。

（五）媒体机构特点对比

1. 上海媒体特征

上海具有相当强的综合媒体实力。例如，上海拥有新闻出版机构 13516 家，公共广播节目 21 套，公共电视节目 25 套，非时政类报刊出版单位 90 家，经营性出版单位 60 家，已成为中国广播电视报刊的重要中心之一；全年共出版报纸 16.33 亿份、期刊 1.79 亿册、图书 2.74 亿册；上海 2009 年全年生产动画片 2161 分钟、电视剧 15 部 471 集、译制影片 70 部、电视剧 100 集，产量均居全国前列；在新媒体的建设上，上海已经初步形成了包括东方财富、第一财经等知名媒体品牌的财经资讯新媒体，包含亿贝贸易等的商务新媒体，包括携程等的生活新媒体以及娱乐新媒体四大媒体领域格局。上海也是国家确定的"三网融合"（电信网、计算机网和有线电视网三大网络通过技术改造，能够提供包括语音、数据、图像等综合多媒体的通信业务）试点城市。在 3G 技术发展移动视听产业方面取得了重要突破。形成了目前中国规模最大的上海有线电视城域网建设，及其数字化整体转换和下一代广播电视网（NGB）试点项目。拥有上海宽带电视、上海聚力传媒 PPlive、PPStream 等一批重点互联网企业。

2. 昆士兰媒体特征

由于新媒体的发展促使很多中小媒体结构出现，使得传统的黄页（Yellow Pages）、电影电视目录（The Encore Directory of Film and Television Industry Services）、澳大利亚媒体互动协会（Australian Interactive Media Industry Association）等组织所提供媒体机构信息不够完善。昆士兰州特别制作了布里斯班媒体机构地图，将其媒体机构划分为媒体服务、社区与文化、新媒体、管制与支持、视听、印刷媒体、音乐和广播 8 类，共 36 小类。根据其提供的信息统计，截至 2011 年 9 月共有媒体机构 1129 家（见表 7-2）。而同样以此为基础的媒体机构统计 2005 年为 510 家[158]，6 年间增长 120%。

表 7-2　2011 年布里斯班媒体企业数量统计

媒体机构类型	媒体机构小类	数量（个）
媒体服务	广告与媒体市场	110
	教育组织	26
	事务管理	9
	图文服务	39
	媒体与知识产权法务服务	36
	公共关系	54
	媒体研究	25
交流与文化	残疾者文化	11
	环境文化	16
	多元文化	30
	节日庆祝	61
	本土文化	15
	怪诞文化	12
	宗教与精神文化	19
新媒体	在线出版	26
	游戏与娱乐软件开发	23
	网络服务	22
	网站开发	61
支持机构	基金	13
	媒体奖金	14
	媒体支持服务	54
	咨询服务	26
视听	视听产品	24
	视听分销	8
	跨视听服务	35
印刷媒体	杂志	45
	报纸	61
	出版物	27
	出版社	31
音乐	音乐节	27
	音乐作品	30
	发布与推广	16

续表

媒体机构类型	媒体机构小类	数量（个）
音乐	唱片分销与推广	23
	音乐会	43
广播	广播	38
	电视	19
合计		1129

资料来源：http：//www.brisbanemediamap.com.au/.

3. 两地媒体中介对比分析

上海从媒体机构总体量上大于昆士兰州，媒体行业的总体实力更高。昆士兰受到新媒体的影响更大，并且新媒体对传统媒体的冲击和影响已经显现，已经引起了其媒体行业的重视。昆士兰及澳大利亚整体都已经着手研究应对和利用新媒体浪潮的冲击，这一点在媒体行业与创意生产与消费的独立共生关系上有更充分的体现。

二、价值创造生态系统内部关系对比

（一）创意生产者与消费者依存共生关系对比

1. 上海创意生产者与消费者依存共生关系特征

首先，上海市形成的数百家创意产业集聚区是创意生产者和消费者的主要交流平台之一。创意产业集聚区中创意生产者的集聚促使其形成创意的氛围，更方便地交流思想并更容易建立创意品牌形象，而创意品牌的形成又使广大消费者有了明确的创意产品购买及消费地点，进一步促进了生产者和消费者高效率的沟通。实际上，上海创意产业集聚区挂牌工作自2005年初起步到2012年为止，共形成87家创意产业集聚区授牌，建筑面积达到225.05万平方米。总体而言，上海的创意产业集聚区开始主要分布在长宁、徐汇、静安、卢湾、杨浦等区，后来逐渐扩展到闸北、虹口和其他郊区（见附录7）。

其次，其他有助于创意生产和活动的设施，如各类艺术文化场所、图书馆、博物馆等设施为加强创意生产与消费的依存关系提供了有力的基础。2009年上海的文化机构数量达到919家，其中各种艺术机构188个，图书馆29个，包括博物馆和文物商店在内的文物保护机构112家，以及群众文化活动机构242家等，相关从业人数达到29万人。

2. 昆士兰创意生产者与消费者依存共生关系特征

首先，昆士兰最主要的创意生产者和消费者交流平台是其丰富且服务体系完善的文化创意设施。截至 2009 年，昆士兰共拥有艺术展览馆、博物馆供 256 家，图书馆 328 个，表演艺术场地 53 个，表演艺术机构 126 个（见附录 8）。总体比例占全澳近 1/5。实际上，昆士兰的文化创意设施不仅绝对数量较大，而且已经形成了非常完善的服务体系。例如，数量众多的图书馆几乎遍布各个社区，全部免费向所有居民开放，只要拥有在澳居住地址便可以拥有合法证件，可以享受所有图书馆提供的各种服务，如借阅书籍杂志，免费 Wi-Fi 网络使用，针对各种人群设有不同服务区域，如儿童区域中有志愿者为孩子读故事活动等。因此，图书馆的到访人数和利用率相当高，昆士兰图书馆年访问人数达到 20000 人。

其次，除了公立创意文化设施外，还有很多政府间接通过各种社会的非营利、非政府组织向社区提供的各种文化服务。这些机构一般由本社区居民发起，由其基于本社区的需求向政府提出建立某种机构，服务的内容与本地的社区发展有关，机构中有大量的志愿者提供服务，这样不仅减轻了服务机构成本，而且调动了居民参与文化活动和消费文化产品的积极性。另外，一些创意园区也是其创意生产和消费交流的平台，特别是昆士兰的创意园区尽可能地弱化了园区和周边生活的界限，强调创意生产和生活的融合，这使得普通居民生活在创意生产者周边，从而潜移默化地加强了创意生产和消费的联系性。

3. 对比分析

首先，上海与昆士兰在链接创意生产者与消费者的平台类型上存在较大差别。上海主要以各种类型的创意产业园区作为紧密联系创意生产者和消费者的平台，特别是多数园区由旧工业遗产改造而来，这样的形态是上海基于自我特征探索出的一条个性化道路。而昆士兰州的创意活动平台则相对还主要集中于传统的文化设施中。

其次，上海在公立创意活动设施建设上落后于昆士兰。虽然大量创意产业园的打造可以作为上海独特的创意展示平台，但是传统基础的文化创意设施的建设对促进居民文化消费仍具有非常重要的作用。而上海在图书馆、博物馆等设施的绝对数量上小于昆士兰，如果加之人口基数，则每个居民可以享受到的设施平均服务更小。昆士兰则利用大量的传统文化设施以及相对完善的服务体系吸引了大部分居民的参与，其相对高的普及率也促使了习惯性的创意生产与消费互动氛围的形成。

（二）媒体与创意生产消费的独立共生关系对比

1. 上海媒体与创意生产消费的独立共生关系特征

由前述可知上海的媒体行业具备一定的整体实力，媒体行为与创意生产者及消费者行为关系密切。从媒体和创意生产者关系来看,上海将文化传媒列为了五大创意行业之一体现了上海创意产业发展对媒体的重视程度,即认为媒体不仅仅对创意生产者的创意收集和研发具有影响力,甚至其本身也属于一种特殊的创意生产者。2009年上海文化媒体创意产业实现总产值129.69亿元,同比增长54.56亿元,对上海创意产业增加值贡献率为4.7%。

从媒体和消费者的关系来看,上海的消费者的创意产品消费行为受到很大的媒体行为影响。例如,调查研究发现,多数人选择观看一部电影之前,会先通过众多媒体传播途径对影片进行一定的了解,以确定选择哪部影片消费,45.7%的消费者通常会通过报刊知晓影片信息,42.7%的消费者会从电视媒体中获得影片信息,再次是互联网和影院的宣传等[159]。另外,媒体的活动也根据消费者行为的不断变化而在不同时期产生不同报道及宣传热点,如对中国566种地市级以上报纸组成的中国重要报纸全文数据库进行搜索,"创意"一词最早出现于2000年,2000~2011年涉及"上海"、"创意"新闻数量为345篇。

2. 昆士兰媒体与创意生产消费的独立共生关系特征

昆士兰州乃至全澳的媒体行业与创意生产和消费的关系非常紧密。首先,从媒体行业与创意生产者的关系来看,媒体行业本身也是昆士兰州所定义和关注的最重要的创意产业类别之一,特别是在信息化与数字化时代背景下变革而来的新媒体和数字媒体行业更是昆士兰州发展创意产业的主要关注点。所以,以新媒体及数字媒体为背景的创意媒体行业在整个媒体业中占了越来越重的比例。

其次,从媒体行业和创意消费的关系来看,新媒体的出现本身对消费者行为的影响就是创新性的。例如,澳大利亚本身通信业务费用较高,而近年大量推出iPhone、Blackberry等智能手机及通信流量的绑定消费,使智能手机在澳的普及率达到了相当高的水平。同时,传统媒体报纸与3G网络信息提供商共生合作,使人们可以非常方便地通过手机获得甚至定制新闻。所以,大量消费者在接受智能手机这一新媒体介质形式的同时,日常通信及新闻消费形式也得到了创新。又如,从统计数据来看,2006~2007年全澳商业性电视广播(Commercial Television Broadcasting)所创造的税前利润达到6.713亿澳元①。媒体的活动同样也根据消费者行为的不断变化而变化,在此对昆士兰科技大学所收录报纸数据库进行搜索,发现"创意"(Creative)一词最早在1987年就开始出现,1987~2011年涉及

---

① Television, Film and Video Production and Post-Production Services, Australia, 2006-07.

"昆士兰"（Queensland）和"创意"（Creative）的新闻数量有411篇。

3. 对比分析

上海及中国和昆士兰及澳大利亚的媒体行业和创意生产和消费活动均存在较强的相互影响关系。但相对来说，昆士兰及澳大利亚的新媒体对传统媒体的冲击更大，从而促使其在以数字技术升级改进传统媒体上先行一步，并且已取得了不错的成绩。例如，其媒体网站的网络互动，与3G网络信息合作商的合作，其主张的未来传媒发展形式"网络报纸+互动电视+宽带网"都使昆士兰及澳大利亚在媒体的创意活动影响力上拥有了更多主动权和发展空间。并且从消费者对媒体的影响上来看，昆士兰及澳大利亚的创意行为相对上海及中国出现更早。

（三）创意营销市场和创意生产与消费的非独立共生关系对比

1. 上海创意营销市场和创意生产与消费的非独立共生关系特征

营销方和创意生产与消费之间的非独立共生关系决定了创意营销方行为应与创意生产者与消费者保持密切依赖关系。从整体的统计数据上来看，上海依托创意生产和消费建立的营销机构已具有一定的规模和实力。以2009年为例，上海文化娱乐机构数量为4134家，从业人员51091人，主营营业收入达到1393.574万元；上海限额以上创意类商品销售额达到888.77亿元，约占批发零售贸易业商品销售总额的3%；上海商品交易市场中的体育、娱乐、电子出版物、音像制品、书报杂志与文化用品等创意类商品交易市场成交额为17.3亿元，约占总额的0.35%。

另外，展览作为一种集中化的特殊营销模式也应纳入考量范围。实际上，上海将展览业已划归咨询策划创意类行业。上海作为中国和亚洲地区最主要的展览业中心城市之一，上海的会展业从20世纪90年代以来已向国际化、专业化和品牌化方向发展，多个会展如中国国际家具生产、装潢与装饰机械与配件展览、上海国际汽车工业展览会等获得了国际会展业权威的 UFI（Union of International Fairs）认证。2009年上海举办国际性会展243次，总展出面积达到566万平方米。实际上，一些创意产业特色明显的展会完全体现了展会对创意营销的影响，如上海电子艺术节通过数字化的设备实现了民众和艺术的互动，同时吸引了全球众多电子艺术作品登陆；中国国际数码互动娱乐展览会已经成为亚洲第一大、全球第二大规模的动漫游戏、娱乐传媒展览会。总之，各种会展使消费者享受了独特的创意体验，同时为生产者提供了良好的营销平台，展览会的举办是上海创意营销活动的一个显著特征。

2. 昆士兰创意营销市场和创意生产与消费的非独立共生关系特征

昆士兰的营销市场对创意生产与消费的依赖影响主要体现在其较大的创意性艺术市场规模和消费水平上。因为澳大利亚受到欧洲文化影响，更加偏重对艺术品类创意产品的消费，并且由于近年来澳大利亚对土著文化的大力提倡，土著文化艺术品的展销展示也占据了创意性营销市场的很大份额。例如，2008 年前澳大利亚全国经营艺术品展销的场所共有 514 间，年销售总额为 2.18 亿澳元。其中经营代销土著人艺术品业务的有 74 家，年销售额为 1.38 亿澳元；而直接经营展销业的商家有 298 家，其中经营土著人艺术品的有 96 家，年销售额为 2.17 亿澳元；经销和代销澳大利亚艺术家作品的有 539 家，年销售额为 5.49 亿澳元；经销和代销海外艺术家作品的有 107 家，年销售额为 1.4 亿澳元[160]。昆士兰州的创意性营销市场同样具有偏重艺术类展销的特点。

3. 对比分析

比较来看，上海的创意营销市场规模大于昆士兰州，但是其占营销市场的相对比例却小于昆士兰州。这说明上海由于整体市场规模上的优势，使其在创意产品的营销市场上实力较强相，但基于其巨大的消费基数，每个消费者能够享有的平均创意产品营销市场却非常小。另外，上海在展览业营销方面具有明显的优势，这也将有利于上海弥补其平均创意营销市场占有率小的缺憾。

（四）创意者与创意生产者的捕食关系对比

1. 上海创意者与创意生产者的捕食关系特征

首先，上海较高的开放度与文化思想多样性促使创意者与创意生产者之间的捕食关系得以稳定发展。上海是一个开放性的国际大都市，2009 年末上海的外来人口数量达到 695.82 万人，占全部常住人口数（1921.32 万人）的 36%；在沪外国常住人口达到 15.2 万人，国际旅游入境人数达到 628.92 万人，平均每天有 17231 人来沪，国际旅游 2009 年创造外汇收入 47.96 亿美元。2009 年上海年进出口总额达到 2777.31 亿美元，其中出口额为 1419.14 亿美元，进口额为 1358.17 亿美元。如同伦敦的多元文化生态——500 种不同的语言，1/3 的伦敦人属于外来民族等造就了其世界创意工厂地位一样[161]，上海的开放性环境有利于其多元文化的形成，从而有利于创意人群在此集聚，为创意生产提供了坚实的支撑。

其次，上海运用产学研结合的方式打造集合创意人才与创意生产者甚至包括部分创意营销平台在内的创意产业集聚区，为更有利地吸引创意者积极服务创意生产及营销提供了绝佳的平台，从而进一步保证了创意者与创意生产者之间捕食关系的稳定性。实际上，上海目前已经形成了以高校为依托的东北和西南两个创意产业产学研集聚圈：东北圈以复旦大学和同济大学为依托，周边形成了"昂立设计创意园"、"环同济建筑设计工场"等四五个专业创意产业区，西南圈以上海交通大学、东华大学、上海师范大学等为依托形成了"天山软件园"、"乐山软件园"、"设计工厂"以及即将形成的"环东华时尚创意产业集聚区"等产学研一体的创意产业园。产学研结合的创意产业集聚形式为上海创意产业人才的培养，以及其创意思想的产业转化提供了非常便捷的平台，加强了创意生产与创意源头的联系性，确保了创意者对创意生产的充分资源供养和合理的价值获取，保持了其捕食关系稳定。

2. 昆士兰创意者与创意生产者的捕食关系特征

首先，昆士兰州也具有文化多样性和开放性环境。澳大利亚本身便是一个移民国家，自英国移民踏足以来，目前已有来自世界120多个国家、140多个民族的移民来到澳大利亚，共同组成了这个多民族、多元文化的国家。例如，2009~2010年澳大利亚的新增海外移民人数达到46.3万人，平均年龄为26.5岁。其中昆士兰州新增海外移民8.9万人，为除新南威尔士州和维多利亚州之外的第三大移民地，平均年龄26.2岁。2010年澳大利亚海外人口比例达到26.8%，其中昆士兰州海外人口比例为20%。2001~2009年昆士兰州年平均州际移民人口约2.5862万人，为澳大利亚各州最多。2008年昆士兰接待国际旅游入境人数达到4100万人，占全澳入境旅游人数的24%[①]。另外，昆士兰州作为其东北沿海的重要港口，在开放性方面更具有天然优势。2010年昆士兰州进口商品与服务总额达到386.7亿澳元，出口商品和服务额达到518.12亿澳元。

其次，昆士兰在利用创意社区为创意者和创意生产者创造良好的合作环境方面成果斐然。昆士兰科技大学创意园（QUT Creative Industry Precinct）项目就是由QUT联合澳大利亚政府、昆士兰州政府以及部分创意企业联合投资开发，是澳大利亚第一个由政府与教育界共同为发展创意产业而合作的项目。园区内不仅包含教学和培训区域——QUT创意产业学院，研究区域——创意产业研究与应用中心（Creative Industries Research and Application Centre，CIRAC）和互动设计中心（Interaction Design Centre）、澳大利亚国家研究理事会创意产业研究中心（CCI）、创意产业与创新研究院（ICI），产业中心——创意产业事业中心（CIEC）

---

① 3412.0 – Migration, Australia, 2009–10.

以及一些数字媒体、设计、剧团等企业，而且还包括了众多超市、餐馆、咖啡屋等生活性设施，居住区域，以及公园绿地等，从而真正打造了一个可以使创意人群生活、工作、交流的社区（见图7-3）。社区内企业间存在密切的联系，形成了高效的本地生产网络，创意个人被该环境吸引，大批设计者、艺术家、研究者、教育者在此集聚，从而为创意生产者提供了丰富的资源供养，并同时体现了自身价值，其捕食关系得以稳定。

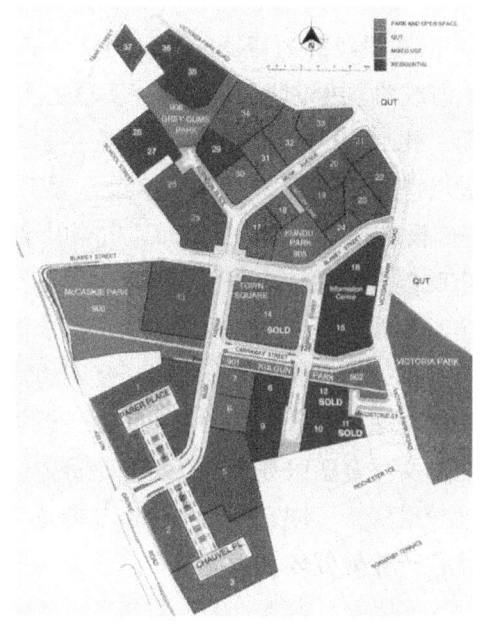

图 7-3　昆士兰科技大学创意园区功能结构图 [162]

3. 对比分析

首先，昆士兰和上海在文化多样性和开放度方面都具有较高水平。昆士兰州是澳大利亚第三大移民州，且港口资源、旅游资源等丰富，其海外人口的多样性相对上海更高。但由于澳大利亚没有类似中国的户籍制度，故没有"外来人口"之说，但昆士兰为州际移民数量最多的州，可以看出其国内的人口流入水平同样很高。

其次，昆士兰与上海在产学研结合型创意集聚区的建设上各有千秋。上海的创意集聚区数量较多，类型繁多。而昆士兰的创意集聚区虽然不多，但打造质量和理念都达到了国际先进水平，真正意义上将科研、产业、生活娱乐加以集聚，值得众多创意集聚区的学习和借鉴。

三、价值创造环境因素对比

(一) 经济基础对比

1. 上海经济基础特征

上海是中国最大的经济中心，2009年实现全年实现上海市生产总值（GDP）15046.45亿元，人均GDP达78989元，列中国大陆各省市第一位，超出国际惯例认为的一个城市跨入以知识经济为特征的后工业社会的界限——人均GDP为10000美元。2010年上海成功举办世博会后，全年实现生产总值（GDP）16872.42亿元，按可比价格计算，比2009年增长9.9%；2009年完成全社会固定资产投资总额5273.33亿元，进出口总额达到2777.31亿美元，实现社会消费品零售总额5172.88亿元；城市基础设施投资2113.45亿元，占全社会固定资产投资总额的比重为40.1%，其中市政建设投资623.21亿元，公用事业投资135.95亿元。总之，上海经济的极大丰富使城市居民有能力并倾向于追求商品与服务的消费上附加的观念价值，这为上海率先发展创意产业提供了坚实的物质基础。

同时，上海还是中国金融体系最发达的城市。由于近年来文化创意产业与金融业的融合形成了新型的文化金融服务产业，特别是目前资本不足、投融资渠道狭窄已经造成创意企业投融资难、创意产品质押难、创意项目担保难、创意资产估值难等问题。所以优化产业融资环境，完善金融服务功能也是上海发展创意产业的优势经济基础之一。实际上，目前上海已经具备了较强的金融业实力，2009年实现金融业增加值1817.85亿元，全市有各类金融单位787家，其中新增各类金融单位98家。在文化创意产业金融服务方面，上海进行了一系列开拓性的尝试，如2006年上汽集团、上海创意产业中心和英国霍金斯机构共同组建了中国第一家创意产业投资机构——上海创意产业投资有限公司，并与相关风险投资基金共同建立创意产业投资基金；创设中国第一家文化创意类私募基金"华人文化产业投资基金"；2009年正式设立上海文化产权交易所；涌现出"东方惠金"之类的文化创意产业投融资及担保服务平台等。

此外，由于以旧工业厂房改造形成创意集聚区是上海创意产业的重要特征之一，所以上海的工业发展水平构成了其中一个重要的经济基础条件。实际上，上海是近代中国工业的发源地，拥有包括电子、通信、汽车、造船、航空航天、化工等众多的工业门类，大量优秀历史工业建筑浓缩了19世纪40年代以来上海城市和工业文明的发展史。但在 20 世纪末经济转型的环境下传统产业外迁,大量工业建筑历史逐渐空置或废弃。1981 年上海工业用地共有 274.69 平方千米,而到 2009 年前后仅有 80 平方千米,缩减了近 194.69 平方千米。创意产业集聚区占据被废弃厂房的大部分。实际上,如果将 1984 年上海旧厂房的大致空间分布与上海创意产业集聚区分布图叠合可以发现,上海创意产业集聚区的分布与旧工业厂房仓库的分布态势一致(见图 7-4)[163]。

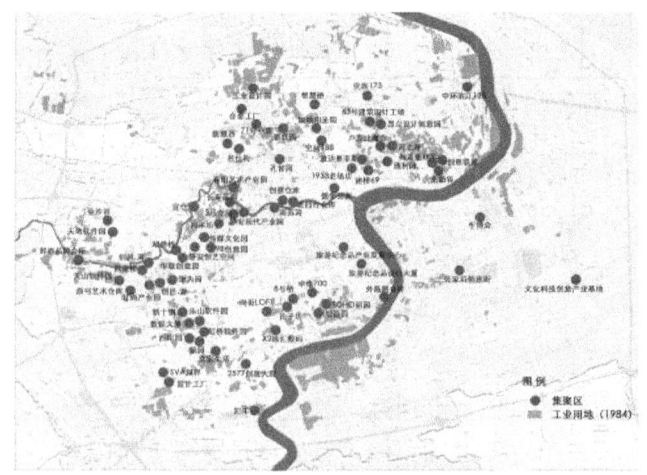

图 7-4 上海创意产业集聚区与工业用地关系图
资料来源:陈舒雯,上海创意产业集聚区的发展现状及特征研究,2010.

2. 昆士兰经济基础特征

昆士兰州相对具有较强的经济增长能力,是目前澳大利亚经济发展最快的地区。截至 2010 年 6 月,昆士兰州生产总值达到 2441.6 亿澳元,比 2000 年(1109.71 亿澳元)上涨超过 1 倍。年人均 GSP 达到 54194 澳元[①]。实际上在 2007~2008 年昆士兰的州生产总值(GSP,Gross State Product)以 5.3% 的增长率居全澳大利亚第一位。预计在 2012 年昆士兰州的 GSP 增长速度将逐渐更高的超出全澳 GDP 增长速度(见图 7-5)。另外,2010 年昆士兰州完成全社会固定资产投资(Gross Fixed Capital Formation)776.13 亿澳元,社会消费品总额(Final Consumption Expenditure)达到 1753.25 亿澳元,2010 年昆士兰金融业年增加值仅为 76.2 亿澳元。

---

① 5220.0 Australian National Accounts: State Accounts.

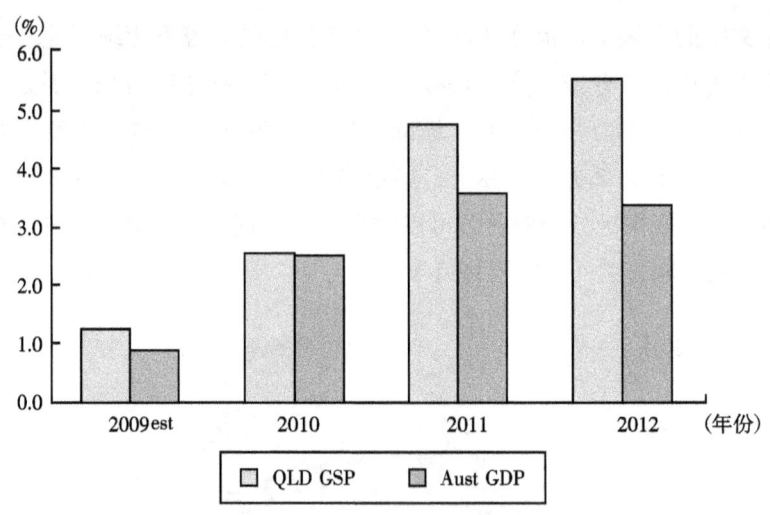

图 7-5 昆士兰 GSP 增速与全澳 GDP 增速比较预测

资料来源：Brisbane_Industrial_Report_March_2010.

3. 对比分析

首先，两者在经济总体量上相近，但人均经济状况有差距。上海和昆士兰州虽然在经济驱动因素上存在差别，但在总体经济体量上差距不大，但同时由于人口基数的差别，使上海在人均经济享有量上落后于昆士兰州。

其次，两者经济特征具有较大差别。上海在传统工业基础上具有优势，这也是目前影响上海创意经济以内城旧工业化用地改造为特征的重要因素。而其金融产业优势促使上海未来创意产业有向寻求金融化支持发展的趋势；昆士兰州的经济特征在于具有天然资源经济保障，传统制造业较少，所以留给创意产业发展的经济支持和发展空间较大。

(二) 文化氛围对比

1. 上海文化氛围特征

上海在文化特质上已形成了海派文化风格。历史上上海是江南吴越文化的继承者，到近代中国经历外来侵略和革命以来，上海作为中国最重要的港口城市又成为众多外国殖民统治者的租界所在地，又融合了来自世界各地的文化，所以最终形成了兼容并包的海派文化风格。海派文化的特质表现为时尚、先进、包容，不同的价值观、消费观在这里碰撞，任何思潮都可以在这里寻找到自身发展的土壤。实际上，海派文化早在 20 世纪二三十年代就曾孕育了如鲁迅、郭沫若、茅盾、巴金、老舍等文坛大师；拥有全国最大、最具声望的报社和出版社；诞生了最早期的动漫艺术，如"万氏兄弟"在上海拍摄了中国最早一批动画片；形成了相当规模的电影产业，诞生了"左翼电影"、"国防电影"、新现实主义等流派和众多经典影片，造就了周璇、阮玲玉、赵丹等中国第一代电影明星，被称作"中国电影的好莱坞时代"；时装产业高度发达成就了上海的"东方巴黎"之称等[164]。而20世纪末，上海率先出现的众多创意集聚区，以及创意产业的蓬勃发展也是海派文化时尚先进的典型体现。2010年上海世界博览会的成功举办，使上海再一次向世界展示了其独特的东方风格和海派文明，同时吸引了更多海外文化的参与。

上海文化氛围水平具体可以从其文化活动参与方面得以体现。例如，2009年各种艺术表演526场次，观众数达到756.1万人，图书馆借阅人次达556.13万人，借阅图书达1452.51万册，博物馆、纪念馆等举办展览活动197次，参与人数达到1117万人，群众文化活动机构举办展览2483次。

另外，上海还是教育资源的集中地之一，对其文化氛围的形成起到了重要影响，并直接影响到了创意产业的集聚。实际上，高校周边创意产业集聚现象就是最直接的证明，如环东华时尚创意产业集聚区、环同济大学建筑设计集聚区等。从空间区位来看，现在上海的80家创意集聚区在高等院校空间影响范围内的共有36家，占总数的50%。截至2009年底，上海拥有普通高等学校66所，在校大学生数达到51.2778万人，平均每万人中有267个在校大学生、60个在校中专生。

2. 昆士兰文化氛围特征

昆士兰是澳大利亚文化的典型代表。其首先在丰富的原始旅游资源上拥有丰富的土著文化基础，如拥有澳大利亚最大的土著文化公园"查普卡土著文化公园"（Tjapukai Aboriginal Cultural Park），及其载入吉尼斯纪录的"澳大利亚最长寿的舞台表演"；其次，昆士兰拥有澳大利亚联邦政府直接支持的国家级创意产业振兴机构"布里斯班创意产业研究中心"，新媒体、创意数字文化资源丰富；最后，昆士兰首府布里斯班在1988年举办了世界博览会之后，留下了许多珍贵的世博会遗产，星罗棋布的咖啡馆和餐馆，世界级的艺术表演中心，令人赏心悦目的城市雕塑，以及目前平均每月吸引50万游客到访的南岸公园，与南岸公园相邻的还有州政府所规划的文化特区（Cultural Centre Precinct），包括了现代美术馆、展览馆、州立图书馆、多功能表演艺术中心及格里菲斯大学的音乐学院和艺术学院等，这一切使布里斯班一改过去"昏昏欲睡的小镇"形象（布里斯班市市长坎布尔·纽曼），文化氛围日益浓厚，是全澳七个首府城市中发展最快的一个城市，目前已成为一个综合性但仍相对休闲的大城市。

2009年，昆士兰州文化创意活动参与总人数达到301.63万人，其中电影、表演艺术等的参与人数最多。实际上，表演艺术、影视业、图书出版业和商业性艺术展览等文化活动是构成澳大利亚文化产业的主体部分。例如，2007~2008年博物馆除平常各类付费及免费参观，举办展览活动1113场，艺术表演6087场，图书馆年借阅册书达到184.9万册（见附录8）。

另外，2010年昆士兰州拥有学校总数达到1702所[①]。其中，高等教育学校40所，包括昆士兰大学、昆士兰科技大学在内的7所国立大学，1所分校（澳大利亚天主教大学布里斯班分校）和全澳唯一一所私立大学（邦德大学），以及31所非大学性高等教育学校（Non-university Higher Education Providers），即技术和继续教育学院（Technical and Further Education，TAFE），包括昆士兰数位媒体学院（QANTM College）等。2010年包括高等教育和TAFE在内的在校学生数达到30.18万人。平均每万人中在校大学生达670人。昆士兰围绕相对丰富的教育资源着力打造了世界著名的"昆士兰科技大学创意园区"，学校、研究机构、创意企业以及部分生活居住区域的聚集，不仅使园区周边，而且辐射整个布里斯班市形成了良好创新学习的文化氛围。

3. 对比分析

首先，二者的文化成因和文化表现千差万别，但均有文化多样性表现。上海和昆士兰分别是东西方文化的代表，其文化理念与资源各具特色。但是上海由于近代的殖民统治和现代的改革开放而形成的多样性文化，与昆士兰由于历史成因、移民以及土著文化融合而形成的多样性文化，均为创意产业发展奠定了有利的文化多样性基础。

其次，上海和布里斯班均为世博会举办地，上海在世博文化的继承和发扬上可以借鉴布里斯班经验。自1851年伦敦举办了第一届世界博览会以来，创意和文化始终是世博会的灵魂。每次世博会的召开不仅将展示新科技、新产品、新理念，而且都会为举办地留下丰富的世博遗产。实际上，在上海世博会期间，昆士兰州揭幕日就在上海城市规划馆展出了"1988年布里斯班世博后的发展图片"。

[①] 4221.0 – Schools，Australia，2010.

上海城市规划馆馆长刘波表示,"同为河畔之城,上海与布里斯班的世博会选址有着许多相似之处,如何在世博会结束后,将世博会址进行可持续的合理规划,是上海在后世博期间需要考量的重要问题。昆士兰州向上海分享了其非常有价值的后世博发展经验"①。

最后,二者在以教育资源促进文化氛围的举措上各具特色。显然上海在高等及职业教育资源总量上多于昆士兰州,并且倾向于利用不同教育专业资源打造多种的文化氛围,如以建筑为专长的同济大学周边打造建筑设计文化氛围,而以纺织服装设计为专长的东华大学周边着力打造时尚文化氛围。而昆士兰州人群平均受教育程度高于上海,并集中力量围绕昆士兰科技大学打造多元综合性创意文化氛围。

(三)法律环境对比

1. 上海知识产权环境特征

上海的知识产权保护环境首先受到中国整体知识产权法律环境的影响。另外,上海为了推进创意产业发展,在知识产权保护上也作出了进一步努力。例如,2004年上海市出台了《上海知识产权战略纲要(2004—2010)》等一系列的法律、法规对知识产权进行保护;2007年上海市经济和信息化委员会、上海市知识产权局等12个部门联合印发《关于促进上海创意设计业发展的若干意见》强调要加强创意设计业的知识产权保护和应用;2009年上海版权局编制完成《上海版权产业报告》;上海市知识产权局先后认定了13家企业为上海专利工作示范单位,53家为专利工作试点企业,118家为专利工作培育企业等;上海创意产业中心与相关法律、专利事务所联合成立"上海创意产业知识产权事务中心"为创意产业发展提供全方位的知识产权保护服务;另外,为了服务世博会,上海知识产权联席会议办公室还制定下发了《保护世博会知识产权专项行动方案》,上海市工商局制定了《关于开展世博商标保护工作的实施意见》,版权局拟定了《保护世博会版权专项行动计划》等,城管执法局发布了《关于加强世博会知识产权保护工作的通知》等。

2012年上海全年专利申请量为82682件,其中发明专利申请量为37139件,同比增长15.5%。专利授权量为51508件,其中发明专利授权量为11379件,增长24.2%。PCT国际专利申请量为1024件,增长20.9%。截至2012年底,上海

---

① 澳大利亚昆士兰主题周今日开幕,http://sh.people.com.cn/GB/138654/11917502.html.

有效发明专利量为40309件,增长29.5%;每万人口发明专利拥有量为17.2件(按照常住人口2350万人计算),超额实现了市政府提出的"到2012年底上海每万人口发明专利拥有量达到16件"的目标。截至2012年底,有效注册商标总量316442件。当年共申请商标91867件,同比增加7869件;注册商标59679件,增加3139件;中国驰名商标134件,增加13件;上海市著名商标1038件,增长13.2%。一般作品登记数量为70633件,同比增长19.5倍,占全国登记总量的10.27%;计算机软件著作权登记量为12814件,增长22.9%,占全国登记总量的9.2%。

2. 昆士兰知识产权环境特征

由于澳大利亚实行的知识产权统一管理的整体结构,昆士兰州的知识产权管理主要依据澳大利亚国家规定行事。故主要采用澳大利亚整体知识产权数据来对昆士兰进行估计。2008~2009年澳大利亚整体行业采用专利申请、注册设计、版权或商标申请、签订保密协议和复杂产品设计申请来实行知识产权保护的比例达到37.2%,其中采用保密协议手段的比例最多(23.9%)。具体到艺术与娱乐文化服务业中,知识产权保护比例约为34.4%,其中采用申请版权或商标途径进行保护的较多(25.2%)(见表7-3)。另外,根据数据统计,昆士兰州2006年专利申请量为777件,是2000年479件的近1倍①。

表7-3 澳大利亚知识产权保护情况

澳大利亚知识产权保护情况 (受保护比率,%)	专利	设计注册	版权或商标	保密协议	复杂产品设计	运用保护比例	未运用保护比例
艺术与娱乐服务	1.6	4.7	25.2	14.5	4.0	34.4	65.6
总体	4.0	4.8	17.5	23.9	7.9	37.2	62.8

资料来源:8158.0 – Innovation in Australian Business, 2008–09.

3. 对比分析

首先,中国和澳大利亚在整体知识产权管理和执法体系上存在差别。中国的知识产权保护立法及执行涉及十多家部门单位,分工较细,但同时也可能造成一定程度上的管理交叉或遗漏。而澳大利亚知识产权行政管理机关相对比较统一,权责相对明确。并且澳大利亚重视对中小型企业知识产权制度宣传和平台提供,特别针对中小型企业提供信息资料、出版物和网上及热线求助服务,举行中小型

---

① Patent applications (a) by statistical division, Queensland, 1996 to 2006, http://www.oesr.qld.gov.au/.

企业知识产权研讨会等。

其次，上海和昆士兰分别在保护绝对量和相对保护程度上有不同表现。从统计数据来看，上海与昆士兰专利申请量绝对量差距较大，主要是由于两者市场与人口体量上的差距造成。但由于上海没有行业行为申请知识产权保护相对比例的相关统计，故不能准确比较两者在保护程度上的差别。

（四）信息技术对比

1. 上海信息技术特征

据上海市经济和信息化委员会数据，上海目前的城市信息化水平已全面超过发达国家平均水平，部分达到了先进水平[165]。全市信息产业从"十五"末的5000亿元规模，快速增至"十一五"末的近9000亿元。2012年上海市全年实现信息产业增加值2216.09亿元，比2011年增长10.8%，其中信息服务业增加值1387.88亿元，增长15.1%。截至2012年末，已建成700处宏基站和300处室内分布系统，覆盖中心城区190平方公里；光纤到户能力覆盖家庭数达803万户，比2011年末增加123万户；实际光纤用户达360万户，增加110万户；下一代广播电视网（NGB）覆盖家庭536万户，增加126万户；城市公共区域WLAN接入热点累计达2.2万处，增加5000处；国际、国内互联网出口带宽分别达650Gbps和3500Gbps；各类互联网数据中心（IDC）机架总量达3.4万个，增加4000个；数字电视用户达525万户，增加160万户；交互式网络电视（IPTV）用户达195万户，增加17万户。全年软件产业实现经营收入2464.9亿元，电信传输服务业700.01亿元，互联网信息服务业835.72亿元。累计有248家企业获得计算机信息系统资质认证，其中1级12家。新增认定软件企业493家，登记软件产品4453个。信息服务业上市企业47家。经营收入超亿元软件企业381家。全年完成电子商务交易额10560亿元，比上年增长35.1%。其中，B2B交易额8632亿元，增长28.6%，占电子商务交易额的81.7%；B2C交易额1928亿元，增长74.5%，占18.3%。口岸税费电子支付系统入网企业累计44884家，全年电子单证传输量18262.36万张，实现电子支付金额11450亿元，增长15%。全年推广电子账单75万份。发送法人数字证书"一证通"61.9万张；发放社会保障卡58.79万张，累计发卡1364.08万张；中国上海门户网站首页浏览量2261万次，总页面浏览量56000万次。截至2012年末，数字证书累计发放394.5万张。公共信用信息服务平台面向政府部门和信息主体开通试运行。截至2012年末，公共信用信息服务平台已纳入54家单位的信息，归集信息事项1014个，可提供查询数据 2.2 亿条。

结合创意产业特征,上海也充分发挥其信息化力量积极建设相关信息化平台,如上海陆续建立了知识产权平台、网络信息平台、投资咨询平台等七大信息化平台;建成了多个创意产业相关网站,如上海创意产业中心与专业网络运营商共同投资运作的上海创意城市网(http://www.creativecity.sh.cn)已于 2005 年 8 月开通运行,目前已经成为上海最大的、为各类创意设计企业和个人提供信息、交流、展示、知识产权转化、设计交易、委托授权的中介服务和信息服务平台。致力于创意产业创业服务的中国艺术设计联盟(www.arting365.CORI)是目前中国最大的创意网站,每天点击量达到 35 万人次。M50 在实体园区支撑下建设了网上创意门户网站——"M50 网上创意园"。

实际上,信息化水平的建设是未来上海结合创意产业建设"智慧城市"的一个重要方面,如加强信息化基础设施的集约化建设,提速宽带网络,拓展物联网数据中心,打造亚太云计算中心,提升超级计算机信息处理能力等。另外,在电子商务领域,积极拓展电子商务的应用,强化电子商务的支撑体系,完善电子商务的运营环境等。

2. 昆士兰信息技术特征

从昆士兰州所有的统计数据来看,昆士兰州的信息硬件与网络普及率等都相对较高。例如,2008~2009 年家庭宽带接入户数 118.2 万户,家庭宽带接入比例约为 73%;2008~2009 年居民家庭电脑拥有约 128.3 万台,居民家庭 PC 拥有比例达到 80%[①]。实际上,昆士兰在打造创意产业园区时就非常关注信息技术的建设,以昆士兰科技大学创意园区为例,其拥有先进的数字化设备,如 TV Studio 供学习电视制作的学生有先进的设备与场地进行实务上的规划、拍摄与后制训练,提供给流行设计学生的 Studio,以及包含设计软件、AC Nielsen 系统及 Mac 计算机的计算机中心等。

3. 对比分析

昆士兰整体信息化水平比上海稍高,主要表现为信息硬件设施普及比率和先进程度更高,有线网络运用以及无线 Wi-Fi 覆盖区域稍多。其中需要注意的是,在商业领域,澳大利亚整体的网络使用率非常高,且商业支持网页(Web Presence,包括商业网站、主页、网站网页,但不包括列表和说明网页)的大量使

---

① 8146.0 – Household Use of Information Technology, Australia, 2008-09.

用,促使商业行为借助网络信息技术得以更好的传播。特别是艺术与娱乐服务业的网页支持系统的较高利用率,说明创意文化相关行业更加需要信息网络技术的支持。

(五)政策环境对比

1. 上海政策环境特征

首先,上海的创意产业政策环境受到中国整体政策环境的影响。其次,上海根据本市创意产业发展的特点,逐步创造了极具上海特色的创意产业政策环境。总体来说,政府政策力量在上海创意产业的发展中起到了主导性作用。2005年之前画廊、设计工作室等创意产业力量在一些旧厂房或老建筑自发集聚;2005年后政府意识到创意产业的重要性和上海创意积聚的现象,开始主动规范管理创意集聚区。上海市经济信息委员会推出创意产业园区建设的规划,制定了"房屋产权、建筑结构、土地性质"三不变的创意园区改造发展机制,首次挂牌了18家创意园区;随后2006~2007年,各种创意产业相关政策及关注度升温,创意园区快速增至80余家,并规划在2010年达到百家创意园区;2007年,上海快速发展的创意产业开始出现同质化、部分空置、地产化甚至乱用创意产业优惠政策等问题,政府开始在政策支持上进行理性转变,如暂缓了对创意集聚区的授牌,并对4家偏离原规划的创意产业集聚区实行摘牌;随后的2008年和2009~2010年世博会召开,上海对创意产业政策环境的打造趋于理性;2011年上海借全国文化体制改革试点城市之机,积极优化产业环境,着力培育适应文化创意企业生根发展的土壤、营造文化创意人才集聚的良好产业生态,文化创意产业发展的各项政策不断创新,逐渐趋于完善(见表7-4)。

表7-4 上海2005~2012年创意产业相关政策事件列表

2005年	4月首次上海创意产业集聚区授牌仪式暨项目推介会,挂牌18个创意产业园区 11月第二批16个创意产业园区挂牌 上海创意产业中心正式挂牌运作 上海市政府出台了"十一五"期间创意产业发展重点指南 创意产业人才计划位列《上海市重点领域人才开发目录》首位
2006年	5月第三批14个文化创意产业园区授牌 11月第四批27家创意产业园区授牌 发布2006上海创意产业发展报告,制定上海城市创意指标体系
2007年	对4家创意园区进行摘牌,增补其他4家 创意产业聚集区总数达75家,2010年前本市不再授牌新的创意园区;原定的百家创意园区目标暂缓考虑

续表

年份	内容
2008年	《上海产业发展重点支持目录》将创意产业明确作为新兴服务业之一 《上海市创意产业导向资金管理暂行办法》 《上海市加快创意产业发展的指导意见》 《上海市创意产业集聚区认定管理办法（试行）》 《上海市文化产业投资指导目录》
2009年	《文化产业振兴规划》出台的重要影响 上海《关于加快本市文化产业发展的若干意见》明确了6个上海文化产业重点发展领域
2010年	《上海市金融支持文化产业发展繁荣的实施意见》推动金融业与文化产业对接 上海获得批准加入联合国教科文组织"创意城市网络"中的"设计之都"称号 发布2010年上海创意产业发展报告
2011年	5月，市委办公厅、市政府办公厅正式印发《上海市文化创意产业发展"十二五"规划》 9月，《上海市文化创意产业分类目录》修订完成 在产业扶持方面，出台《关于促进上海市创意设计业发展的若干意见》《关于促进上海电影产业繁荣发展的实施意见》《上海动漫游戏产业发展扶持奖励办法》《上海市网络视听产业专项资金管理办法》等产业推进政策和扶持办法 在财政扶持方面，初步制定完成《上海市促进文化创意产业发展财政扶持资金实施办法》 在税制改革方面，发布《营业税改征增值税试点办法》，文化创意企业纳入试点范围
2012年	制定《上海市促进文化创意产业发展财政扶持资金实施办法》，特别制定《上海市创意设计产业发展财政扶持资金实施办法》 发布《上海市文化创意产业人才开发目录》 上海市经济信息化委印发《关于开展本市2012年度设计创新示范企业创建工作的通知》

总之，目前上海已经形成了独特的创意产业管理环境和政策制度。首先，创意产业发展的相关事务管理权主要由上海市经济与信息化委员会执行，包括组织实施城乡工业布局调整、老工业区改造和产业升级，推进创意产业发展等职能。其他政府所属单位如市发改委、市建委、市规划局、市知识产权局等10多个相关部门均在各项大型活动中给予支持。在管理执行中基本形成了市区两级、市各部门之间协作的联动格局。其次，在政府支持和各方努力推动下形成了"一协会，两中心"的发展模式，即在上海创意产业协会协调下，上海创意产业中心进行市场化运作，上海社科院创意产业研究中心提供理论研究的联动发展[166]。2010年上海市在文化体育与传媒上的财政支出达到28.3亿元，其中主要包括支持中心城区有线电视用户数字化整体转换，落实财政贴息资金0.5亿元；对31个社区文化活动中心建设进行补贴，支出0.8亿元，推进公益性文化进社区；支持举办重大文艺活动，落实世博文化中心建设经费、世博文艺演出和文化展示活动经费，举办第八届上海双年展等重大活动，支出3.7亿元；落实运动员后备队伍建设、第四届全国体育大会参赛经费和第十四届世界游泳锦标赛筹办经费等各类体育经费，支出3.6亿元等[167]。2012年共有122个平台项目和18个课题项

目列入政府创意产业专项资金扶持范围，其中创意设计项目54个，市级政府资金扶持总额达1.34亿元。

2. 昆士兰政策环境特征

澳大利亚在创意产业政策上的显著特点是州政府在各自创意产业发展上具有主导性作用。昆士兰州对创意产业的重视甚至超出了澳大利亚国家政府的重视程度。首先，昆士兰政府将创意产业作为本州发展的最重要议题，从产业政策、学术讨论等角度对创意产业进行了积极研究。例如，2003年由布里斯班市政府（Brisbane City Council）授权和支持QUT做了关于布里斯班创意产业的发展报告（Brisbane's Creative Industries 2003），昆士兰政府定义了其认定的创意产业范畴等。其次，从政府资金支持上来看，2009~2010年昆士兰州政府向文化创意产业拨款共6.528亿澳元，相当于当年澳大利亚国家政府向全国文化创意产业拨款的1/4，是2000~2010年的拨款额（2.885亿澳元）的近3倍，明显快于全国政府资金的上涨速度。但是昆士兰州与澳大利亚国家层面重点支持的行业不尽相同，两者除了均重点支持环境遗产、博物馆、图书馆建设外，澳大利亚国家层面还重点支持广播电、电影行业，而昆士兰政府根据自身创意产业发展的特点则重点支持艺术表演行业的发展。另外，昆士兰政府还将创意产业纳入到职业扶持计划（Jobs Assist Program）中，在就业、经济发展和创新部（Department of Employment, Economic Development and Innovation）下设立了"创意产业行动小组"（The Creative Industries Unit）以促进昆士兰创意产业的发展。

3. 对比分析

首先，中国和澳大利亚在对文化创意产业管理体制上不同。中国的文化创意产业的管理实质仍属于"官办"性质。不同类型的文化创意行业管理权分散隶属于相关政府部门，其中部分由社会团体协助管理。例如，文化部负责管理艺术表演团体，其下属有10个重点艺术表演团体，除此以外的其他艺术表演团体采取多种所有制形式。而澳大利亚在文化事业的管理上明确运用"一臂间隔"原则，由澳大利亚通信、信息技术与艺术部主要负责文化政策的制定、文化拨款等事物，地方各级政府也行使相应的权力或承担相关的责任，同时，澳大利亚理事会作为文化背景非政府组织进行相关文化政策的研究、建议和执行等。所以，两国体制上的差别直接造成了上海和昆士兰州在文化创意产业管理体制上的不同。但是，上海近年在非政府性质组织的建设上采取了非常积极的态度，成立了"一协会，两中心"，有力地推进了创意产业间接化或分权化管理的进程。

其次，两者创意产业的政府推动手段不同。中国在国家层面上没有对"创意产业"的明确定义和产业政策，其相关政策多归属于"文化产业"中，故各地区政府根据自身发展特点定义并制定了系列推进政策。上海属于最先明确定义创意产业及其政策措施的地区。其主要推进手段为由政府部门上海经济信息委员会认定并挂牌"创意产业集聚区"，以吸引创意企业和人才集聚；澳大利亚早在1994年就在国家层面上发布创意国家（Creative Nation）发展战略，昆士兰州更是创意产业的先行者和力推者，其主要的推进手段是拨款支持，提供相关服务，辅助创意产业园区建立建设等。可以看出，上海更加具有政府主导干预性质，属于自上而下的指导方式，而昆士兰的模式中政府的角色为合作伙伴。

最后，从数据统计角度上看，上海和昆士兰州政府对创意产业的财政支持力度相近。政府涉及创意产业的支持资金绝对量，及其占全部财政支出比例均相近。

第三节　上海与昆士兰州创意产业价值创造能力评价比较

由于每个区域政策、环境、产业形态等各不相同，所以不同区域的创意产业价值创造生态系统构成不同，故衡量不同区域的创意产业价值创造能力应采用不同的评价体系。从这个意义上来说，建立一个完全统一的适用于大范围创意产业价值创造能力评价体系，对不同区域进行一个模式的对比研究存在一定的欠缺。而基于突变级数法的创意产业价值创造能力评价模型，恰好允许评价对象根据本身发展实际情况确定底部层次的指标细节及其不同的重要性排序，同时又允许不同对象在较高层次上制定一定的可比的标准，这样既可以实现对两者的创意产业价值创造能力的实证评价，也能在一定程度上实现对两者的价值创造生态系统健康状态的对比。本节将实现对上海和昆士兰州创意产业价值创造能力的实证评价与比较。

一、上海创意产业价值创造能力评价

（一）上海创意产业价值创造能力评价体系

根据创意产业价值创造能力影响因素模型，结合上海创意产业发展特点，数

据可获得性，以及专家对上海发展创意产业所需重视的重要因素的评价结果，提出上海创意产业价值创造能力评价体系，并以此为基础进行原始数据的收集。

在上海创意产业价值创造能力评价体系建立过程中，对微观、宏观以及创意产业特质性3个一级影响因素，其下属的5个二级影响因素，14个三级影响因素以及39个可获得性数据指标组成的四级指标体系的指标重要程度确定，参照了东华大学创意产业中心为上海纺织控股集团所做"创意产业园区竞争力评价"项目过程中，所进行的第一轮"创意产业发展重要影响因素"的专家打分结果。其打分过程由31名各方专家完成，其中高校教授10名，园区所属方管理层2名，园区经营方管理层14名，其他身份5名。结合其打分结果和本章所需指标条目，将上海创意产业价值创造能力指标按其重要性程度进行了排序，进而形成了创意产业价值创造能力评价体系。根据其进行了原始数据收集，主要数据来源于上海2001~2010年统计年鉴，2005年、2009年以及2012年上海创意产业报告。上海创意产业价值创造能力评价体系如表7-5所示。

表7-5　上海创意产业价值创造能力评价体系

一级A	二级B	三级C	数据来源	四级指标D
创意特质因素A1	创意特质因素B1	创意活动设施C1	2005年、2009年上海创意产业报告	D1 创意园区（2000~2004年无，数据设为1）
			2005年、2009年上海创意产业报告	D2 艺术表演场所机构数量（按常住人口计算）（2000~2003年、2006年按平均值估计）
			2005年、2009年上海创意产业报告	D3 博物馆和纪念馆每百万人拥有数（按常住人口计算）（2000~2003年、2006年按平均值估计）
			2005年、2009年上海创意产业报告	D4 图书馆每百万人拥有数（按常住人口计算）（2000~2003年、2006年按平均值估计）
		创意媒体活动C2	2005年、2009年上海创意产业报告	D5 文化媒体创意产业年增加值（亿元）（除2005年、2008年、2009年外其他年份按照年增加值增长率11.1%估计）
		创意营销活动C3	上海统计年鉴	D6 文化娱乐机构主营营业收入（亿元）
			上海统计年鉴	D7 国际性会展次数（次）
			上海统计年鉴	D8 国际性会展总展出面积（万平方米）
		开放度与多样性C4	上海统计年鉴	D9 进出口总额（亿美元）
			上海统计年鉴	D10 国际旅游入境人数（万人次）

续表

一级 A	二级 B	三级 C	数据来源	四级指标 D
微观因素指标 A2	微观创意型因素 B2	创意人力资本 C5	2009年上海创意产业报告	D11 创意产业从业人员数（万人）（相关统计从2008年始，其他年份数据用年增长率3.26%估计）
			上海统计年鉴	D12 文化机构从业人员（人）
		创意消费能力 C6	上海统计年鉴	D13 教育文化与娱乐年人均消费支出
			上海统计年鉴	D14 上海城市居民年平均可支配收入（元）
			上海统计年鉴	D15 年底上海常住人口（万人）（2001~2004年按年增长比例2%估计）
			上海统计年鉴	D16 上海城市居民年人均消费支出（元）
	微观基础因素 B3	科研技术管理水平 C7	上海统计年鉴	D17 全年用于研究与试验发展（R&D）经费支出（亿元）
			上海统计年鉴	D18 R&D 占 GDP 比例（%）
			上海统计年鉴	D19 科技成果数量
		市场成熟度 C8	上海统计年鉴	D20 社会消费品零售总额（亿元）
			上海统计年鉴	D21 批发零售贸易业商品销售额（亿元）
		媒体中介水平 C9	上海统计年鉴	D22 新闻出版机构数量（包括图书出版机构、书刊印刷机构、发行机构）（家）
			上海统计年鉴	D23 报纸总印数（亿份）
			上海统计年鉴	D24 期刊总印数（亿册）
			上海统计年鉴	D25 图书总印数（亿册）
宏观因素指标 A3	宏观创意型因素 B4	创意政策制度支持 C10	2009年上海创意产业报告	D26 上海市级文化体育与传媒财政支出（亿元）（根据2006~2007年增长比例42.6%及2007~2010年增长比例25.3%，以2007年为基年，年增长比例34%估计）
		文化氛围 C11	上海统计年鉴	D27 群众文化活动机构举办展览
			上海统计年鉴	D28 艺术表演场次（场）
			上海统计年鉴	D29 公共图书馆借阅册书（万册次）
			上海统计年鉴	D30 高等学校在校学生数（万人）
		知识产权保护 C12	上海统计年鉴	D31 专利申请量（件）
			上海统计年鉴	D32 专利授予量（件）
	宏观经济因素 B5	宏观经济基础 C13	上海统计年鉴	D33 GDP（亿元）
			上海统计年鉴	D34 社会消费品零售总额（亿元）
			上海统计年鉴	D35 全社会固定资产投资总额（亿元）
			上海统计年鉴	D36 人均 GDP（元）
		信息化环境 C14	2005年、2009年上海创意产业报告	D37 宽带接入用户（万户）（2000~2003年、2006年按年平均增长率21%估计）
			2005年、2009年上海创意产业报告	D38 每千人移动电话用户数（2000~2003年、2006年按年平均增长率8.5%估计）
			2005年、2009年上海创意产业报告	D39 每千人国际联网用户数（2000~2003年、2006年按年平均增长率13%估计）

（二）数据无量纲化处理

上海创意产业价值创造力原始数据大多数为正向性指标，部分为中性指标，故采用正向效益型指标公式：

$$y = \frac{x - x_{min}}{x_{max} - x_{min}}$$

对原始数据进行无量纲化处理，最终将其取值控制到 0~1。

（三）计算过程及结果

从四级指标开始，确定各指标与其上级指标构成的突变类型，运用模型对应的归一公式进行突变隶属函数的计算。第五章已经确定第一层到第四层指标构成的突变模型，这里根据上海的具体数据确定其第五层指标突变模型，其中包含折迭突变模型 2 个，尖点突变模型 4 个，燕尾突变模型 3 个以及蝴蝶突变模型 5 个。运算取值过程中，认为第五层指标（即四级指标）为互补性指标，采用均值取值；第二层指标微观性指标及其下属二级、三级指标，即下属第三、四层指标为独立性指标，采用大中取小取值；第二层指标宏观性和创意特质性指标及其下属二级、三级指标，即下属第三、四层指标为互补性指标，采用均值取值；微观、宏观以及创意特质性指标互补决定最终创意产业价值创造能力突变隶属函数值，采用均值法取得最后结果。各层突变隶属函数值计算结果如表 7-6 所示。

（四）上海创意产业价值创造健康状态分析

首先，将以上得到的上海创意产业价值创造力综合突变隶属函数值，及三大分项指标因素——创意特质因素、微观因素以及宏观因素，按照时间序列进行图示（见图 7-6）。可以发现，总体上来说，上海的创意产业价值创造综合能力及各项分影响因素在 2000~2009 年，均呈现逐年加强的状态。并且宏观因素和创意特质性因素相对优于微观因素，而综合能力优于三项分因素。但是由于突变级数法决定了突变隶属函数值最终计算结果相对较大，并且数值相近，故各因素之间的间隔不明显。其次，由于突变级数计算过程中运用级差变换法进行数值区间 [0，1] 的标准化估计，容易造成最小边界数值的低估，故 2000 年的创意产业发展状态存在一定低估。

对比第五章提出的创意产业价值创造生态系统健康状态的突变级数评价等级标准，对上海 2000~2009 年各年的创意产业价值创造微观因素环境、宏观因素环境、创意特质性环境以及总体生态健康状态进行分析（见表 7-7），并去除被低估的 2000 年边界数值，将综合及三大分项指标因素突变隶属函数值对照健康分

表 7-6 上海创意产业价值创造力各级指标突变隶属函数数值

级数	指标名称	2000年	2001年	2002年	2003年	2004年	2005年	2006年	2007年	2008年	2009年
三级指标突变隶属值	创意活动设施 C1	0.54852	0.54293	0.5342	0.63918	0.5	0.84273	0.91714	0.96038	0.5	0.68785
	创意媒体活动 C2	0	0.26615	0.38006	0.46548	0.53877	0.60438	0.66353	0.7188	1	1
	创意营销活动 C3	0.68306	0.55737	0.66012	0.39548	0.37025	0.73313	0.81147	0.86677	0.95244	0.8778
	开放度多样性 C4	0	0.32652	0.41609	0.56164	0.74495	0.81602	0.88035	0.96194	0.99116	0.94365
	创意人力资本 C5	0	0.29443	0.47604	0.60988	0.7173	0.86482	0.84428	0.78139	0.94534	1
	创意消费能力 C6	0	0.45985	0.58499	0.67098	0.77379	0.82564	0.87726	0.94544	1	1
	科研科技水平 C7	0	0.42938	0.52073	0.6223	0.72434	0.80485	0.88409	0.95196	0.95886	0.98406
	市场成熟度 C8	0	0.11802	0.31282	0.39974	0.47853	0.68157	0.76776	0.87675	1	1
	媒体中介水平 C9	0.52045	0.69517	0.38068	0.731	0.92297	0.82549	0.77104	0.49784	0.87267	0.47192
	创意政策制度 C10	0	0.19186	0.29202	0.38849	0.48789	0.59651	0.71616	0.8813	1	1
	文化氛围 C11	0.11268	0.47086	0.43822	0.47889	0.65224	0.61547	0.77261	0.76395	0.75002	0.77252
	知识产权保护 C12	0	0.29455	0.48114	0.68395	0.57751	0.7333	0.811	0.96446	1	1
	宏观经济基础 C13	0	0.40086	0.51229	0.61142	0.71992	0.79363	0.85992	0.93737	1	1
	信息化环境 C14	0	0.40034	0.51434	0.60321	0.68175	0.80908	0.88198	0.95518	1	1
二级指标突变值	创意特质因素 B1	0.41243	0.76089	0.79894	0.811463	0.81092	0.91224	0.93846	0.95823	0.92331	0.94644
	微观创意因素 B2	0	0.54261	0.68996	0.78095	0.84694	0.92996	0.91885	0.88396	0.97229	1
	微观基础因素 B3	0	0.49051	0.67884	0.73665	0.78217	0.88006	0.91568	0.83999	0.96652	0.82884
	宏观创意因素 B4	0.161	0.6509	0.71094	0.77169	0.81249	0.84945	0.90428	0.94798	0.96952	0.97252
	宏观经济因素 B5	0	0.68508	0.75848	0.81343	0.8643	0.91134	0.94316	0.9765	1	1
一级突变值	创意特质指标 A1	0.64221	0.87229	0.89384	0.90257	0.90051	0.95511	0.96874	0.97889	0.96089	0.97285
	微观因素指标 A2	0	0.73662	0.83064	0.88371	0.92029	0.9583	0.95856	0.94019	0.98605	0.93934
	宏观因素指标 A3	0.20062	0.84417	0.87757	0.90597	0.92697	0.94559	0.96581	0.98287	0.99232	0.99308
综合突变隶属函数数值		0.41643	0.90367	0.9312	0.94731	0.95702	0.97621	0.98202	0.98348	0.9898	0.98402

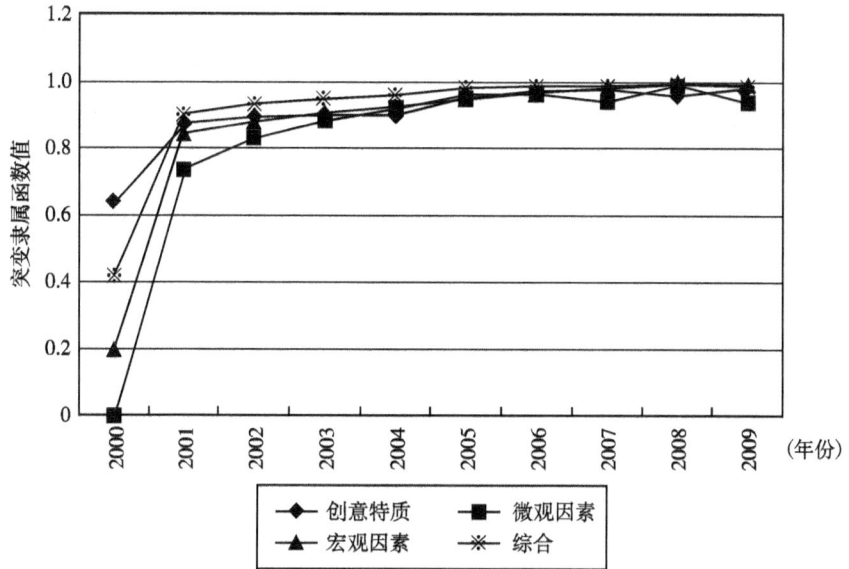

图 7-6 上海创意产业价值创造突变隶属函数值图示

级重新进行图示（见图 7-7），结合其总体发展趋势及拐点情况可以看出，上海创意产业价值创造生态进化可以分为以下四个阶段：

第一，上海的创意产业发展起始于 2001 年。图 7-7 中可以看出第一次明显的发展拐点出现在 2001 年，其原因是受到 1998 年国外兴起的创意产业浪潮影响，以及 21 世纪产业结构发展的新思想，上海开始关注文化创意相关消费、人才引进等发展，虽然 2000 年作为本次实证估计边界状态有所低估，但也反映出上海创意产业发展的起点。

第二，2002~2004 年是上海创意产业发展重要的积累期。经过 2001 年和 2002 年的发展，2003 年和 2004 年文化创意方面的微观环境和宏观环境都得到了进一步提升，特别是主导创意产业价值创造的各生态位相关的微观性因素——创意人才、创意消费、企业的科技研发投入以及媒体水平都有了长足的进步。尤其是上海新闻媒体出版机构在 2004 年有明显的提升，极大地促使了创意产业整体发展生态的健康转变，可以看作促使上海创意产业提升的一个重要突变因素。这也从侧面进一步反映出媒体中介水平对创意产业价值创造生态的重要性。

第三，2005 年是上海创意产业蓬勃发展的重要开端。上海创意产业价值创造综合能力在 2005 年出现了第二个明显拐点，究其原因是在微观与宏观因素稳步发展的同时，创意特质性因素环境出现了明显突变，表现为创意活动设施明显增多，包括国际会展规模在内的创意类营销明显扩大等。实际上，这正是上海创意产业的发展政策和阶段的准确反映，即2005年正是上海政府开始意识到创意产业的重要性而开始主动规范管理创意集聚区，挂牌创意产业园区的开始。2005年上海创意产业价值创造综合能力首次进入健康状态，其分因素也首次全部为健康状态以上，微观创意生态位因素更是在之前的良好积累基础上首次进入非常健康状态。

第四，2007年至今为上海创意产业价值创造转型并趋于理性发展的阶段。图中可以看出，2007年综合突变函数曲线出现了一个向下的拐点，其主要原因是微观环境状态又从非常健康退回健康等级，这一改变主要是由于包括图书发行、新闻媒体机构的规模下降或发展缓慢。另外，2007年、2008年创意特质性环境发展也趋于平缓甚至有一些下降（如2008年艺术表演场所数量的锐减）。这些表现同样与上海创意产业发展实际和政策息息相关，实际上，在经过两年的膨胀式发展之后，上海创意产业开始出现了一些因快速扩张而产生的问题，如同质化、空置化、多数创意性集聚区质量不高等问题。针对这些问题，上海原本鼓励性的创意产业政策开始暂缓或控制，整体创意产业价值创造生态发展趋于理性稳定。

表7-7　上海创意产业价值创造生态系统健康状态

指标因素名称	2009年	2008年	2007年	2006年	2005年	2004年	2003年	2002年	2001年	2000年
创意特质因素A1	非常健康	健康	非常健康	非常健康	健康	亚健康	亚健康	亚健康	亚健康	病态
微观因素指标A2	健康	非常健康	健康	非常健康	非常健康	健康	健康	健康	不健康	病态
宏观因素指标A3	非常健康	非常健康	非常健康	非常健康	非常健康	健康	健康	健康	不健康	病态
综合突变隶属函数值	非常健康	非常健康	健康	健康	健康	亚健康	亚健康	不健康	不健康	病态

为了进一步分析上海创意产业价值创造生态系统的特点，单独将其创意特质性因素、微观环境因素以及宏观环境因素对照各自的健康标准，进行了突变隶属函数曲线趋势及健康等级的对应图示（见图7-8）。总体来说，三者均呈现向上发展的趋势，但各自具有不同的发展特点。由图7-8（A）可以看出，上海创意特质性因素发展轨迹起伏较大，尤其是2004~2008年，经历了突然上升和小幅下降的波动，究其原因是受到期间上海创意产业政策由积极鼓励到理性规范变化的

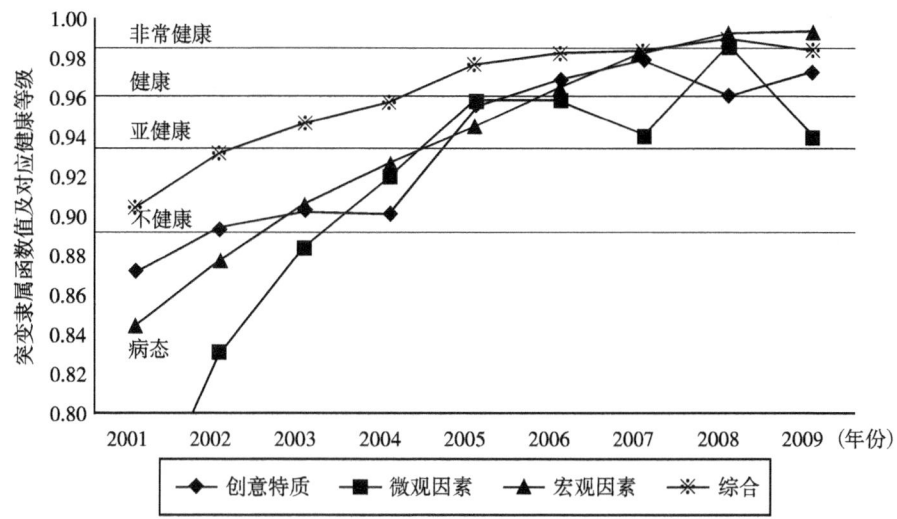

图 7-7 上海创意产业价值创造能力突变隶属函数值及综合健康等级图示

影响,上海创意产业园区的挂牌趋势就是直接反映;由图 7-8 (B) 看出,上海的微观性环境因素,即人才、企业、消费者、营销者以及媒体均发展趋势良好,其中微观因素突变函数曲线在部分年出现小幅波动,主要是受到媒体行业发展趋势的影响。这同时也说明了媒体生态位在创意产业中双重身份的重要性,即其本身行业性质属于创意产业部类,同时又是创意产业价值创造生态中生产和消费的重要链接中介;由图 7-8 (C) 看出,上海支持创意产业价值创造的宏观环境因素上升平稳良好,这也符合上海在 21 世纪总体的经济社会发展趋势。

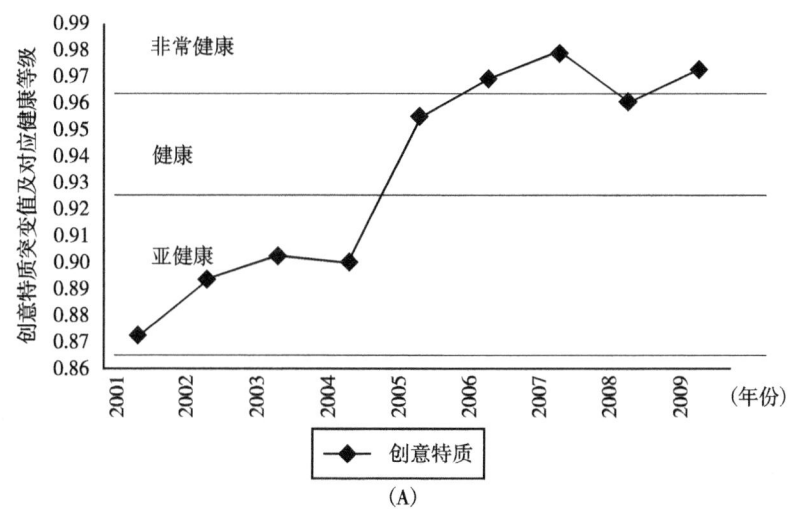

图 7-8 上海创意产业价值创造分因素突变值及健康等级图示

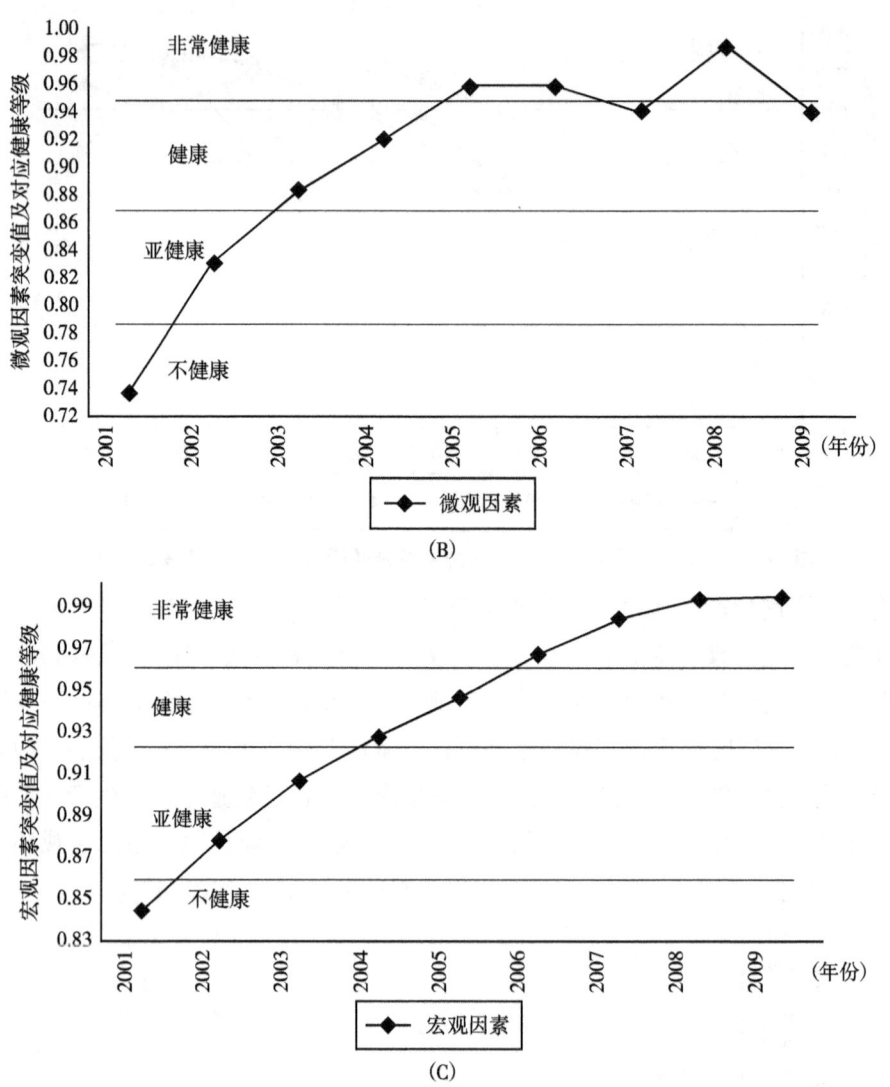

图 7-8　上海创意产业价值创造分因素突变值及健康等级图示（续）

二、昆士兰州创意产业价值创造能力评价

（一）昆士兰州创意产业价值创造能力评价体系

根据创意产业价值创造能力影响因素模型，结合昆士兰州创意产业发展特点，数据可获得性，以及专家对昆士兰州发展创意产业所需重视的重要因素的评价结果，提出昆士兰州创意产业价值创造能力评价体系，并以此为基础进行原始数据的收集。

第七章 创意产业价值创造能力国际比较案例研究——上海 vs 昆士兰

在昆士兰州创意产业价值创造能力评价体系建立过程中,对微观、宏观以及创意产业特质性3个一级影响因素,其下属的5个二级影响因素,14个三级影响因素以及33个可获得性数据指标组成的四级指标体系进行了专家评分。分别由7位来自昆士兰科技大学创意产业学院以及创意产业研究中心的专家教授进行了因素重要性打分,专家意见征询表见附录9。主要打分方法为,根据其重要性程度将各级因素划分为1~5分五个等级,1分代表无作用(Useless),2分为不重要(Less Important),3分为一般(Normal),4分代表重要(Important),5分代表非常重要(Most Important)。请专家分别对两组基础指标——三级指标和四级可获得性指标的重要程度进行了打分。最后综合7位专家评分结果对两组指标进行分数排序,得分最高的为最重要因素,得分最低的为最不重要因素。确定顺序为首先对三级指标分数计算得到C级以及上层A、B级指标排序,然后对每个三级指标内对应的四级指标分数进行计算得到D级指标排序。

另外,昆士兰创意产业原始数据的来源主要为澳大利亚统计司(Australian Bureau of Statistics)历年统计数据及报告,以及昆士兰政府网站和布里斯班媒体地图网站。昆士兰州创意产业价值创造能力评价体系如表7-8所示。

表7-8 昆士兰州创意产业价值创造能力评价体系

一级指标A	二级指标B	三级指标C	数据来源	四级指标D
创意特质因素A1	创意特质因素B1	创意活动设施C1	8697.0 - Performing Arts, Australia, 2006~2007	D1 表演艺术场地 Performing arts venue operation(缺失数据以年0.6%增长估计)
			8561.0 - Public Libraries, Australia, 2003~2004	D2 图书馆(根据澳大利亚2000年1510家,2004年1716家,以年增长3.3%估计)
			8560.0-Museums, Australia, 2007~2008、2003~2004	D3 博物馆等文物保护机构(个)(年增加2.6%估计)
		开放度与多样性C2	3101.0 - Australian Demographic Statistics, Dec 2010	D4 季度昆士兰州新增海外移民数 Net Interstate Migration
			5220.0 - Australian National Accounts- State Accounts	D5 进口产品与服务总额(Million$)
			5220.0 - Australian National Accounts- State Accounts	D6 出口产品与服务总额(Million$)
		创意媒体活动C3	8679.0 - Television, Film and Video Production and Post -Production Services, Australia, 2006~2007	D7 电视广播年产值 Commercial free-to-air television broadcasting(million $)(2003年和2007年数据由昆士兰占澳大利亚整体比例13.9%得出,其他年数据以年递增4.4%估计)

续表

一级指标 A	二级指标 B	三级指标 C	数据来源	四级指标 D
创意特质因素 A1	创意特质因素 B1	创意媒体活动 C3	8679.0 - Television, Film and Video Production and Post-Production Services, Australia, 2006~2007	D8 年电影、光碟及后期制作服务产值 Film and video production and post-production services（million$）（2003 年和 2007 年数据由昆士兰占澳大利亚整体比例 8.5% 得出，其他年数据以年递增 5.2% 估计）
		创意营销活动 C4	5220.0 - Australian National Accounts- State Accounts	D9 年创意艺术与娱乐服务营业收入 Arts and recreation services（R）；Gross operating surplus and gross mixed income；Current prices（m$）
			5220.0 - Australian National Accounts- State Accounts	D10 年创意艺术与娱乐服务营业收入占全行业部营业收入比例（%）
微观因素指标 A2	微观创意型因素 B2	创意人力资本 C5	6281.0 - Work in Selected Culture and Leisure Activities, Australia, Apr 2007	D11 澳大利亚文化创意领域工作参与人数比例（%）（缺失数据采用隔年平均估计，其他为平均值）
			6227.0 -Education and Work, Australia, May 2010	D12 澳大利亚创意艺术学生比例（%）（缺失数据采用隔年平均比例估计）
		创意消费能力 C6	5220.0 -Australian National Accounts-State Accounts	D13 年家庭文化娱乐消费支出总额 Households；Final consumption expenditure - Recreation and culture：Current prices（million$）
			5220.0 -Australian National Accounts-State Accounts	D14 年家庭文化娱乐消费支出占总消费支出比例 Households；Final consumption expenditure - Recreation and culture：Current prices 比例（%）
			6523.0 -Household Income and Income Distribution, Australia, 2007~2008	D15 家庭平均每人年可支配收入（缺失数据采用隔年平均估计，边界数据采用增长比例估计）
			3101.0 -Australian Demographic Statistics, Dec 2010	D16 昆士兰州常住人口（人）
	微观基础因素 B3	媒体中介水平 C7	http://www.brisbanemediamap.com.au/	D17 媒体机构数量（个）（缺失数据按照 2005~2010 年数据平均增长比例 17.2% 估计）
		科研技术管理水平 C8	8112.0 -Research and Experimental Development, All Sector Summary, Australia	D18 全年用于研究与试验发展（R&D）经费支出（千$）（缺失数据采用隔年平均估计，边界数据采用增长比例估计）
		市场成熟度 C9	5220.0 -Australian National Accounts-State Accounts	D19 昆士兰州零售交易总额（Retail trade（G）；Total factor income：Current prices）（million$）

续表

一级指标A	二级指标B	三级指标C	数据来源	四级指标D
微观因素指标A2	微观基础因素B3	市场成熟度C9	5220.0 - Australian National Accounts- State Accounts	D20 昆士兰州批发交易总额（Wholesale trade (F); Total factor income: Current prices）(million$)
宏观因素指标A3	宏观创意型因素B4	文化氛围C10	4114.0 - Attendance at Selected Cultural Venues and Events, Australia, 2009/2006/2002	D21 年文化活动参与人数（艺术画廊、博物馆、动植物园、图书借阅、博物馆、档案馆、表演、电影等机构）（千人）[缺失数据按照年平均增长率4.3%（2007~2010年），和2.5%（2000~2005年）估计]
			4221.0 - Schools, Australia, 2010	D22 学校数量（个）（公立、私立及教会学校）
		创意政策制度支持C11	5512.0 - Government Finance Statistics, Australia, 2009~2010	D23 昆士兰政府娱乐文化财政支出（m$）（边界数据按年增长率10.7%估计）
			5512.0 - Government Finance Statistics, Australia, 2009~2010	D24 昆士兰政府娱乐文化财政支出占全部财政支出比例（%）（边界数据按年增长率10.7%估计）
		知识产权保护C12	Patent applications (a) by statistical division, Queensland, 1996 to 2006	D25 年专利申请量（2007~2010年数据估计为其他年均值）
			5220.0 - Australian National Accounts- State Accounts	D26 年知识产权产品总产值 Private; Gross fixed capital formation - Intellectual property products: Chain volume measures; (m$)
	宏观经济因素B5	宏观经济基础C13	5220.0 - Australian National Accounts- State Accounts	D27 昆士兰州年GDP（million $）
			5220.0 - Australian National Accounts- State Accounts	D28 年社会消费品零售总额 Final consumption expenditure: Current prices (million $)
			5220.0 - Australian National Accounts- State Accounts	D29 年全社会固定资产投资总额 Gross fixed capital formation: Current prices (million $)
		信息化环境C14	8146.0 - Household Use of Information Technology, Australia, 2008~2009	D30 家庭宽带接入户数（千户）（边界数据按年增长率7.4%估计）
			8146.0 - Household Use of Information Technology, Australia, 2008~2009	D31 家庭宽带接入比例（%）（边界数据按年增长率7.4%估计）

续表

一级 指标 A	二级 指标 B	三级 指标 C	数据来源	四级 指标 D
宏观因素 指标 A3	宏观经济 因素 B5	信息化环 境 C14	8146.0 - Household Use of Information Technology, Australia, 2008~2009	D32 居民家庭 PC 拥有量（千台）（边界数据按年增长率 5.7%估计）
			8146.0 - Household Use of Information Technology, Australia, 2008~2009	D33 城市居民家庭 PC 拥有比例（%）（边界数据按年增长率 6.7%估计）

（二）数据无量纲化处理

昆士兰创意产业价值创造力原始数据大多数为正向性指标，部分为中性指标，故采用正向效益型指标公式：

$$y = \frac{x - x_{min}}{x_{max} - x_{min}}$$

对原始数据进行无量纲化处理，最终将其取值控制到 0~1。

（三）计算过程及结果

计算方法如前。根据昆士兰的具体数据确定其第五层指标突变模型，其中包含折迭突变模型 2 个，尖点突变模型 7 个，燕尾突变模型 3 个以及蝴蝶突变模型 2 个。各层突变隶属函数值计算结果如表 7-9 所示。

（四）结果分析

同样将以上得到的昆士兰州创意产业价值创造力综合突变隶属函数值，及三个分项指标因素——创意特质因素、微观因素以及宏观因素，按照时间序列进行图示（见图 7-9）。总体上来说，昆士兰州的创意产业价值创造综合能力及各项分影响因素在 2000~2010 年，均呈现平稳发展且有一定上升的态势。宏观因素、创意特质性因素以及综合能力发展趋势相近，且相对平稳。微观环境因素波动幅度较大。同样，边界年份 2000 年的估计状态由于突变级数法计算特点而存在一定低估。

表 7-9 昆士兰创意产业价值创造力各级指标突变隶属函数值

	指标名称	2000年	2001年	2002年	2003年	2004年	2005年	2006年	2007年	2008年	2009年	2010年
二级指标突变值	创意活动设施 C1	0.00000	0.33688	0.40320	0.65116	0.69194	0.72760	0.83799	0.86826	0.89072	0.97778	1.00000
	开放度多样性 C2	0.00000	0.50997	0.53925	0.56846	0.61711	0.71115	0.79294	0.84272	0.93890	0.89248	0.79370
	创意媒体活动 C3	0.00000	0.35746	0.47688	0.56770	0.64477	0.71361	0.77695	0.83628	0.89287	0.94728	1.00000
	创意营销活动 C4	0.49635	0.54457	0.64795	0.60378	0.89299	0.88312	0.81089	0.28674	0.88702	0.75479	0.78545
	创意人力资本 C5	0.55485	0.75357	0.59217	0.57507	0.36571	0.52383	0.60114	0.68438	0.31623	0.81623	0.68194
	创意消费能力 C6	0.24516	0.56865	0.62953	0.72082	0.77333	0.82525	0.82935	0.85835	0.88241	0.90462	0.74819
	媒体中介水平 C7	0.00000	0.21014	0.30969	0.39568	0.47712	0.55764	0.63923	0.72322	0.81066	0.90242	1.00000
	科研技术水平 C8	0.00000	0.22755	0.33116	0.40934	0.46814	0.52034	0.62638	0.71691	0.78842	0.85396	1.00000
	市场成熟度 C9	0.37810	0.21343	0.42994	0.53180	0.65241	0.71844	0.76982	0.86325	0.96074	0.99307	0.98955
	文化氛围 C10	0.00000	0.53049	0.61794	0.67267	0.73646	0.77463	0.82718	0.72799	0.75313	0.76030	0.50000
	创意政策制度 C11	0.00000	0.61037	0.68577	0.76867	0.52135	0.58817	0.74476	0.73148	0.76030	0.83571	0.97496
	知识产权保护 C12	0.00000	0.54241	0.61850	0.73132	0.84413	0.76687	0.88797	0.82836	0.85925	0.85844	0.88459
	宏观经济基础 C13	0.14215	0.22769	0.48018	0.57271	0.66328	0.73755	0.81434	0.88902	0.95083	0.99182	0.98248
	信息化环境 C14	0.00000	0.55017	0.59881	0.73242	0.78106	0.82756	0.86271	0.88982	0.92708	0.96378	1.00000
一级指标突变值	创意特质因素 B1	0.21732	0.75953	0.79920	0.85184	0.88923	0.91003	0.93470	0.90289	0.96784	0.97086	0.96968
	微观创意因素 B2	0.62587	0.82848	0.76953	0.75833	0.60474	0.72376	0.77534	0.82727	0.56234	0.90345	0.82580
	微观基础因素 B3	0.00000	0.45841	0.55650	0.62903	0.69074	0.74676	0.79952	0.85043	0.90037	0.94874	0.99738
	宏观创意因素 B4	0.20497	0.81160	0.85159	0.88699	0.87384	0.88459	0.92889	0.90275	0.91444	0.92548	0.88950
	宏观经济因素 B5	0.18851	0.64829	0.76791	0.82909	0.86768	0.89883	0.92719	0.95236	0.97509	0.99184	0.99560
一级指标突变值	创意特质指标 A1	0.46617	0.87151	0.89398	0.92295	0.94299	0.95396	0.96680	0.95021	0.98379	0.98532	0.98472
	微观因素指标 A2	0.00000	0.77105	0.82254	0.85682	0.77765	0.85074	0.88053	0.90954	0.74989	0.95050	0.90873
	宏观因素指标 A3	0.51306	0.88318	0.91928	0.94062	0.94429	0.95280	0.96945	0.96700	0.97395	0.97965	0.97083
综合突变隶属函数值		0.46635	0.91714	0.93708	0.95207	0.94156	0.95839	0.96874	0.97062	0.94824	0.98578	0.97697

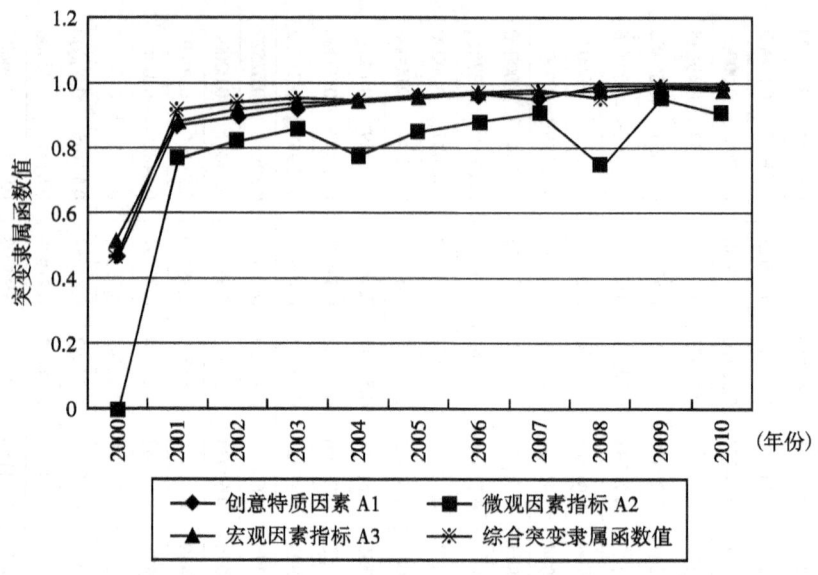

图 7-9　昆士兰创意产业价值创造突变隶属函数值图示

对比创意产业价值创造生态系统健康状态的突变级数评价等级标准，对昆士兰 2000~2010 年各年的创意产业价值创造生态系统进行健康状态分析（见表 7-10）。并去除被低估的 2000 年边界数值，将综合及三大分项指标因素突变隶属函数值对照健康分级重新进行图示（见图 7-10）。总结出昆士兰州创意产业价值创造生态进化的阶段及其特点：

第一，2003 年之前为昆士兰州创意产业价值创造能力稳定发展阶段。作为英联邦国家，澳大利亚是最早的英国创意产业政策的追随者。其在 2001 年就由联邦通信、信息科技暨艺术部（DCITA）开始进行创意产业产业方面的研究，推行相关的政策支持。另外，澳大利亚发达国家的经济、法制、社会设施等基础为创意产业发展提供了强有力的支持。这些因素都市昆士兰的创意产业价值创造生态相对处于一个较高的发展起点，并实现了稳定增长。

第二，从 2004~2008 年，昆士兰创意产业处于波动发展阶段。其出现波动的主要原因在于微观环境因素的较大波动。例如，2004 年创意人才储备，即创意艺术类学生数量下降，引起了微观创意型因素的突变，另外生产者科研技术投入、媒体发展水平也相对较低，则共同引起了整体微观环境状态的下降；2007 年创意类营销单位的收入比例下降引起了创意特质型因素的突变下降；2008 年创意人才的波动再次使得微观环境产生一定幅度突变下降，而海外移民等的增加促使开放度和多样性提升,从而使创意特质性环境产生小幅度突变上升,故共同引起了整体创意产业价值创造生态由健康状态下降为亚健康状态。2008年发生这种下降型突变的另一个重要原因还来自于金融危机的对发达国家相对较大的影响。

第三,2009年至今为昆士兰州创意产业发展的新机遇时期。特别是2009年在经历了金融危机的考验后经济复苏,整体宏观经济环境改善。各类创意活动设施得到了更好的维护和提升,新媒体产业的重要性开始体现,同时创意相关的人才、消费、生产、营销等均达到了最优水平,这些因素共同促使2009年的昆士兰创意产业价值创造生态全面达到非常健康等级。虽然2010年昆士兰州受到洪水以及学校数量的减少的影响,整体状态没有进一步提升,但昆士兰州的创意产业还是在各种因素条件和生态位的协调配合下进入了一个新的发展机遇时期。

表7-10 昆士兰创意产业价值创造生态系统健康状态

指标因素名称	2010年	2009年	2008年	2007年	2006年	2005年	2004年	2003年	2002年	2001年	2000年
创意特质因素A1	非常健康	非常健康	非常健康	健康	非常健康	健康	健康	健康	亚健康	亚健康	病态
微观因素指标A2	健康	非常健康	不健康	健康	健康	亚健康	不健康	亚健康	亚健康	不健康	病态
宏观因素指标A3	非常健康	非常健康	非常健康	非常健康	非常健康	健康	健康	健康	亚健康	亚健康	病态
综合突变隶属函数值	健康	非常健康	亚健康	健康	健康	亚健康	亚健康	亚健康	亚健康	不健康	病态

为了进一步分析昆士兰创意产业价值创造生态系统的特点,单独将其创意特质性因素、微观环境因素以及宏观环境因素对照各自的健康标准,进行了突变隶属函数曲线趋势及健康等级的对应图示(见图7-11)。总体来说,创意特质因素和宏观环境因素均呈现向上发展的趋势,微观环境因素波动较大。由图7-11(A)可以看出,昆士兰州创意特质性因素发展轨迹积极良好,除2007年有小幅波动,主要原因是创意类营销生态位表现有所下降,但其整体向上发展的态势反映了澳大利亚及昆士兰对创意产业发展的重视;图7-11(B)反映出昆士兰微观

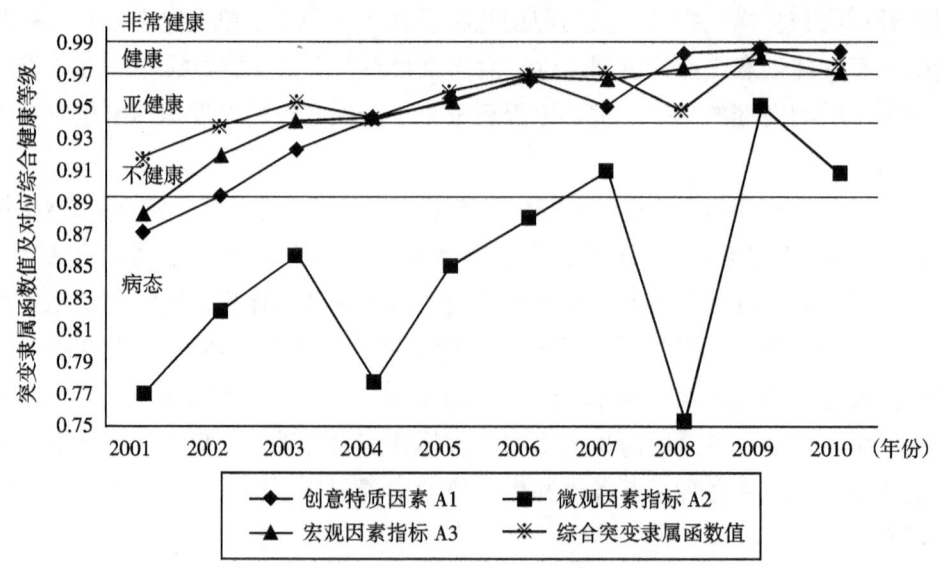

图 7-10 昆士兰创意产业价值创造能力突变隶属函数值及综合健康等级图示

因素相对较大的波动幅度,其中主要的影响力量为创意人力资本的变动,尤其是其中创意艺术类学生数量的变动引起了 2004 年及 2008 年创意微观环境的突变,这与澳大利亚及昆士兰的人才储备以及经济发展倚重教育出口的特点相吻合。另外,2004 年也是昆士兰开始注重媒体和创意企业发展的开端,这一点在微观因

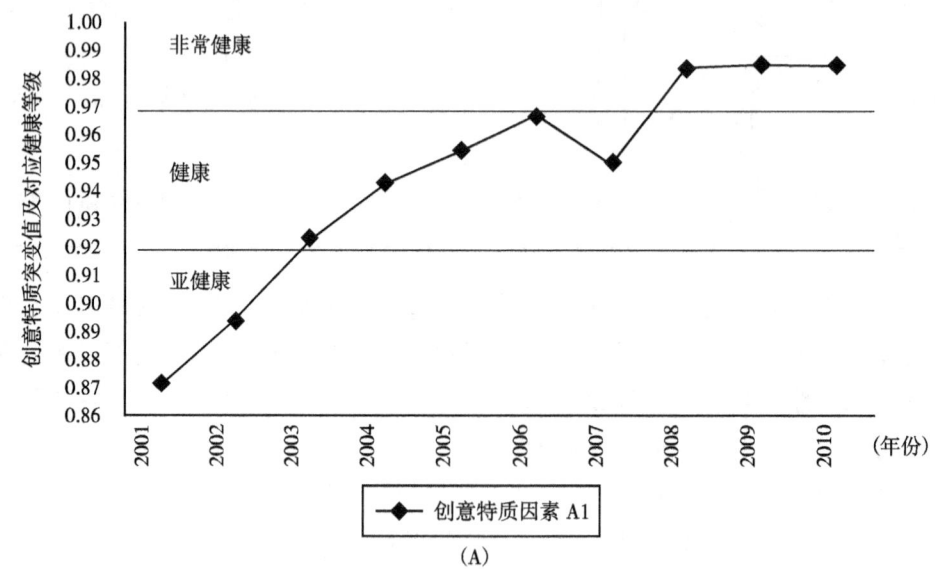

(A)

图 7-11 昆士兰创意产业价值创造分因素突变值及健康等级图示

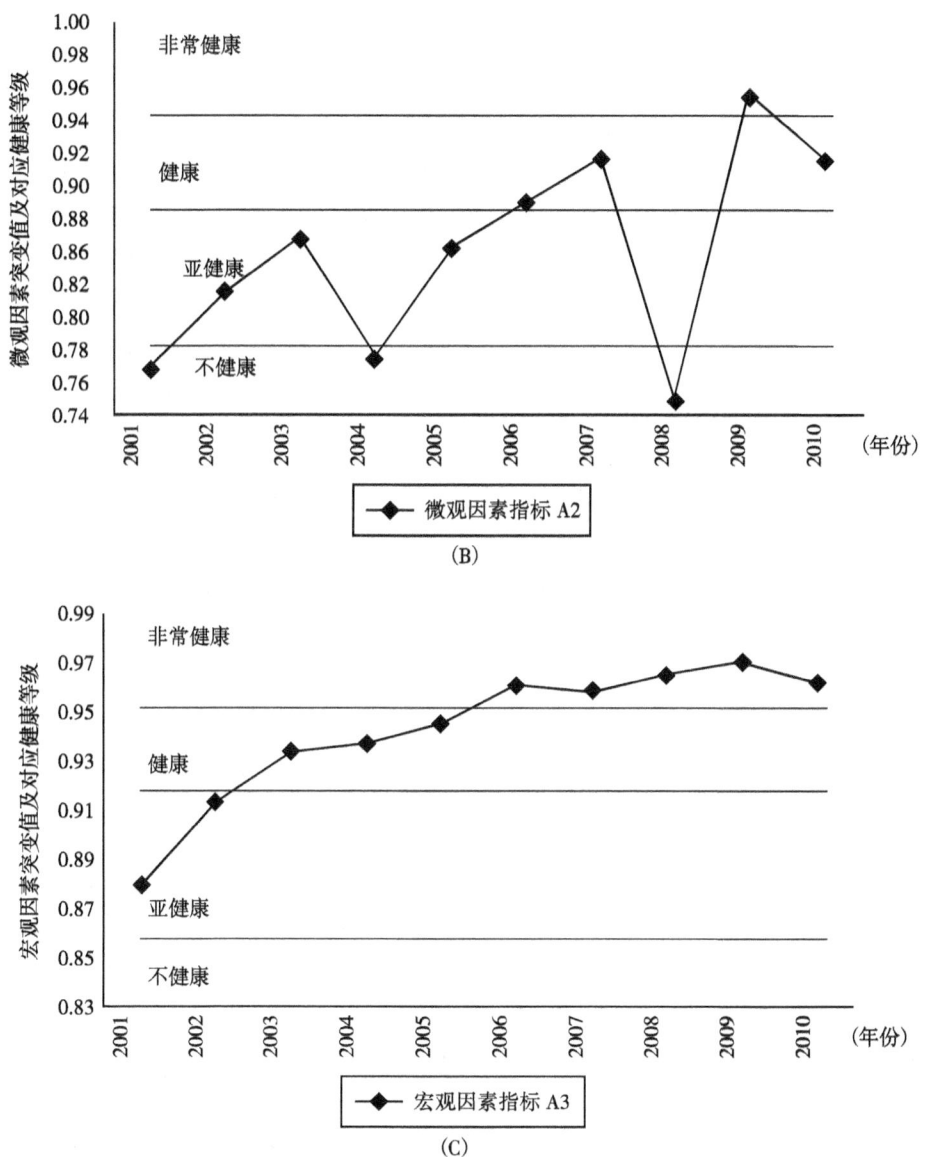

图 7-11 昆士兰创意产业价值创造分因素突变值及健康等级图示（续）

素的变动上也得到了很好的体现；从图 7-11（C）可以看出，昆士兰州的宏观环境因素稳中有升，这与澳大利亚及昆士兰的整体经济发展趋势相吻合。

三、评价对比

2001~2010 年是创意产业由兴起到蓬勃发展的 10 年，为了从纵向角度对上海和昆士兰州的创意产业价值创造生态的发展历程进行对比，在此以前文基于价值创造评价体系提出的相对统一的健康等级作为比较标准，对上海和昆士兰创意产业价值创造生态系统的综合健康程度，以及创意特质因素环境、微观和宏观因素环境的健康状态分别进行了图示对比（见图7-12），并且对10年间两者在各分因素和综合健康程度上所占的健康性年份比例进行了列表对比（见表7-11）。结合对比图表，总结出2001~2010年上海与昆士兰在价值创造生态系统发展健康程度的一些差异。

首先，如图7-12（A）所示，上海与昆士兰在创意特质性环境上的健康发展趋势相近，均呈现快速向上的总体趋势，反映了两者在创意活动设施、开放度、创意性媒体与营销方面的积极发展倾向。但是相对于昆士兰，上海的创意性特质环境发展波动性更大，十年内处于亚健康状态的比例较大（44.4%），之后又迅速攀升为健康以上等级。而昆士兰的创意特质性环境健康状态总体表现良好，其中80%的年份处于健康以上等级。这种差异说明昆士兰的创意性特质环境基础优于上海，但上海由于政府的积极推动发展速度较快。目前两者在创意特质性环境水平基本持平。

其次，如图7-12（B）所示，上海的微观环境因素同样发展迅速，波动相对小于昆士兰。并且上海的微观环境健康状态整体优于昆士兰，上海处于健康及以上年份占77%，昆士兰处于健康及以下年份占90%。究其原因，昆士兰主要在创意人才的储备上存在劣势，这与昆士兰整体人才基数小于上海，并且人才储备倚重教育出口有直接关系。另外，两者的微观性环境均由于媒体行业的波动发展而受到影响，这说明了在中西方国家，随着信息化社会的变革发展，新媒体行业的变革都已经开始，并都已经对创意产业发展产生了重要影响。

再次，如图7-12（C）所示，上海与昆士兰在宏观环境因素发展方面均呈现积极向上的发展态势。虽然上海宏观环境基础低于昆士兰，但上海发展快于昆士兰。这种特点也充分反映中国与资本主义国家宏观经济环境的发展趋势的差别。

最后，如图7-12（D）所示，受到以上各因素影响，上海综合创意产业价值创造的生态环境发展基础差于昆士兰，但是发展速度更快，波动性更少。总体健康程度稍优于昆士兰，如十年中处于健康等级的年份最多，占33%，健康及以上共占55%。而昆士兰处于亚健康等级的年份最多，占40%，健康及以上共占40%。截至2009年，两者的创意产业价值创造的生态健康程度持平。

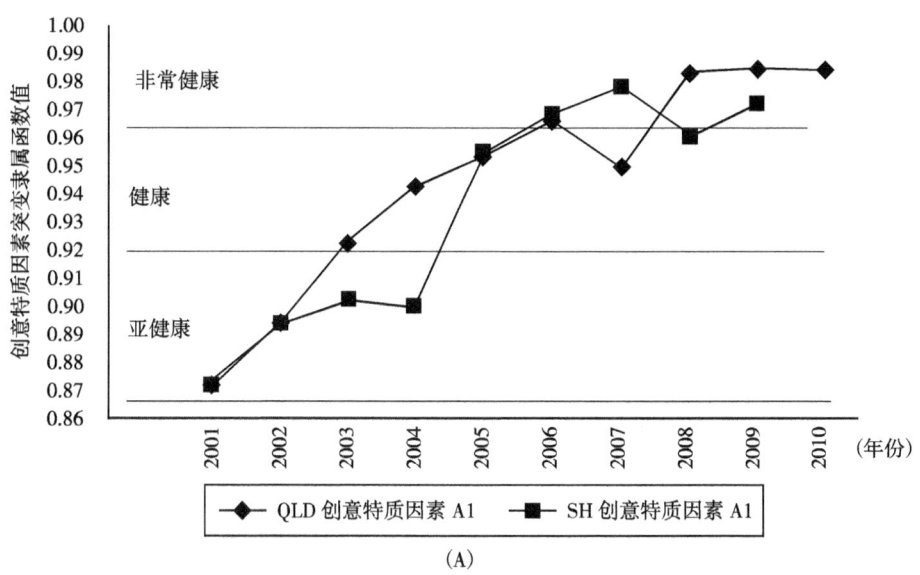

(A)

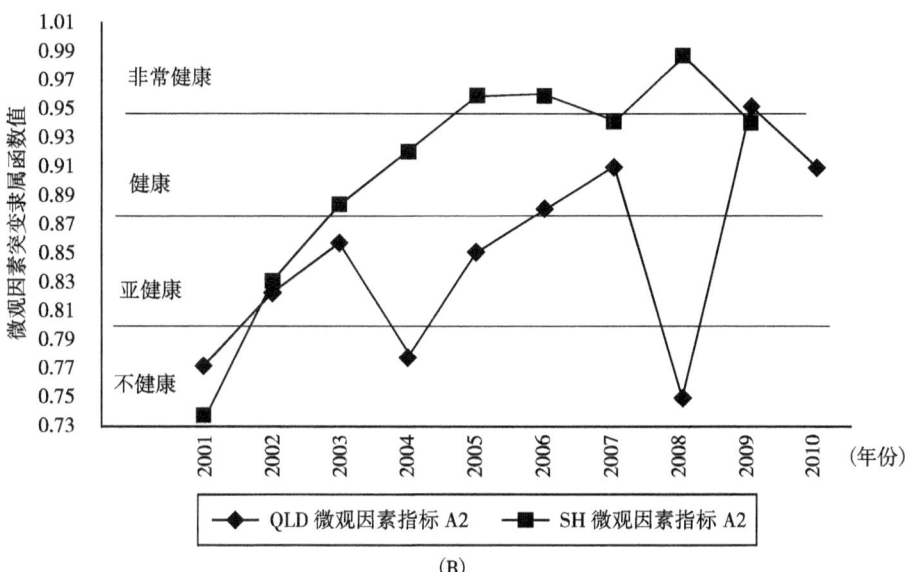

(B)

图 7-12 上海（SH）与昆士兰（QLD）创意产业价值创造生态综合能力与分因素对比

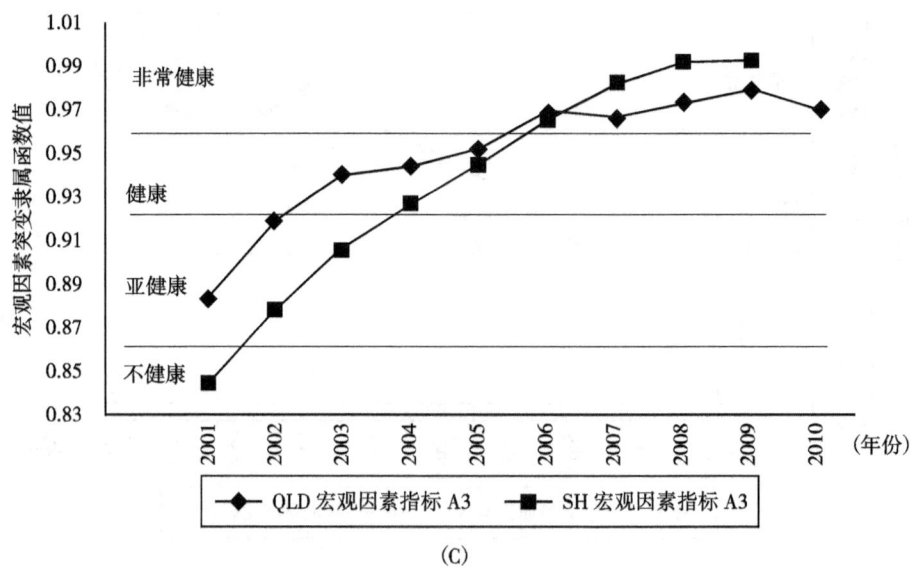

(C)

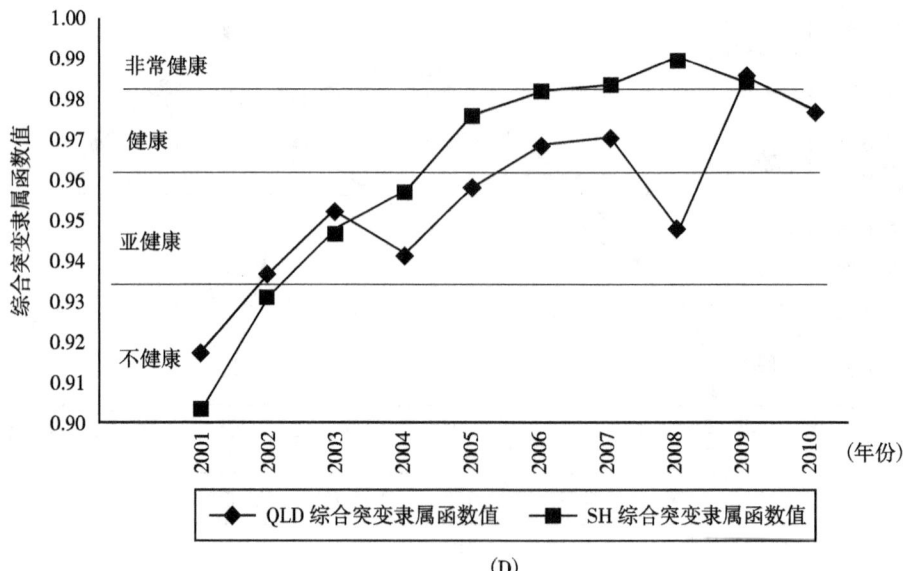

(D)

图 7-12 上海（SH）与昆士兰（QLD）创意产业价值创造生态综合能力与分因素对比（续）

表 7-11 2001~2010 年上海与昆士兰创意产业价值创造生态系统健康程度比例对比

指标因素名称	健康等级	上海（年份）	所占比例(%)	昆士兰（年份）	所占比例(%)
创意特质因素环境	非常健康	2006、2007、2009	33	2006、2008、2009、2010	40
	健康	2005、2008	22	2003、2004、2005、2007	40
	亚健康	2001、2002、2003、2004	44	2001、2002	20
	不健康	—	0	—	0
微观因素环境	非常健康	2005、2006、2008	33	2009	10
	健康	2003、2004、2007、2009	44	2006、2007、2010	30
	亚健康	2002	11	2002、2003、2005	30
	不健康	2001	11	2001、2004、2008	30
宏观因素环境	非常健康	2006、2007、2008、2009	44	2006、2007、2008、2009、2010	50
	健康	2004、2005	22	2003、2004、2005	30
	亚健康	2002、2003	22	2001、2002	20
	不健康	2001	11	—	0
综合价值创造生态	非常健康	2008、2009	22	2009	10
	健康	2005、2006、2007	33	2006、2007、2010	30
	亚健康	2003、2004	22	2002、2003、2004、2005、2008	40
	不健康	2001、2002	22	2001	10

第四节 上海与昆士兰创意产业价值创造能力发展建议

一、上海创意产业价值创造能力发展建议

（一）加强创意人才培养和统计

由上海与昆士兰创意人才定性对比结论可知，两者对创意人才分类方法的不同，创意人才培养机构和方式存在差异。对比结论要求上海着重在创意人才培养和统计方法上加强建设。

首先，上海应加强专业化创意人才培养机构建设。上海创意型人才的培养机构相对比较分散，鲜有各类创意产业人才相对集中的培养机构和院校，这样的相

对不利于创意势力的集中及其外溢效应的体现。集中力量建设几个国际知名创意产业人才培养品牌机构，是快速提高上海创意影响力和吸引创意人才的快捷途径之一。昆士兰科技大学创意产业学院的建设值得上海学习。

其次，加强在创意人才的统计上的科学性。借鉴昆士兰对创意人的细分经验，区分创意产业从业人员和从事创意性工作的人才的区别，有利于明确目前上海从事创意性工作的人才，和从事创意产业支持性工作人才的具体数量和比例，对有针对性地加强相关人才培养具有实际意义。

（二）营销市场结构的改进

根据上海和昆士兰市场营销规模对比结论，两者在市场体量和营销规模上存在差距，市场营销机构的组织形式上具有差别。本章认为上海应在现有营销规模基础上，积极学习昆士兰等国外地区经验，改进营销市场结构。

上海在整体市场营销规模上较大，但是人均市场营销规模占有率相对较低。上海人口城市规模大的特点短期无法改变，所以针对此特点上海更应该在改进营销市场结构上做出努力。在建设大型商业营销商圈的基础上，重视小型的社区性营销市场的建设。实际上，社区级别的小型商圈建设不仅能提高营销市场的便捷性和利用效率，在创意产业的相关营销上，更有利于具有个性和特色市场集聚。

（三）重视新媒体行业的发展

根据两者媒体机构定性对比结论，以及上海微观性环境因素突变函数曲线受到媒体行业影响在部分年出现小幅波动的分析结论，认为上海应着重重视新媒体行业的发展以进一步增强媒体行业实力。

上海的传统媒体业相对发达，但随着数字信息时代来临，其在新媒体行业方面的实力还不强，对未来新媒体行业必然产生的巨大冲击还没有足够的重视，应对措施相对不足。特别是新媒体行业对创意产业的影响将是彻底性和变革性的。所以上海应借鉴昆士兰积极推进传统媒体行业与现代网络信息技术的融合和合作、分类绘制媒体机构地图等做法，提高对新媒体行业的重视和发展。

（四）加强创意活动设施的建设

根据对两地创意生产者与消费者的依存关系分析结论，即创意生产者与消费者的平台类型差别，以及上海在公立创意活动设施建设上落后于昆士兰的现状，两者创意者与生产者捕食关系对比结论，建议上海未来加强创意活动设施，特别是基础性传统型文化创意活动设施的建设和投入。

上海多样化的旧工业改造或新建的创意产业集聚区为创意活动提供了良好的平台，但是其在传统的文化艺术活动等创意活动设施上还存在不足，加之人口基数，每个居民可以享受到的设施平均服务更小。例如，上海图书馆不仅在总数和平均数量上都相对很小，而且相关的服务体系也不够完善，如高校所属图书馆不对社会开放，拥有图书馆设施的居民社区非常少等。这大大局限了普通民众参与创意文化活动的范围，也不利于文化氛围的形成。上海未来需要加强传统文化创意活动设施的投入和建设。

（五）积极打造特色性文化氛围

根据对两者文化氛围的对比结论，即二者的文化成因和文化表现不同，但均有文化多样性表现，均为世博会举办地等结论，认为上海应利用目前的多样性文化基础以及世博文化契机，积极打造更具特色的文化氛围。

特色鲜明的文化氛围是上海文化创意产业得以延续发展的根本动力。上海除了要继续发挥其海派多元文化的特质以外，还应积极利用其目前开放性、国际性的社会文化环境，充分利用2010年世博会的物质及文化遗产，进一步打造其兼具民族化、多元化和国际化的特色文化氛围。特别是在后世博得建设上，布里斯班原先的世博场馆所在地 South Bank 目前已经成为其重要文化中心、旅游休闲中心，对其文化城市建设具有重要的影响力。上海可以布里斯班的经验，考虑如何进一步改造利用世博物质遗产，传承世博精神和其蕴含的文化内涵，争取打造又一特色性文化地标。

（六）加强知识产权管理及执行体制的建设

根据前述对两者法律环境的定性对比结论，即中国和澳大利亚在整体知识产权管理和执法体系上存在差别，上海和昆士兰分别在保护绝对量和相对保护程度上差异明显，认为中国及上海在知识产权相关法律管理体制方面需要进一步统一和清晰。

上海以及中国整体法律体制的健全还有待加强，特别是影响创意产业发展的知识产权相关法律及管理体制有待完善。除了法律条文及规定上的不断完善，知识产权的管理和执行体制的改进也非常重要。目前，中国的知识产权保护立法及执行涉及部门单位多，存在管理交叉或遗漏问题。未来如果可以加强知识产权行政管理机关的统一性，建立统一的知识产权管理部门，将更加有利于创意产业知识产权的保护和发展。

(七) 促进创意产业管理机构及权责的进一步明确

根据前述对政策环境对比发现两者在文化创意产业管理体制上的不同，结合国外管理体制特点和优势，认为中国及上海应积极促进创意产业管理机构及权责的进一步明确。

中国在国家层面还没有负责创意产业管理的专门机构，而在各地区层面也存在创意产业、文化产业以及文化创意产业等不同的提法和管理负责部门。上海在创意产业管理机构的建设上属于国内的先行者，但也仅为上海经济信息委员会负责的一个子项目，另外"两协会一中心"相对专业性更强，但还未被赋予更多的权限和责任。所以未来成立具有相对统一权责的专业化创意产业管理部门，是提升创意产业管理效率的有效措施。具体可以借鉴澳大利亚的"一臂间隔"原则以及澳大利亚通信、信息技术与艺术部的运作模式等。

(八) 政府对创意产业的开发的主导性进一步理智化

根据前述两者政策环境对比中，对创意产业的政府推动手段和力度对比结论，结合上海创意产业价值创造能力阶段特点分析，认为上海在政府主导开发创意产业上的角色应进一步理智化。

中国特别是上海的创意产业开发方式为"政府主导"型，政府的积极推进显然对创意产业的发展起到了非常重要的支持促进作用，但同时也引起了集聚区发展过快，大部分质量不高，同质化严重以及产业链不完善等各种问题。未来政府在主导开发创意产业方面需要进一步理智化，更注重集聚区的高质量打造。另外，政府还应在主导发展的同时，鼓励社会力量参与投资与管理，积极学习国外公共、私人与合作者共同开发的PPP（Public，Private，Partner ship）模式。

二、昆士兰创意产业价值创造能力发展建议

(一) 增强创意人才实力

由上海与昆士兰创意人才定性对比结论中人才培养方式差异，结合昆士兰创意产业价值创造能力评价中微观因素评价结果——创意人力资本的变动，尤其是其中创意艺术类学生数量的变动引起其创意微观环境的突变结果，得出昆士兰应根据其人才培养方式及倚重教育出口的特点，针对性加强创意人才培养实力。

首先，昆士兰除了继续重视少数几个专业性创意人才的培养机构建设外，还

应积极重视更大范围的创意人才培养。积极利用澳大利亚发展非常成功的技术和继续教育学院（Technical and Further Education，TAFE）教育体系，加强其中媒体、艺术、音乐等各类创意产业人才的培养力度。

其次，昆士兰及澳大利亚由于本身人口基数小，其在人才利用上对教育出口的依赖非常严重。针对这种特点，昆士兰还应继续重视教育出口在人才引进中的重要作用，适当扩大教育出口中创意性专业的出口比例，并积极为这部分由教育出口引进的人才提供良好的工作就业环境，防止这部分人才的在接受教育之后大量的流失。

（二）增加创意产业集聚区发展数量

根据两者创意集聚特点的对比结论，结合上海创意产业价值创造能力第三阶段所体现的创意产业集聚区发展的重要作用，本文认为昆士兰在创意生产方面应增加创意产业集聚区发展数量。

因为昆士兰在创意产业集聚区的建设上重视质量，但在总体数量上还相对很小。所以除了对已取得成就的集聚区继续投入，还应更多地重视其他一些具有潜力的新兴创意集聚区的发展，增加对其的打造投入。适当借鉴上海改造旧工业区为创意集聚区的成功经验。例如，布里斯班的 Power House 即为成功范例之一。

（三）增强中小型创意企业的群聚力量，提升其技术及商业技巧

根据两者创意生产形式的定性对比结论，结合昆士兰微观创意因素波动因素分析结论，要求昆士兰在创意产业的生产方面进一步增强中小型创意企业的群聚力量，并积极提升其技术及商业技巧。

昆士兰及澳大利亚的创意企业具有非常明显的以中小型企业为主的特点，其在创新多样性方面有明显优势，但同时也具备无法与国外大企业竞争抗衡的劣势。故增强中小型创意企业的群聚力量，积极鼓励同行业合作、垂直或水平产业整合等，将有利于解决中小企业无法累积资本和大规模研发与投资的问题。另外，昆士兰及澳大利亚的创意企业还应更多地注重技术与商业技巧的提升，如宽频与光纤传输系统的促进建设、创意数字企业的提升都是有效的措施。

（四）积极利用海外市场扩大营销和消费市场规模

根据两者消费实力对比，市场营销规模对比，以及创意营销与创意生产/消费的非独立共生关系对比，都发现昆士兰由于人口基数小而引致的营销和消费规模问题，并结合昆士兰宏观因素波动特征，认为昆士兰应积极利用海外市场扩大营销和消费市场规模。

昆士兰的整体市场规模相对不算很大，但由于其消费者基数较小，现在的人均营销市场规模基本处于充足状态。但未来要扩大创意产业产出和消费，还是要致力于扩大营销及消费市场规模。对其来说，积极开拓海外市场，扩大创意产品和服务的出口是较可行的策略。就目前昆士兰与海外进出口贸易的基础来说，未来亚洲市场和欧洲市场仍是其开拓的重点区域。另外，昆士兰也可以借鉴上海在展览营销方面的经验，利用本身港口枢纽和其展览业的深厚基础，积极承办举办国际性展览，增加其营销与消费市场规模。

（五）形成特色鲜明的昆士兰文化氛围

根据两者文化氛围的对比结论，结合昆士兰自身丰富的旅游资源、世博举办地等特点，进一步打造其特色鲜明的文化氛围，尤其是创意旅游文化是非常实际有效的路径之一。

特色文化氛围对昆士兰创意产业的发展同样重要。昆士兰本身具有移民文化、土著文化以及旅游文化等诸多优势基础。另外，布里斯班在1988年世博会举办以后，在国际化文化氛围上也有所提升。但总体来说，昆士兰还没有形成鲜明的文化特的氛围，未来重点依托当前的旅游与创意文化资源打造特色鲜明的文化氛围尤为重要。特别是针对昆士兰丰富的旅游产业资源，以创意来挖掘旅游资源、创造旅游产品以及拓展旅游消费[168]，形成具有更高价值创造能力的创意旅游模式是昆士兰可行的策略之一。

（六）增强澳大利亚国家政府整体性创意产业政策力度

根据两者政策环境对比中文化创意产业管理体制、创意产业的政府推动手段和力度的对比结论，参照上海创意产业价值创造能力中政府起到的重要推动作用，认为澳大利亚应整体加强国家政府整体性创意产业政策力度，昆士兰地区创意产业才能在整体政策推动背景下有更长足的进步。

澳大利亚国家政府在创意产业发展上的政策力度相对弱于地方性政府，这样的政策环境虽然促使整个联邦形成了一种积极竞争性的文化环境，但也容易造成创意产业发展局限于地理因素，不利于澳大利亚创意集聚体的形成。所以，在国家政府层面，应加强整体性发展政策的制定和推行力度，促进州与州、城市与城市之间的联动合作，将更有利于在更高层面上实现产业内的合作。

总体来说，本章选取了上海和昆士兰州作为两国典型区域进行价值创造能力的评价对比分析。本章认为两个不同区域不能按照完全一样的评价系统和程序进行对比，所以本章的对比分析采用了定性和定量结合的方法。首先，从定性分析比较角度，分别对上海和昆士兰州的 5 个价值创造生态位以及其构成的 4 组互动关系，和 5 个影响价值创造的环境因素进行了阐述与对比分析，发现了两者不同的创意产业价值创造生态系统特点。其次，按照评价模型分别建立了上海和昆士兰的创意产业价值创造能力评价模型，分别收集两者近十年的序列数据进行了实证研究。除了以其各自的评价结果分析了上海和昆士兰自身纵向序列发展趋势特点，还设定了范围相对宽泛的健康标准，实现了两地区创意产业价值创造生态环境总体健康状态上的对比。最后，在对比结论的基础上分别给出了两者增强创意产业价值创造能力的策略建议。

附　录

附录 1
英国创意产业部门分类表

创意产业分类	产业代码	描述
广告市场	70.21	公共关系与交流服务
	73.11	广告代理
	73.12	媒体代理
建筑	71.11	建筑服务
工艺制作	32.12	珠宝制作及相关
设计：产品、形象与时尚设计	74.10	设计
电影、电视、音响、广播与摄影	59.11	电影、影音与电视节目
	59.12	电影、影音与电视节目后期制作
	59.13	电影、影音与电视节目分销
	59.14	电影制作
	60.10	广播
	60.20	电视与广播制作
	74.20	摄影制作
IT、软件与计算机服务	58.21	计算机游戏
	58.29	其他软件
	62.01	计算机制作
	62.02	计算机咨询服务

续表

创意产业分类	产业代码	描述
出版业	58.11	书籍出版
	58.12	工具书与邮寄物出版
	58.13	报纸
	58.14	期刊
	58.19	其他出版
	74.30	翻译与解说
博物馆、艺术馆与图书馆	91.01	图书馆与档案管理
	91.02	博物馆
音乐、表演与视觉艺术	59.20	音乐发布
	85.52	文化教育
	90.01	表演艺术
	90.02	表演艺术的支持机构
	90.03	艺术创作
	90.04	艺术机构运作

资料来源：DCMS. Creative Industries Economic Estimates January 2014.

附录2
英国创意职位分类表

创意产业分类	行业代码	描述
广告市场	1132	市场与零售人员
	1134	广告印刷相关人员
	2472	公共关系专家
	2473	广告管理与创意人员
	3543	市场管理专员
建筑	2431	建筑师
	2432	城市规划师
	2435	特许建筑技术人员
	3121	建筑与规划技术人员
工艺制作	5211	锻造工
	5411	纺织工
	5441	玻璃与陶器工、装饰与安装工
	5442	家具与木器制作工
	5449	其他

续表

创意产业分类	行业代码	描述
设计：产品、形象与时尚设计	3421 3422	图片设计 产品、服饰及相关设计
电影、电视、音响、广播与摄影	3416 3417	艺术产品制作 摄影、影像与广播制作
IT、软件与计算机服务	1136 2135 2136 2137	信息技术与电信 IT商业分析、制造与设计 软件开发人员 网站设计与开发人员
出版业	2471 3412	期刊、报纸编辑 作者、作家与翻译
博物馆、艺术馆与图书馆	2451 2452	图书馆员 档案保管员
音乐、表演与视觉艺术	3411 3413 3414 3415	艺术家 演员 舞者与编舞 音乐人

① 资料来源：DCMS. Creative Industries Economic Estimates January 2014.

附录3
全国各省市主要文化创意产业园区名单

北京	浙江	广东	江苏	山东	天津
• CBD-定福庄国际传媒产业走廊位 • 宝隆艺园 • 歌华大厦 • 北京数字娱乐产业示范基地 • 北岸1292 • 中国电影集团公司	• 江南传媒文化创意产业园 • 杭州和达文化创意产业园 • 宁波和丰创意广场 • 博济 • 象山影视城 • 新芝8号创意园	• 松山湖国际创意设计城 • 中国情人谷文化创意产业园 • 广州胜势礼仪策划有限公司 • 深圳F518时尚创意园 • 中国观澜版画基地	• 海安"523"文化产业园 • 桃花坞文化创意园 • 苏州国家动画产业基地 • 南京晨光文化创意产业园 • 无锡影视基地	• 青岛名家美术创作园 • 城阳婚庆创意园 • 青岛国际工艺品城 • 宝龙乐园 • 青岛软件园 • 中联创意广场	• 创意桥园产业园 • 太阳树创意产业园 • 方舟天马农业生态旅游观光园 • 天津华苑软件园

续表

北京	浙江	广东	江苏	山东	天津
• 天桥演艺产业园区 • 后街美术与设计创意产业园 • 北京龙徽葡萄酒博物馆 • 歌华创意产业园 • 高井传媒产业区 • 北京大观园 • 北京飞腾影视城 • 中关村软件园 • 中关村创意产业先导基地 • 朝来农艺园 • 北普陀影视基地 • 朝阳公园文化园区 • 什刹海文化旅游区 • 百工坊传统工艺 • 中国怀柔影视基地 • 大兴国家新媒体产业基地 • 潘家园古玩艺术品交易园区 • 中关村科技园区雍和园 • 中关村创意产业先导基地 • 宋庄原创艺术与卡通产业集聚区 • 北京DRC工业设计创意产业基地 • 首钢工业旅游区	• 之江文化创意园 • 运河天地文化创意园 • 湘湖文化创意园 • 下沙大学科技园 • 西溪创意产业园 • 西湖数字娱乐产业园 • 西湖创意谷 • 唐尚433 • 横店影视基地 • 杭州国家动画产业基地 • 创意良渚基地 • 白马湖生态创意城 • LOFT49 • A8艺术公社 • 浙江丽水文化艺术中心 • 浙江创建文化产业集聚区 • 良渚玉文化产业园 [10/26] • 杭州打造全国文化创意产业中心] 海南 • 三亚动漫产业基地 • 海口市大致坡镇琼剧文化产业群 • 海南国家文化产业示范基地	• 海珠创意产业园 • 客家文化产业园 • 深圳F518时尚创意园 • 田面设计之都创意设计产业园 • 罗湖创意文化广场 • 怡景国家动漫产业基地 • 大芬油画村 • 佛山创意产业园 • 广州创意产业园 • 广州日报报业集团集群 • 华侨城集团公司 • 羊城创意产业园 • 羊城创意产业园 • 永丰源国家文化产业示范基地 • 麓湖山文化产业园区 • 从化动漫产业园 • 深圳华侨城 • 广东文化产业园	• 太仓科教新城 • 苏州容创意产业园 • 昆山文化创意产业园 • 江宁大学城 • 石头城文化创意产业园 • 幕府三〇工业园 • 常州国家动画产业基地 • 连云港科技创意产业中心 • 苏州苏绣文化产业群 • 南京紫东国际创意园 • 世界之窗文化创意产业园 • 南京打造七大产业园 • 创意68产业园 • 南京文化产业园区 • 中国光华文化创意产业园 河北 • 宫灯文化产业园 • 涿州影视园 • 河北文化创意产业园 • 石家庄动漫产业园 • 定瓷产业园区	• 中联U谷2.5创意园 • 山东齐赛创意园 • 日照创意产业园 • 烟台软件园 • 齐鲁软件园 • 创意100产业园 • 日照创意产业园 • 威海开发区（文登）创意产业中心 • 济南西区数字创意产业园 • 齐鲁文化产业园 • 山东滕州：柴胡店镇力打文化创意产业牌 • 曲阜新区文化产业园 宁夏 • 镇北堡西部影城 • 星海文化产业创业城 • 中国首家枸杞博物园 • 中华回乡文化园 • 801创意产业园	• 北新创意产业园 • 亚洲文化产业园 • 6号院创意产业园 • 天津凌奥创意产业园 • 天津意库创意产业园 • 天津辰赫创意产业园 • 国家动漫产业园 • 天津盘山风景文化产业园 • 天津动漫产业园 • 京津国际文化产业教育园 西藏 • 拉萨西藏文化生态园 • 自治区文化产业项目库 • 拉萨城关区企业被命名为国家文化产业示范基地 • 大佛岛产业园区 新疆 • 新和县民族乐器村 • 科教动漫体验中心 • 龟兹文化产业园 • 和田玉文化教育产业园 • 鄯善建城市文化创意产业园

续表

北京	辽宁	吉林	山西	甘肃	安徽
• 北京戏逍堂 • 北京繁星戏剧村 • 北京798艺术区 • 三间房国际动漫产业园 • 高碑店传统民俗文化园区 • 琉璃厂文化产业园区 • 北京欢乐谷生态文化园 • 北京798艺术区 • 751文化创意产业园 • 昌平八大文化创意产业聚集区 • 北京文化创意产业园	• 华强文化科技产业基地 • 大连国家动漫产业基地 • 辽宁现代文化传媒产业园 • 文化遗产园 • 大连15库创意产业园 • "沈阳123"文化创意产业园 • 沈阳棋盘山开发区	• 神农长白山绿色生态农业园区 • 东北风二人转艺术团 • 长影世纪城 • 吉安创意文化产业园 • 吉林省文化产业园区 • 吉林动漫游戏原创产业园	• 绛州澄泥砚文化艺术园 • 中国广灵剪纸文化产业园区 • 长治文化创意传媒产业园 • 太原富士康华夏文化产业园	• 天水汉唐麦积山艺术陶瓷有限公司 • 敦煌大剧院[01/18] • 敦煌大剧院文化产业示范基地 • 兰州创意文化产业园	• 蚌埠市南山文化市场 • 音谷文化创意产业园 • 灵璧县中国灵璧石国际交易中心 • 安徽经纬文化产业园 • 安徽文化产业园

湖南	黑龙江	重庆	陕西	青海	河南
• 长沙西街创意领地 • 长沙软件园 • 张家界生态农业观光园 • 湖南炎陵县"红军标语博物馆" • 九华文化创意产业园 • 雨花区创意产业园	• 黑龙江现代文化艺术产业园区 • 渤海风情园 • 黑龙江现代文化艺术产业园 • 黑龙江(大庆)文化创意产业园 • 黑龙江文化产业示范区	• 重庆中韩产业园 • 渝中区国际创意产业园 • 磁器口民俗文化创意产业园 • 璧山古老城 • 巴渝民俗文化村 • 忠县移民生态文化城 • 重庆首批市级文化产业示范基地和园区评选结	• 延安市安塞县黄土文化产业开发有限公司 • 西安创意产业园 • 西安曲江新区 甘肃 • 天水汉唐麦积山艺术陶瓷有限公司 • 敦煌大剧院 • 敦煌大剧院文化产业示范基地 • 兰州创意文化产业园	• 海晏河湟剪纸中心 • 玉树州原生态文化旅游区 • 青海文化产业大厦 • 青海工艺美术厂有限责任公司 • 藏羊地毯集团有限公司 • 藏绣文化产业园 贵州 • 贵州毛南族风情园 • 贵州民族文化特色园	• 宝丰赵庄魔术大观园清明上河园 • 焦作黄河文化影视城 • 中国姓氏博物院一期 • 河南省开封宋都古城文化产业园区 • 河南命名6家省级文化产业示范园区 • 云龙山文化创意产业园
四川	湖北				
• 成都红星路35号 • 成都天府软件园 • 广汉市三星堆国际展演中心 • 成都数字娱乐软件园	• 中国光谷创意产业基地 • 宜昌809创意经济园 • 龙泉山生态园 • 长沙艺术家文化村		江西 • 墨香街 • 景德镇陶瓷文化博览区	内蒙古 • 乌海获称"中国书法城":文化软实力转变原动力	贵阳小河三江口地段创意产业园 云南 • 鹤庆县兰花文化展示交易园区

续表

四川	湖北	江西	内蒙古	贵州	云南
• 成都"浓园国际艺术村" • 成都市新都区"北村艺术区" • 眉山铝硅产业园区 • 2010年首届西部成都动漫游戏文化节 • 三都博物馆 • 成都浓园国际艺术村	• 鄂西生态文化圈 • 湖北：武当太极湖文化产业 • 谭鑫培公园 • 蔡甸区文化产业园区	• 南昌金庐软件园 • 奉新县奇石文化产业示范基地 • 南昌八大山人产业园区 • 黄庭坚文化影视产业园	• 内蒙古敕勒川文化产业园区 **广西** • 漓江民族风情园 • 桂林国家高新区 • 桂林华夏艺术大观园	• 贵阳数字内容产业园 **福建** • 烟台山桥头堡文化创意园 • 泉州源和1916创意产业园 • 龙海市东园工业区	• 云南映象 • 昆明世界女性文化公园 • 西双版纳民族风情园 • 昆明石林台创园 • 昆明文化产业园

注：由于上海的文化创意园区将在附录7单独列出，故此表中未将上海列入。

附录4
上海市统计局《上海市文化创意产业分类目录》（2011年）

（资料来源：上海市文化创意产业推进领导小组办公室、上海市统计局、沪文创办〔2011〕40号文）

类别名称	国民经济行业代码
第一部分　文化创意服务业	
一、出版业	
1. 新闻出版服务	
（1）新闻业	8810
（2）书、报、刊出版	
图书出版	8821
报纸出版	8822
期刊出版	8823
其他出版	8829
（3）音像及电子出版物出版和制作	
音像制品出版	8824
音像制作	8940
电子出版物出版	8825
（4）印刷业和记录媒介的复制	23

续表

类别名称	国民经济行业代码
（5）书报刊、音像及电子出版物销售	
图书批发	6343
图书零售	6543
报刊批发	6344
报刊零售	6544
音像和电子出版物批发	6345
音像和电子出版物零售	6545
2. 广播、电视服务	
（1）广播、电视制作与播放	
广播	8910
电视	8920
二、艺术业	
1. 文艺创作、表演及演出服务	
（1）文艺创作与表演	9010
（2）艺术表演场馆	9020
2. 电影制作、发行与放映	
电影制作与发行	8931
电影放映	8932
3. 文化保护和文化设施服务	
（1）文物及文化保护	
文物及文化保护	9040
其他文化艺术	9090
（2）图书馆、档案馆、博物馆、纪念馆和烈士陵园	
图书馆	
档案馆	9031
博物馆	9032
烈士陵园、纪念馆	9050
4. 群众文化服务	9060
群众文化活动	
专业性社会团体*	9070
5. 文化艺术策划及代理服务	9621
（1）文化艺术经纪代理	
文化艺术经纪代理	9080
贸易经纪与代理	6380
图书及音像制品出租	7321
（2）文化创意策划与代理	
其他未列明的商务代理	7499
三、工业设计	
1. 工业产品设计	
其他专业技术服务*	7690
2. 工艺品美术品制造	
工艺美术品制造	421
3. 工程与技术设计	
工程与技术研究与试验发展	7520

续表

类别名称	国民经济行业代码
四、建筑设计	
1. 规划管理	7673
2. 工程勘察设计和管理服务	
工程勘察设计	7672
工程管理服务	7671
3. 绿化管理	
城市绿化管理	8120
4. 建筑装饰业	490
五、网络信息业	
1. 互联网信息服务	6020
2. 广播、电视、卫星传输	6031
有线广播、电视传播服务	6032
无线广播、电视传播服务	6040
卫星传输服务	6019
其他电信服务	
六、软件与计算机服务业	
1. 软件及计算机辅助设计	62
软件业	7690
其他专业技术服务*	
2. 计算机应用服务	6110
计算机系统服务	6190
其他计算机服务	
七、咨询服务业	
1. 商务咨询	
市场调查	7432
经济咨询	7433
证券分析与咨询	694
保险辅助服务	703
2. 科技咨询	
科技中介服务	772
知识产权服务	7450
其他科技服务	779
3. 社科咨询	
社会人文科学研究	7550
4. 其他咨询	7439
其他专业咨询	
八、广告及会展服务	
1. 广告服务业	
广告业	7440
2. 会展服务业	
会议及展览服务	7491

续表

类别名称	国民经济行业代码
九、休闲娱乐服务	
1. 旅游服务	
（1）旅行社	7480
（2）游览景区管理及野生动植物保护	
风景名胜区管理	8131
公园管理	8132
其他游览景区管理	8139
自然保护区管理	8011
野生动植物保护	8012
2. 文化消费及休闲娱乐服务	
（1）休闲健身及娱乐活动	
室内娱乐活动	9210
游乐园	9220
休闲健身娱乐活动	9230
其他娱乐活动	9290
（2）婚庆服务	
婚庆服务	8260
（3）摄影扩印服务	8280
（4）茶馆、酒吧与咖啡厅	
饮料和冷饮服务	6730
（5）美容	
理发及美容保健服务	824
第二部分　文化创意相关产业	
十、文化创意相关产业	
1. 文化创意用品、设备的生产	
（1）文化创意用品生产	
文化用品制造	241
乐器制造	243
玩具制造	2440
游戏器材及娱乐用品制造	245
机制纸及纸板制造*	2221
手工纸制造*	2222
信息化学品制造*	2665
照相机及器材制造	4153
日用玻璃制品及玻璃包装容器制造	3145
日用陶瓷制品制造	3153
园林、陈设艺术及其他陶瓷制品制造	3159
（2）文化创意设备生产	
印刷专用设备制造	3642
广播电视设备制造	403
电影机械制造	4151
家用视听设备制造	407
复印和胶印设备制造	4154
其他文化、办公机械制造*	4159

续表

类别名称	国民经济行业代码
2. 文化创意用品、产品、设备的销售	
（1）文化创意用品销售	
文具用品批发	6341
文具用品销售	6541
其他文化用品批发	6349
其他文化用品销售	6549
（2）文化创意产品销售	
首饰、工艺品及收藏品批发	6346
工艺美术品及收藏品零售	6547
（3）文化创意设备销售	
通信及广播电视设备批发*	6376
照相器材零售	6548
家用电器批发*	6374
家用电器零售*	6571

注：表格中带"*"的行业表示该行业类别仅有部分活动属于文化创意产业。

附录5
昆士兰—布里斯班创意产业分类表

		澳大利亚文化与休闲产业分类 ACLC CLASS		澳大利亚新标准产业分类 ANZSIC
1 遗址	11 博物馆，古董和收藏	111 艺术博物馆，112 其他博物馆，113 古董和收藏品零售和修复		9220 博物馆，9330 其他娱乐设施
	12 自然遗址	121 公园和保护区，122 动物园和水族馆，123 植物园		9239 娱乐型公园和花园，9231 动物园和植物园
	13 图书馆和档案馆	131 图书馆，132 档案馆		9210 图书馆
2 艺术	21 文学和印刷媒体	211 主要文学创作，212 报纸，213 期刊，214 图书，215 印刷，216 文学作品批发，217 文学作品零售，218 网络出版		9242 创意艺术，2421 新闻与出版，2422 其他期刊出版，2423 图书，2412（1611）印刷，4794 书刊杂志，5243 新闻、书籍文具零售
	22 表演艺术	221 音乐表演，222 戏剧，223 舞蹈，224 音乐剧和歌剧，225 其他表演艺术，226 表演艺术会场		9241 音乐与戏剧 9330，9252 表演艺术

续表

澳文化与休闲产业分类 ACLC CLASS			澳新标准产业分类 ANZSIC
2 艺术	23 音乐创作和出版	231 音乐创作，232 音乐出版，233 唱片公司和经销商及声音录制录音棚，234 录制的音频、视频媒介零售	9242, 2423, 7730 非盈利性投资, 2430 媒体制造与出版, 4799 相关批发, 5235 音乐零售
	24 视觉艺术和创作	241 视觉艺术和工艺品创作，242 商业性摄影服务，243 视觉艺术作品和工艺作品零售	9242, 9523 摄影工作室, 5259 相关零售
	25 设计	251 建筑设计服务，252 广告设计和生产，253 平面设计，254 其他设计	7821 建筑设计服务, 7851 广告服务, 7852 商业艺术与展演服务, 7869 相关商业服务
	26 广播，电子媒体和电影	261 无线广播服务业，262 电视服务，263 电影和电视制作生产，264 电影和电视营销，265 电影展，266 视频租赁服务，267 交互式内容创造，268 电子信息服务	9121 广播服务, 9122 电视服务, 9111 电影和电视制作生产, 9112 电影和电视营销, 9113 动画展览, 9511 DVD 租售, 7834 计算机资讯服务, 7120 电讯服务
	27 其他艺术	271 乐器零售，272 艺术教育，273 版权集中代理机构，274 录制媒介制造业，275 其他未被归类的艺术	5259, 8440 其他教育, 7869, 2430, 9251 声音录制, 9259 艺术服务
3 其他文化及休闲	46 其他文化及休闲	461 预订及票务代理，462 代理及管理服务，463 事务管理，469 其他文化及休闲	9259, 7869

资料来源：根据布里斯班创意产业报告 2003（Brisbane's Creative Industries 2003）整理。

附录 6
2008年澳大利亚昆士兰州创意企业情况统计

类别	产业种类	年初企业总数 No.	规模 0-$50k No.	规模 $50k-$200k No.	年末企业总数 $200k~$2m No.	年末企业总数 $2m以上 No.	年末企业总数 总数 No.	年新进数 No.	退出数 No.	进入比例 (%) %	退出比例 (%) %
遗址	6010 图书馆与档案管理	27	6	15	3	0	24	3	12	11.1	44.4
	8910 博物馆	36	27	18	3	3	51	0	9	0	25
	8921 动植物园	30	9	6	9	9	33	0	6	0	20
	8922 自然保护与遗址·公园	42	9	30	18	12	69	6	3	14.3	7.1
	9139 娱乐活动	249	60	69	84	12	225	39	81	15.7	32.5
	1611 印刷	1224	237	261	513	96	1107	108	168	8.8	13.7
	3735 书籍与杂志销售	90	21	27	24	9	81	6	24	6.7	26.7
文学和印刷媒体	3736 纸质产品销售	222	63	60	54	30	207	9	24	4.1	10.8
	4244 报纸出销售	1185	147	153	703	141	1144	114	174	9.6	14.7
	4272 文具用品销售	150	27	36	72	24	159	24	36	16	24

续表

类别	产业种类	年初企业总数	规模0~$50k	规模$50k~$200k	$200k~$2m	$2m以上	年末企业总数 总数	年新进数	退出数	进入比例(%)	退出比例(%)
文学和印刷媒体	5411 报纸出版	91	15	24	39	3	81	3	22	3.3	24.2
	5412 杂志与期刊出版	282	75	69	111	15	270	39	42	13.8	14.9
	5413 书籍出版	171	84	66	24	6	180	27	24	15.8	14
	9002 艺术人、音乐人、写作与表演人	2197	1129	779	210	3	2121	405	520	18.4	23.7
	9001 艺术表演运作	303	87	87	72	6	252	42	66	13.9	21.8
	9003 表演艺术设施	42	15	9	12	6	42	6	3	14.3	7.1
音乐创作和出版	5521 音乐出版	27	24	6	6	0	36	3	0	11.1	0
	5522 音乐与声音记录	192	54	66	45	3	168	39	60	20.3	31.3
视觉艺术和创作	6991 摄影服务	1035	473	364	165	3	1005	249	234	24.1	22.6
	9532 影音制作	174	45	66	81	0	192	12	30	6.9	17.2
设计	6921 建筑设计	2446	525	1068	818	87	2498	252	330	10.3	13.5
	6924 其他设计服务	2326	849	768	549	42	2208	361	415	15.5	17.8
	6940 广告服务	2087	657	524	544	90	1815	373	468	17.9	22.4
	7000 电脑系统设计及相关	6774	2282	2389	1778	204	6653	1179	1264	20	18.7

续表

类别	产业种类	年初企业总数	规模 0~$50k	规模 $50k~$200k	$200k~$2m	$2m 以上	年末企业总数	年新进数	退出数	进入比例(%)	退出比例(%)
广播、电子媒体和电影	1620 记录媒体	45	18	9	15	3	45	9	12	17.4	26.7
	5511 影视产品	694	270	234	132	21	657	102	108	20	15.6
	5512 影视产品销售	27	9	6	12	0	27	6	3	22.2	11.1
	5513 影视制作品展览	45	9	6	12	9	36	0	9	0	20
	5610 广播	42	6	6	15	3	30	3	3	7.1	7.1
	5621 无线电视广播	18	6	0	0	0	6	3	3	16.7	16.7
	5700 网络出版与广播	264	147	111	45	9	312	84	57	31.8	21.6
	5801 无线通信网络	51	9	39	0	6	54	15	12	29.4	23.5
	5802 其他通信网络	48	15	6	6	0	27	12	15	25	31.3
	5809 其他通信服务	123	24	60	45	12	141	15	15	19.5	12.2
	6632 电子媒体租赁	559	90	141	223	27	481	15	75	8.1	13.4
其他艺术	3244 绘画与装饰	4556	712	2228	1389	60	4389	75	862	12.8	18.9
	4242 娱乐媒介零售	201	48	21	96	12	177	862	57	11.9	28.4
	5420 软件出版	105	30	33	15	3	81	57	15	8.6	14.3
	5514 影视后期制作	108	36	36	15	6	93	15	27	13.9	25
	8212 艺术教育	459	120	162	105	3	390	45	114	9.8	24.8
	合计	28747	8469	10058	8062	978	27567	4276	5402		

资料来源：8165.0-Counts of Australian Businesses, including Entries and Exits, Jun 2007 to Jun 2009.

附录 7
上海各区县创意产业集聚区名单

区县	重点产业	挂牌创意园区
徐汇区(15)	研发设计、数字内容应用设计、咨询筹划	2577创意大院、尚街LOFT、设计工厂、文定生活、西岸创意园、D1国际创意空间、筑园、数娱大厦、虹桥软件园、汇丰创意园、SVA越界、乐山软件园、X2创意空间、浦原科技园、500视觉园
长宁区(13)	时尚设计、软件设计和信息服务业	新十钢(红坊)、时尚产业园、映巷创意工场、湖丝栈、时尚品牌会所、创邑·河、创邑·源、周家桥、天山软件园、华联创意广场、原弓艺术创库、聚为园、法华525创意树林
虹口区(12)	节能环保等研发设计、文化旅游	1933老场坊、智慧桥、花园坊、建桥69、绿地阳光园、空间188、新兴港、彩虹雨、优族173、通利园、物华园、大柏树数字设计创意产业集聚区
杨浦区(11)	城市规划设计、建筑设计、工业设计	东纺谷、铭大创意广场、海上海、上海国际设计交流中心、昂立设计创意园、创意联盟、建筑设计工场、中环滨江128、上海国际家用纺织品产业园、五维空间、环同济设计创意集聚区
静安区(10)	广告设计、时尚设计、传媒和出版	静安现代产业大厦、静安创艺空间、传媒文化园、800秀、汇智创意园、3乐空间、98创意园、同乐坊、安垦绿色、源创意园
闸北区(9)	工业设计	创意仓库、新慧谷、工业设计园、名仕街、合金工厂、老四行仓库、JD制造、孔雀园、兴中兴
普陀区(5)	动漫设计、软件设计、工业设计和文化艺术	M50、天地软件园、创邑·金沙谷、E仓库、景源
卢湾区(4)	建筑设计、广告设计等	田子坊、8号桥、江南智造、卓维700
黄浦区(3)	旅游纪念品设计	南苏河、旅游纪念品设计园、上海滩
浦东新区(3)	研发设计、动漫、网游等	张江文创产业基地、鑫灵创意园、张江"创星园"
宝山区(1)	动漫衍生品的研发、设计、展示,以及以节能环保为主题的研发设计	上海国际节能环保园
闵行区(1)	文化、设计、网络,艺术品展览展示和设计类企业	西郊鑫桥
嘉定区(1)	文化旅游、研发设计、广告和咨询策划	智慧金沙3131
松江区(1)	影视制作、传媒等	第一视觉创意广场

资料来源:上海市经济与信息化委员会 http://www.sheitc.gov.cn。

附录 8
昆士兰州年文化创意设施相关统计

文化创意设施	参与人数（2009年）30F①	活动举办次数 Special Exhibition/ Displays Held	个数 Locations	雇用人数 Employees	管理人员比例	收入 Income ($million)
艺术画廊（Art galleries）	889.7	1113	256	956	37.3%	106
博物馆（Museums）② (2007~2008)	885.6					
动物园水族馆（Zoological parks and aquariums）	1134.0					
植物园（Botanic gardens）	1248.0					
图书馆（Libraries）2003~2004③	1229.8	184.9万册借阅	328	2061		105.2
档案馆（Archives）	76.4					
表演艺术 表演艺术场地（Performing arts venue operation）2006~2007④	1720.2		53 (19.6%)	1667	(AUS) 25.9%	86.1
表演艺术 表演艺术机构（Performing arts operation）	1225.6	6087	126 (17.3%)	1083		73.2
电视、电影、影碟（Television, film and video production3）⑤	（电影 Cinemas）2387.3			2491		135.1
参与人数（Total attending at least one venue or event）	3016.3					

---

① 4114.0–Attendance at Selected Cultural Venues and Events, Australia, 2009–10.
② 8560.0–Museums, Australia, 2007–08.
③ 8561.0–Public Libraries, Australia, 2003–04.
④ 8697.0–Performing Arts, Australia, 2006–07.
⑤ 8679.0–Television, Film and Video Production and Post–Production Services, Australia, 2006–07.

附录9

The investigation about the important degree of creative industries value creation elements in Queensland (昆士兰创意产业价值创造能力影响因素重要程度意见征询表)

This is an investigation for the important degree of the elements that influence the value creation of creative industries, which is serviced to Tan Na' Please score the indicator according the important degree you consider. The most important element is scored 5, and the useless one is scored 1. Your opinion will be protected and limited to academic analysis of Tan Na' Phd. Project. Thank you for your attention.

(这是一份关于创意产业价值创造能力影响因素重要程度的调研，此项调研由谭娜博士主持研究。请您按照您所认为的各因素的重要程度填写下表，如您认为此因素对创意产业价值创造能力的影响非常重要选择5分，如无关选择1分。您的意见将被保密且仅用于此项研究，谢谢您的配合！)

Data (日期) _____   Name (姓名) _____

IMPORTANT DEGREE (指标重要程度)	Most important= score5 (非常重要=5分)	Important= score4 (重要=4分)	Normal= score3 (一般=3分)	Less important= score2 (不太重要=2分)	Useless= score1 (无关=1分)
Group 1 Third level indicators (三层指标)					
Creatie Activities (创意活动设施)					

IMPORTANT DEGREE (指标重要程度)	Most important= score5 (非常重要=5分)	Important= score4 (重要=4分)	Normal= score3 (一般=3分)	Less important= score2 (不太重要=2分)	Useless= score1 (无关=1分)
Group2 Detail of Third level indicators (四层指标)					
Performing arts venue operation (no.) (表演艺术场地)					
Museums and heritages (no.) (博物馆等文物保护机构)					

续表

IMPORTANT DEGREE (指标重要程度)	Most important= score5 (非常重要=5分)	Important= score4 (重要=4分)	Normal= score3 (一般=3分)	Less important= score2 (不太重要=2分)	Useless= score1 (无关=1分)	IMPORTANT DEGREE (指标重要程度)	Most important= score5 (非常重要=5分)	Important= score4 (重要=4分)	Normal= score3 (一般=3分)	Less important= score2 (不太重要=2分)	Useless= score1 (无关=1分)
Creatie Activities (创意活动设施)						Library (no.) (图书馆)					
Creative media activities (创意媒体活动)						Commercial free-to-air television broadcasting (m$) (年电视广播年产值)					
						Film and video production and post-production services (m$) (年电影、光碟及后期制作服务产值)					
						Arts and recreation services–Gross operating surplus and gross mixed income (m$) (年创意艺术与娱乐服务营业收入)					
Creative marketing (创意营销活动)						The percent of Arts and recreation services (%) (年创意艺术与娱乐服务营业收入占全行业部营业收入比例)					

续表

IMPORTANT DEGREE (指标重要程度)	Most important= score5 (非常重要=5分)	Important= score4 (重要=4分)	Normal= score3 (一般=3分)	Less important= score2 (不太重要=2分)	Useless= score1 (无关=1分)	IMPORTANT DEGREE (指标重要程度)	Most important= score5 (非常重要=5分)	Important= score4 (重要=4分)	Normal= score3 (一般=3分)	Less important= score2 (不太重要=2分)	Useless= score1 (无关=1分)
Creative marketing (创意营销活动)						The percent of employment in cultural and creative industries (AUS) (%) (澳文化创意领域工作参与人数比例)					
						The percent of art and creative sutdents (AUS) (%) (澳创意艺术生比例)					
						Net Interstate Migration (no.) (昆士兰州新增海外移民数)					
Openness and diversity (开放度与多样性)						Gross import products and service (m$) (进口产品与服务总额)					
						Gross export products and service (m$) (出口产品与服务总额)					

续表

IMPORTANT DEGREE (指标重要程度)	Most important= score5 (非常重要=5分)	Important= score4 (重要=4分)	Normal= score3 (一般=3分)	Less important= score2 (不大重要=2分)	Useless= score1 (无关=1分)	IMPORTANT DEGREE (指标重要程度)	Most important= score5 (非常重要=5分)	Important= score4 (重要=4分)	Normal= score3 (一般=3分)	Less important= score2 (不大重要=2分)	Useless= score1 (无关=1分)
Creative consumption (创意消费能力)						Households Final consumption expenditure–Recreation and culture (m$) (年家庭文化娱乐消费支出总额)					
						The Percent of Households Final consumption expenditure–Recreation and culture (%) (年家庭文化娱乐消费支出占总消费支出比例)					
Creative talents (创意人力资本)						The average household disposable income ($) (家庭平均每人年可支配收入)					
						Population in Queensland (no.) (昆州常住人口)					
Research and techno (科研技术管理水平)						Research and Development (R & D) expenditures (000 $) 全年用于研究与试验发展经费支出					

续表

IMPORTANT DEGREE (指标重要程度)	Most important= score5 (非常重要=5分)	Important= score4 (重要=4分)	Normal= score3 (一般=3分)	Less important= score2 (不大重要=2分)	Useless= score1 (无关=1分)	IMPORTANT DEGREE (指标重要程度)	Most important= score5 (非常重要=5分)	Important= score4 (重要=4分)	Normal= score3 (一般=3分)	Less important= score2 (不大重要=2分)	Useless= score1 (无关=1分)
Intermediary (媒体中介水平)						Media agencies (no.) (媒体机构数量)					
Market development (市场成熟度)						Retail trade income (m$) (零售交易总额)					
						Wholesale trade income (m$) (批发交易总额)					
Intellectual property development (知识产权保护)						Patent applications (no.) (专利申请量)					
						Gross fixed capital formation-Intellectual property products (m$) (年知识产权产品总产值)					
Creative supporting policy (创意政策制度支持)						Government expenditure in Recreation and culture (m$) (昆士兰政府娱乐文化财政支出)					
						Government expenditure in Recreation and culture (%) (昆士兰政府娱乐文化财政支出占全部财政支出比例)					

247

续表

IMPORTANT DEGREE (指标重要程度)	Most important= score5 (非常重要=5分)	Important= score4 (重要=4分)	Normal= score3 (一般=3分)	Less important= score2 (不大重要=2分)	Useless= score1 (无关=1分)	IMPORTANT DEGREE (指标重要程度)	Most important= score5 (非常重要=5分)	Important= score4 (重要=4分)	Normal= score3 (一般=3分)	Less important= score2 (不大重要=2分)	Useless= score1 (无关=1分)
Macroeconomic foundation (宏观经济基础)						GDP (m$) (昆土兰州年GDP)					
						Final consumption expenditure (m$) (年社会消费品零售总额)					
						Gross fixed capital formation: (m$) (年全社会固定资产投资总额)					
Information environment (信息化环境)						Household Internet (no.) (家庭宽带接入户数)					
						The percent of Household Internet (%) (家庭宽带接入人口比例)					
						Household computers (no.) (居民家庭PC拥有量)					
						The percent of Household computers (%) (城市居民家庭PC拥有比例)					

续表

IMPORTANT DEGREE (指标重要程度)	Most important= score5 (非常重要=5分)	Important= score4 (重要=4分)	Normal= score3 (一般=3分)	Less important= score2 (不太重要=2分)	Useless= score1 (无关=1分)	IMPORTANT DEGREE (指标重要程度)	Most important= score5 (非常重要=5分)	Important= score4 (重要=4分)	Normal= score3 (一般=3分)	Less important= score2 (不太重要=2分)	Useless= score1 (无关=1分)
Culture milieu (文化氛围)						Attendants of cultural and creative activities (no.) (年文化活动参与人数)					
						Schools (Including Public, private and church schools) (no.) (学校数量, 包括公立、私立及教会学校)					

参考文献

[1] 约翰·霍金斯. 创意经济——如何点石成金 [M]. 上海：上海三联书店，2006.

[2] 王缉慈. 关注文化创意产业（续）[J]. 前线，2006（4）：24-25.

[3] 联合国贸易与发展会议（UNCTAD）埃德娜·多斯桑托斯. 2008 创意经济报告 [M]. 北京：三辰影库音像出版社，2008.

[4] Richard Caves. Creative Industries：Contracts between Arts and Commerce [M]. Cambridge. MA：Harvard University Press，2002.

[5] Healy K. What's New for Culture in the New Economy? [J]. Journal of Arts Management，Law and Society，2002b，32（2）：86-103.

[6] Hesmondhalgh D. The Cultural Industries [M]. Second Edition. London：Sage，2007.

[7] 约·熊彼特（Schumpeter J）. 经济发展理论 [M]. 北京：商务印书馆，2000.

[8] Charles Landry. The Creative City—A Toolkit For Urban Innovators [M]. London：Earthscan Publications LTD，2000.

[9] Florida R.The Rise of the Creative Class [M]. New York：Basic Books，2002.

[10] Gert-Jan Hospers. Creative Cities：Breeding Places in the Knowledge Econ-

omy [M]. Knowledge, Technology, Policy/Fall, 2003.

[11] Keith Negus and Michael Pickering. Creativity, Communication and Cultural Value [M]. London: Sage, 2004.

[12] Brecknock R. Creative Capital: Creative Industries in the "Creative City" [R]. Creative Capital, 2004.

[13] 厉无畏. 创意产业导论 [M]. 上海：学林出版社，2006.

[14] 张涵. 文化产业与信息产业、知识产业、创意产业的联系和区别 [J]. 东岳论丛，2008（11）：192-195.

[15] 李双金. 创意与创意资本化：创新视角的分析 [J]. 上海经济研究，2008（9）：55.

[16] Pratt A. "Cultural Industries and Public Policy: An oxymoron?" International Journal of Cultural Policy [J]. 2005, 11 (1): 31-44.

[17] Adorno T, Horkheimer M. The Dialectic of Enlightenment [M]. Trans. John Cumming. London: Verso, 1979.

[18] Scott A. Creative Cities: Conceptual Issues and Policy Questions [M]. Spain: OECD International Conference on City Competitiveness, 2005.

[19] Cunningham S. From Cultural to Creative Industries, Theory, Industry, and Policy Implications [M]. Creative Industries Research and Applications centre, University of Technology Brisbane, Australia, 2002.

[20] Biais B, Perotti E. Entrepreneurs and New Ideas [J/OL]. http://www.cepr.org/pubs/new-dps/dplist.asp?dpno=3864, 2003-04-01.

[21] 李双金. 创意与创意资本化：创新视角的分析 [J]. 上海经济研究，2008（9）：52-57.

[22] 苏启林，陈丹，李凡. 创意产业：由内涵界定到政策设计的演进 [J]. 中国工业经济，2007（8）：41-48.

[23] Shahid Yusuf, Kaoru Nabeshima. Creative Industries in East Asia [J]. Cities 2005, 22 (2): 109-122.

[24] 张京成. 中国创意产业发展报告 [M]. 北京：中国经济出版社，2006.

[25] 厉无畏，王慧敏. 创意产业促进经济增长方式转变——机理·模式·路径 [J]. 中国工业经济，2006（11）：5-13.

[26] Bailey D. Globalisation, Regions and Cluster Policies: the Case of the

Rover Task Force [J]. Policy Studies, 24: 67-85.

[27] 厉无畏, 王慧敏. 创意农业的发展理念与模式研究 [J]. 农业经济问题, 2009 (2): 11-15.

[28] Zukin. Loft Living Culture and Capital in Urban Change [M]. London: Radius, 1988.

[29] Hutton T. Reconstructed Production Landscapes in the Postmodern City: applied design and creative services in the metropolitan core [J]. Urban Geography, 2000, 21 (4): 285-317; Hutton T. The New Economy of the Inner City, Cities, 2004, 21 (2): 89-108.

[30] Allen Scott. Entrepreneurship, Innovation and Industrial Development: Geography and the Creative Meld Revisited [J]. Small Business Economics T1.2006 (26): 1-24.

[31] Pratt A. Creative Clusters: Towards the Governance of the Creative Industries Production System [J]. Media International Australia Incorporating Culture and Policy. 2004 (12): 52.

[32] Markusen A, King D. The Artistic Dividend: The Hidden Contributions of the Arts to the Regional Economy [M]. Minneapolis: University of Minnesota, Project on Regional and Industrial Economics, 2003.

[33] 理查德·E.凯夫斯. 创意产业经济学——艺术的商业之道 [M]. 新华出版社, 2004.

[34] Hall. Creative Cities and Economic Development [J]. Urban Studies, 2000, 37 (4): 639-649.

[35] Jeffrey Mitchell.The Economic Importance of the Arts&Cultural Industries in Santa FeCounty [D]. The McCune Charitable Foundation, The Azalea Foundation and The Burnett Foundation, 2004.

[36] Gertler M. Creative Cities: What Are They For, How Do They Work, and How Do We Build Them [M]. 2004.

[37] 郑晓东. 创意城市的路径选择 [D]. 上海社会科学院博士论文, 2008.

[38] Glaeser L. Review of Richard Florida's The Rise of The Creative Class [J/OL]. http: //www Creativeclass.org, 2004-12-29.

[39] 诸大建, 王红兵. 构建创意城市——21世纪上海城市发展的核心价值

[J].城市规划学刊,2007(3):20-24.

[40] 肖雁飞,刘友金,沈玉芳.上海创意产业区空间创新特点和趋势研究——一个"新经济空间"的视角[J].现代城市研究,2007(12):40-44.

[41] 盛垒,钟辉华.北京创意产业得天独厚[J].科学决策,2006(1):58-60.

[42] 王伟年,张平宇.创意产业与城市再生[J].城市规划学刊,2006(2):22-27.

[43] 澳大利亚文化创意产业发展[R/OL]. http://www.asinfo.gov.cn/show.aspx? id=16893&cid=18.

[44] 周玉红.从英国创意产业专题报告,看当前英国创意产业[J/OL].转自上海情报服务平台,2005(16).

[45] Creative Britain:www.culture.gov.uk.

[46] 胡珊.日本文化创意产业的发展经验与启示[J].时代经贸,2008(6):98-99.

[47] 韩国文化创意产业发展[R/OL]. http://chuangyi.chda.net/show.aspx? page=1&id=456&cid=110.

[48] Tornquist G. Creativity and the renewal of regional life, in A Buttimer Creativity and Context: A Seminar Report [R]. 1983, 91-112, Lund Studies in Geography B. Human Geography 50, Lund: Gleerup.

[49] Andersson A. Creativity and regional development [J]. Papers of the Regional Science Association, 1985, 56: 5-20.

[50] Hall P. Cities in Civilisation: Culture, Technology and Urban Order [M]. London: Weidenfield and Nicolson, 1988. Hall P. "Creative Cities and Economic Development" [J]. Urban Studies, 2007, 37 (4): 639-649.

[51] R Florida.创意经济[M].北京:中国人民大学出版社,2006.

[52] Greg Hearn, Stuart Cunningham, Diego Ordonez. Commercialisation of Knowledge in Universities: The case of the Creative Industries [J]. Prometheus, 2004 (7).

[53] Brian Knudsen, Richard Florida, etc. Urban density, creativity, and innovation [R]. 2007.

[54] Peck. Struggling with the creative class [J]. International journal of Urban

and Regional Research, 2005, 29 (4).

[55] Andy C Pratt. Creative Cities: the Cultural Industries and Creative Class [J]. Geografiska Annaler: Series B. Human Geography, 2008, 90 (2): 107-117.

[56] 杨芳洲. 价值论 [M]. 北京: 中国社会科学出版社, 2005.

[57] 于庆东. 经济价值评价 [M]. 北京: 中国标准出版社, 2008.

[58] Normann R, R Ramirez. "Designing Interactive Strategy: From Value Chain to Value Constellation" [J]. Harward Business Review, 1993, 71 (4): 65-77.

[59] Borys B, Jemison D B. Hybrid Arrangements as Strategic Alliances: Theoretical Issues in Organizational Combinations [J]. Academy of Management Review, 1989, Vol. 14, No. 2: 234-249.

[60] Ulaga W. Customer Value in Business Markets – An Agenda for Inquiry [J]. Industrial Marketing Management, 2001, 30: 315-319.

[61] Walter Achim, Ritter Thomas and Hans Georg Gemünden. "Value Creation in Buyer-Seller Relationships. Theoretical Considerations and Empirical Results from a Supplier's Perspective" [J]. Industrial Marketing Management, 2001, 30: 365-377.

[62] Lippmna S A, Rumelt R P. A bargaining Perspective on resource advantage [J]. Strategic Management Journal, 2003, 24: 1069-1086.

[63] Forsström, Birgitta. "Value Co-Creation in Industrial Buyer-Seller Partnerships Creating and Exploiting Interdependencies. An Empirical Case Study" [D]. doctoral dissertation, Åbo Akademi.

[64] Peter Maigers. Multinational firms and technology transfer [J]. Scandinavian Journal of Economics, 1995, 104: 495-513.

[65] Brown L. Competitive Marketing Strategy [M]. Melbourne: Nelson, 1997.

[66] Walters D, Lancaster G. "Implementing value strategy through the value chain" [J]. Management Decision, 2000, Vol. 38 No. 3: 160-78.

[67] Shank, Govindarajan. Strategic Cost Management [M]. The Free Press, 1993: 256-280.

[68] Jeffrey F Rayport, John J Sviokla. Exploiting the Virtual Value Chain [J]. Harvard Business Review, 1995, 73 (11/12).

[69] Kotler. A Framework for Marketing Management [M]. 2001: 45-50.

［70］Sheridan J H. Innovation and productivity across four European countries［J］. Oxford Review of Economic Policy, 2002, 22 (4): 483-498.

［71］Tom Duncan, Sandra Moriarty. Driving Brand Value: Using Integrated Marketing to Manage Profitable Stakeholder Relationship［M］. New York: McGraw-Hill, 1997.

［72］Gossain S, Kandiah G. "Reinventing value: the new business ecosystem"［J］. Strategy& Leadership, 1998, Vol. 26, No. 5: 28-33.

［73］Sumantra Ghoshal, Christopher A Bartlett, Peter Moran. A New Manifesto for Management［J］. Sloan Management Review, Spring, 1999, 40 (3).

［74］Rainbird M. "Demand and supply chains: the value catalyst", International Journal of Physical distribution& Logistics Management［J］. 2004, Vol. 34 No. 3/4: 230-250.

［75］Pratt A C. The Cultural Industries Production System: A Case Study of Employment Change in Britain (1984-1991)［J］. Environment and Planning. 1997, 27: 1953-1974.

［76］Robert C Picard. Creative cities and economy development［M］. Urban Studies, 2001: 30-43.

［77］Vijay K Jotty. 新技术的商业化——从创意到市场［M］. 北京: 清华大学出版社, 2009.

［78］厉无畏, 于雪梅. 培育创意人才完善创意产业链［J］. 上海戏剧学院学报, 2007 (1): 23-29.

［79］潘瑾, 陈晓春. 基于价值链分析的创意产业知识产权保护方法与途径探讨［J］. 知识产权, 2006 (2): 30-33.

［80］白远. 文化创意产业价值核心的经济学与案例分析［J］. 黑龙江对外经贸, 2009 (1): 97-99.

［81］孙福良, 张英. 中国创意经济比较研究［M］. 上海: 学林出版社, 2008.

［82］Adam J Brandenburger and Barry J Nalebuff. Co-opetition［M］. New York: Doubleday, 1997.

［83］胡大立. 基于价值网模型的企业竞争战略研究［J］. 中国工业经济, 2006 (9): 87-94.

[84] J Wikner, R W Grubbstrom. Integrated Production/Distribction Planning in Supplychain: an Invited Review [J]. European Journal of Operational Research, 2004, 115 (2): 219-236.

[85] Stabell C. and Fjeldstad O. "Configuring value or competitive advantage: on chains, shops, and networks [J]. Strategic Management Journal, 1998, Vol. 19, No. 5: 413-37.

[86] Ranjay Gulati, Nitin Nohria, Akbar Zaheer. Strategic Networks [J]. Strategic Management Journal, 2000, 21 (3): 203-215.

[87] Lorenzen M, Frederiksen L. Experiment Music: Product Innovation, Project Networks, and Dynamic Capabilities in the Pop Music Industry [D]. Paper Presented at Industry & Innovation, DRUID PhD Winter Conference, Aalborg, 2003.

[88] Jeffcut P. "Knowledge Relationships and Transactions in a Cultural Economy: Analysing the Creative Industries Ecosystem [J]. Media International Australia, 2004, No. 112: 67-82.

[89] Greg Hearn, Cassandra Pace.Value-creating Ecologies: Understanding next Generation Business Systems [J]. the Journal of Futures Studies, Strategic Thinking and Policy, 2006, 8 (1).

[90] 贺寿昌.创意产业增值研究 [D].上海交通大学博士论文, 2006.

[91] 胡彬.创意产业价值创造的内在机理与政策导向 [J].中国工业经济, 2007 (5): 22-29.

[92] 邢华.文化创意产业价值链整合及其发展路径探析 [J].经济管理, 2009 (2): 37-41.

[93] James F Moore. The Death of Competition-Leadership and Strategy in the Age of Business Ecosystems [M]. New York: Harper Business, 1996.

[94] Lansiti M, Levien R. Strategy as ecology [J]. Harvard Business Review, 2004, Vol. 82 No. 3: 68-78.

[95] Seuring S. Industrial Ecology, Life Cycles, Supply Chains: Differences and Interrelations [J]. Business Strategy and the Environment, 2004, Vol. 13 No. 5: 306-319.

[96] Prahalad C K, Ramaswamy V. "How to Put Your Customers to Work: It's Getting Harder for Companies to Sustain Growth and Create Value on Their Own. It's

Time to Loop customers into the Act"[J/OL]. 2004, 17: 1-5.

[97] Pratt A C. Creative Clusters: Towards the Governance of the Creative Industries Production System [J]. Media International Australia Incorporating Culture and Policy, 2004 (12): 60-63.

[98] 张白玉. 创意产业园区组织生态研究 [D]. 北京邮电大学博士论文, 2009.

[99] Prahalad C K, Ramaswamy V. The Co-creation Connection [J]. Strategy and Business, 2002, Vol. 27: 50-61.

[100] 陈天乙. 生态学基础教程 [M]. 天津: 南开大学出版社, 1995.

[101] 杨忠直. 企业生态学引论 [M]. 北京: 科学出版社, 2003.

[102] Harman M T, Freeman J H. The Population Ecology of Organizations [J]. American Journal of Sociology, 1977.

[103] 达尔文. 物种起源 [M]. 北京: 科学出版社, 1972.

[104] 尚玉昌, 蔡晓明. 普通生态学 [M]. 北京: 北京大学出版社, 1992.

[105] 赵玉林. 产业经济学（第2版）[M]. 武汉: 武汉理工大学出版社, 2008.

[106] Baum J A. Organizational Ecology, Handbook of Organizational Studies [M]. Sage, 1996: 748-794.

[107] 西奥多·舒尔茨. 论人力资本投资 [M]. 北京: 北京大学出版社, 1990.

[108] 易华, 诸大建. 创意经济理论研究综述 [J]. 经济学动态, 2006 (9): 91-95.

[109] Mumford MD Scott, GM Gaddis B, Strange JM. Leading Creative People: Orchestrating Expertise and Relationships [J]. The Leadership Quarterl 2002, 13 (2): 705-750.

[110] Amabile TM. The Social Psychology of Creativity: A Componential Conceptualization [J]. Journal of Person-ality and Social Psychology, 1983, 45 (1): 357-376.

[111] Chris Higson, OliverRivers. Creative Business-Crafting the Value Narrative [R]. A Research Paper, 2007.

[112] 肖岚, 高长春. 众包——改变企业创新模式 [J]. 上海经济研究, 2010

(3): 35-41.

[113] 董树宝. 基于产业价值链的创意产业集聚分析 [J]. 北方工业大学学报, 2008 (6): 90-94.

[114] Charles Landry. The Creative Ecology of the Creative City: A Summary [J]. Education in Creative Economy [M]. Edited by Daniel Araya & Michael A Peters, Peter Lang publishing, 2010: 360-400.

[115] 田莉. 创意产品的需求开发和营销模式研究 [D]. 天津财经大学硕士论文, 2007.

[116] 任雪飞. 创造阶级的崛起与城市发展的便利性——评《创造阶级的兴起》[J]. 城市规划学刊, 2005 (1): 99-102.

[117] John Hartley. Creative Industries [M]. Blackwell Publishing Ltd, 2005 (5).

[118] 宋涛. 调整产业结构的理论研究 [J]. 《当代经济研究》2002 (11): 11-16.

[119] Department of Communication and the Arts. Creative Nation: Commonwealth Cultural Policy [M]. Canberra: Ausinfo, 1994, p.7.

[120] 澳大利亚传播、信息科技暨艺术部: http://www.cultureandrecreation.gov.au/cics/.

[121] Centre for International Economics (CIE). Creative Industries Economic Analysis: Final Report. Prepared for Enterprise Connect and the Creative Industries Innovation Centre [R]. Canberra And Sydney: Centre for International Economics, 2009, 30 June.

[122] Flew Terry. Culture and creative industries in Australia [EB/OL]. In 3rd China Trade in Services Congress, 1-3 June, 2011, China World Trade Center Tower, Beijing. (Unpublished): //eprints.qut.edu.au/41835/.

[123] Stuart Cunningham and Janet Pagan. Australia's Creative Economy: Basic Evidence on Size, Growth, Income and Employment [EB/OL]. CCI Technical Report. Brisbane: Australian Research Council Centre of Excellence for Creative Industries and Innovation (CCI). Retrieved November 21, 2010, http://eprints.qut.edu.au/8241/.

[124] Art and culture in Australia: a statistical overview 2010 [EB/OL]. www.

abs.com.au.

[125] Brian McNair. Cultural Chaos: Journalism, News and Power in a Globalised World [M]. New York: Routledge, 2006.

[126] 亚太网络法律研究中心. 比较中外知识产权行政管理机关 [EB/OL]. http://www.apcyber-law.com/research.action?type=administration&id=3874.

[127] Research Paper – Business Innovation and the Use of Information and Communications Technology, Mar 2011.

[128] 朱锦程. 历史制度主义视角下的澳大利亚文化政策研究 [J]. 东南亚纵横, 2010 (7): 81-86.

[129] "十一五"时期我国文化事业和文化产业空前繁荣 [EB/OL]. [2011-2-28]. 2011-2-28. 中国政府网 http://finance.jrj.com.cn/industry/2011/02/2817109314428.shtml.

[130] 张京成. 中国创意产业发展报告 2011 [M]. 北京: 中国经济出版社, 2011.

[131] 李川. 我国创意产业政策有效性评价研究 [D]. 电子科技大学博士论文, 2009.

[132] 彭红英. 中美创意产业发展比较研究 [D]. 华中师范大学硕士论文, 2008.

[133] 张京成, 刘光宇. 我国创意产业发展现状与趋势 [J]. 北京联合大学学报 (人文社会科学版). 2011 (2): 78-83.

[134] Landry Charles. Creative City: A Toolkit for Urban Innovators [M]. (2nd Edition).

[135] Florida R. The rise of the creative class: and how it's transforming work, leisure, community and everyday life [M]. New York: Basic Books, 2004.

[136] Cultural Initiatives Silicon Valley. Creative Community Index: Measuring Progress Toward a Vibrant Silicon Valley [M]. San Jose, CA: Cultural Initiatives Silicon Valley, 2005.

[137] IP academy Singapore. A creative benchmarking index: an ASAT model [EB/OL]. www.ipacademy.com.sq.

[138] Philip Kern and Jan Runge (KEA European Affairs). KEA briefing: towards a European creativity index (The contribution of culture to creativity) [EB/OL].

http://www.keanet.eu.

[139] The Centre for Cultural Policy Research. The University of Hong Kong, A Study on Creativity Index [EB/OL]. http://sc.info.gov.hk.

[140] Howkins, John. The Creative Economy: How People Make Money from Ideas [M]. London: Allen Lane, the Penguin Press, 2001.

[141] Robert Huggins Associates. The World Knowledge Competitiveness Index 2005

[142] 易华. 创意阶层理论研究述评 [J]. 外国经济与管理, 2010 (3).

[143] Florida, Richard and Irene Tinagli. Europe in the Creative Age [R]. 2004, February.

[144] 信息产业部电子科技情报研究所研究部. 六种信息化水平评估体系比较 [EB/OL]. [2003-03-06]. 计算机世界网 http://www.sina.com.cn.

[145] Rene Thom. Structural stability morphogenesis [M]. New York: Benjamin, 1972.

[146] 桑博得. 突变理论入门 [M]. 凌复华译. 上海: 上海科学技术文献出版社, 1988.

[147] 何平, 赵子都. 突变理论及其应用 [M]. 大连: 大连理工大学出版社, 1989.

[148] 都兴富. 多目标评价决策的突变数字模型——突变级数法 [J]. 科技管理咨询, 1989 (12): 23-28.

[149] 郭秀锐. 城市生态系统健康评价——以广州市为例 [D]. 北京师范大学博士论文, 2003.

[150] 魏婷, 朱晓东, 李杨帆. 基于突变级数法的厦门城市生态系统健康评价 [J]. 生态学报, 2008 (12): 6312-6320.

[151] 范凯熹. 上海创意设计类人才和设计创业现状的调查分析 [J]. 人才开发, 2011-04-01.

[152] 2010 上海创意产业发展报告 [M]. 上海: 上海创意产业中心, 2010.

[153] 上海市统计局, 国家统计局上海调查总队. 2009 年上海年上海市国民经济和社会发展统计公报, 2010-02-13, http://www.stats-sh.gov.cn/sjfb/201103/85455.html.

[154] Cunningham S, Hearn G, Cox, et al. Brisbane's Creative Industries

2003 [R]. Community and Economic Development of Brisbane Council, Brisbane: CIRAC.2003.

[155] 曹新向,苗长虹,陈玉英,王伟红.休闲城市评价指标体系及其实证研究[J].地理研究,2010,29(9):1696-1705.

[156] Barrett G F, Brzozowski M. Using Engel Curves to Estimate the Bias in the Australian CPI [J]. Economic Record, 2010, 86 (272): 1-14.

[157] 赵丽颖,创意的个性化与产品的标准化 [J]. 现代传播(双月刊),2005(1): 134-136.

[158] Christy Collis, Marcus Foth, Christina Spurgeon. Local Media Mapping in Media and Communications Studies: The Brisbane Media Map [J]. November 21-22, 2005.

[159] 电影消费者调查报告. www.chinesejy.com.

[160] 李幼林. 澳大利亚多元文化政策中的政社合作模式 [J]. PuDong Development, 2008 (11): 48-50.

[161] 厉无畏,于雪梅. 中国和欧洲城市创意产业发展的比较研究 [J]. 世界经济研究,2007 (2): 51-56.

[162] 凌霓,丁继军. 创意社区: Kelvin Grove 都市村庄及其新都市主义设计[J]. 艺术与设计,2010 (11).

[163] 陈舒雯. 上海创意产业集聚区的发展现状及特征研究 [D]. 规划创新: 2010 中国城市规划年会论文集,2010.

[164] 郑晓东. 创意城市的路径选择 [D]. 上海社会科学院博士论文,2008.

[165] 上海信息化"十二五"规划首季出台 [N]. 解放日报,2011-01-23.

[166] 厉无畏,蒋莉莉. 上海发展创意产业的优势环境分析 [J]. 上海经济研究,2009 (4): 93-98.

[167] 上海市财政局. 上海市 2010 年预算执行情况和 2011 年预算草案,2011-8-12: http://www.budgetofchina.com/detail.asp? param=1538.

[168] 王慧敏. 旅游产业的新发展观:5C 模式 [J]. 中国工业经济,2007 (6): 13-20.

后　记

自 2007 年开始接触文化创意经济的研究至今已近 7 年，作者终以博士论文为蓝本完成了本人第一部学术专著。本书的顺利成稿和出版离不开众多良师益友和多个项目的支持与帮助。

首先感谢我的博士生导师高长春教授，恩师在学术研究上循循善诱和严谨把关才使本书顺利成稿，同时高老师所主持的国家自然科学基金项目和海派时尚设计及价值创造知识服务项目均为本书提供了扎实而广阔的研究支持。

其次要感谢教育部人文社科青年项目"云经济语境下的文化创意产业空间塑造及空间价值提升研究"（14YJCZH139）、上海市教委创新项目"创意产业价值创造能力国际比较研究"（14YS134）以及上海市高校青年教师培养资助计划（ZZLZ13009）等项目为本著作的成型提供了坚实的理论支持，本书作为项目研究的阶段性成果之一也将进一步推进各个项目的顺利展开。

最后感谢经济管理出版社的编辑老师们对本书稿认真细致的校订工作，减少了书稿中的许多错漏，当然文责自负。

谭　娜

2014 年春